普通高校“十二五”规划教材
公共管理系列

城市社会学

刘　珊　邱梦华
许　敏　刘英瑜　编著

清华大学出版社
北　京

内容简介

本书是教育部高等教育学科建设项目的成果之一。

城市社会学是研究城市社会的学科。具体地说，它是研究城市的产生、发展，研究城市的社会结构、社会组织、社会群体、社会管理、社会行为、社会问题、生活方式、社会心理、社会关系以及社会发展规律的学科。本书具体而系统地介绍了城市社会学的基本问题、理论和研究范式、研究方法。在此基础上介绍了城市的形成，城市化发展的动力以及美国和中国的城市化进程及其存在的问题，并涉及城市文化、城市文化资本和营销相关方面。在有关城市社区方面的章节，突出城市社区治理这一符合公共管理类学生专业方向的内容。在城市社会分层与流动方面，具体论述了社会分层和流动的理论，以及城市贫困的新形态、新二元结构问题。为突出本书特色，特意加入反映当前热点问题的城市居住空间结构和特点的论述、城市社会福利历史和现状，以及城市公共危机管理等章节。本书适合于公共管理类本科生使用，也可供社会学、人类学、人文地理学、城市管理与城市规划等专业的本科生和研究生参考使用。

图书在版编目（CIP）数据

城市社会学/刘珊等编著. —北京：清华大学出版社，2013.4（2016.4 重印）
（普通高校"十二五"规划教材·公共管理系列）
ISBN 978-7-302-31479-0

Ⅰ. ①城…　Ⅱ. ①刘…　Ⅲ. ①城市社会学－高等学校－教材　Ⅳ. ①C912.81

中国版本图书馆 CIP 数据核字(2013)第 023882 号

责任编辑：刘志彬
封面设计：汉风唐韵
责任校对：王凤芝
责任印制：杨　艳

出版发行：清华大学出版社
网　　址：http://www.tup.com.cn，http://www.wqbook.com
地　　址：北京清华大学学研大厦 A 座　　**邮　　编**：100084
社 总 机：010-62770175　　**邮　　购**：010-62786544
投稿与读者服务：010-62776969，c-service@tup.tsinghua.edu.cn
质 量 反 馈：010-62772015，zhiliang@tup.tsinghua.edu.cn
印 装 者：清华大学印刷厂
经　　销：全国新华书店
开　　本：185mm×230mm　　**印　张**：15　　**字　　数**：310 千字
版　　次：2013 年 4 月第 1 版　　**印　　次**：2016 年 4 月第3次印刷
印　　数：5501～7500
定　　价：30.00 元

产品编号：046486-01

目 录

第 1 章

城市社会学概述

【本章提要】

城市社会学是以城市为研究对象的一门学科,它到底是隶属于社会学,还是不隶属于任何学科而独立成为一门学科?它的特殊之处体现在哪些方面?为解决这一系列问题,本章主要介绍城市社会学的基本概念、特征、研究对象和范围,了解城市社会学与社会学等其他学科的区别和联系,以及城市社会学的研究内容。介绍城市社会学的古典理论、理论发展沿革,以及新城市社会学的理论,最后介绍城市社会学的研究方法。从概念、理论、到方法,构成了城市社会学的整体范畴。

1.1 以城市为研究对象的学科

1.1.1 作为社会学的分支学科

社会学是一个内容十分宽泛的学科,分支领域众多,分别有城市社会学、经济社会学、文化社会学、政治社会学、家庭社会学、组织社会学等,这些分类基本上是以社会生活的某一方面或者某一领域为主要关注对象。但从学科历史上看,城市社会学并非以某一方面或者领域为主要关注对象,而是关注城市作为一种人类生活共同体的存在和发展,诚如有些学者强调,城市社会学是研究"城市社会整体"的。这就使城市社会学有可能成为一门"跨越其他专门领域的划分(家庭、教育、劳动、闲暇)"[①]的学科。它与其他分支学科研究对象的差别似乎只是把研究对象的空间边界严格地限制在"城市尺度"上。

城市社会学的研究对象问题规定着这门学科的理论框架,规定着这门学科与相关学科的区别、联系,规定着这门学科为现实社会服务的方向和主要途径,甚至可以说规定着这门学科存在的必要性,因而是城市社会学学科理论研究的首要问题。自20世纪二三十年代美国芝加哥学派创立城市社会学以来,关于这门学科的研究对象问题就一直是国内外社会学者的重要话题之一,出现了若干不同观点。

---

① [法]伊夫格·拉夫梅耶尔,著.城市社会学[M].徐伟民,译.天津:天津人民出版社,2005.

例如,有的学者认为城市社会学的研究对象是城市社会问题。城市社会问题是城市社会学的基本范畴之一,也是城市社会学研究的重要内容,但却不能说是唯一内容。因为,城市社会问题是一种非正常的社会现象,是城市诸要素失调的结果,倘若抛开城市社会的性质及其各要素之间的相互联系,孤立地研究城市社会问题是难以得出正确结论的。这就意味着应该把城市社会问题的研究放到关于城市社会的构成与发展的综合研究中去,而不宜仅仅把城市社会问题作为城市社会学的研究对象。另有学者认为,“城市社会学主要以城市结构、城市生活方式和社会组织为研究对象”,或者“以都市的区位、社会结构、社会组织、生活方式、社会心理和社会发展规律等为主要研究对象”。这种观点尽管揭示了城市社会学的一些重要研究方面,但它显然是用列举的方式,从外延角度试图揭示这门学科的研究对象,很难使人们完整把握城市社会学的研究对象问题和本质特征。还有学者认为,城市社会学是用社会学的观点来研究城市与城市社会,研究城市中的个人、城市中的文化、城市的社会体系。①

向德平对各种关于城市社会学研究对象做了如下归纳②:

(1) 城市社会学的研究对象是城市生活系统。强调城市是一个以人类社会为主题的自然—经济—社会—生态系统,是城市居民与其生存环境相互作用构成的综合体。城市社会学着重研究城市系统内部各要素之间的联系以及城市与周围环境之间相互制约、相互影响的关系。

(2) 城市社会学的研究对象是城市社会问题。在城市发展过程中出现了一系列城市社会问题,如人口膨胀、就业困难、住房拥挤、交通紧张、污染严重等。这些问题的起因,有的是物质的,即是因为物质缺乏造成的;有的是社会的,即是由社会和人的行为引发的。城市社会学要研究城市问题产生的原因、城市问题的表现以及解决办法。

(3) 城市社会学的研究对象是城市化。城市化是指农村人口不断转变为城市人口、农村区域逐渐演化为城市区域的过程。整个世界都处于城市化的过程中。城市社会学要研究城市化的时空进程、城市化的形式、内容以及城市化的动力机制,并在对不同时期、不同区域城市化的比较中把握发展的规律。

(4) 城市社会学的研究对象是城市生活方式。美国社会学家沃思认为,城市本身就是一种生活方式。城市社会学要研究城市生活方式的特点、城市生活方式的起源与变迁以及城市生活方式的传播与辐射。

(5) 城市社会学的研究对象是城市社会关系。城市社会关系是在城市生活中发生的人与人之间的关系,包括在城市经济生活、政治生活、文化生活以及各种群体生活中形成的人与人之间的关系。城市生活关系还包括城市与城市、城市与农村以及城市区域之间

---

① 唐忠新. 城市社会学的研究对象和内容框架刍议[J]. 天津社会科学,2002(5).

② 向德平. 城市社会学[M]. 湖北:武汉大学出版社,2002:1.

的关系。

但向德平认为，以上关于城市社会学对象的界定都是截取城市社会学的某一方面或者某一过程作为城市社会学的研究对象，很难形成对城市的整体认识。他主张用系统的、综合的方法对城市整体进行研究，把被形而上学方式割裂得支离破碎的社会图景，按照它本来的面貌重新拼接起来，形成对城市社会的完整认识。

这种对于城市社会学研究对象的表述强调了社会学的研究视角，具有积极意义。但是，它对这门学科的研究对象的界定未免过于宽泛，还不是那么明了、具体。[①] 从多数学者的观点来看，城市社会学是从变动着的城市社会整体出发，以城市社会的构成与发展规律为研究对象的一个社会学的分支学科。这里所说的城市社会的构成主要是指城市社会的结构体系，亦即城市社会各要素之间的相互联系。做出这个界定，考虑到了这门学科历史发展的基本特点和基本轨迹，这门学科与相关学科的区别、联系，同时也考虑到了当代城市发展对这门学科的要求，等等。

1.1.2　城市社会学与其他学科的关系

城市社会学与相关学科的区别、联系要求我们把这门学科的研究对象界定为城市社会的构成与发展规律。众所周知，城市社会学是社会学的一个分支学科。从某种意义上说，它既是社会学的理论和方法在城市研究领域中的运用和反映，又是社会学大家族中的一个相对独立的分支。因此，界定城市社会学的研究对象要考虑与社会学研究对象的区别、联系。关于社会学的研究对象，国内外学者的具体表述不尽一致。但是，大多数社会学家都不否认社会的构成与发展规律是社会学研究的主题。而事实上，城市社会学的实际发展所表现出来的在研究对象和问题的宽泛性上远不止社会学分科学科内部，还表现在与其他学科的交叉上。[②] 在这种情况下，我们把城市社会的构成与发展规律作为城市社会学的研究对象，一方面保持了它与普通社会学研究对象的一致性；另一方面又保持了自身的相对独立性。因而从研究范围看，普通社会学与城市社会学具有明显的整体与部分的关系。按照系统论的观点，部分的相对独立性是不可否认的。

城市社会学还从属于城市科学系列。城市科学或城市学是近几十年形成的“以城市为研究对象，从不同角度、不同层次观察、剖析、认识、改造城市的各种学科的总称，是一个学科群”。在这个学科群中，以城市经济活动、经济关系及其发展规律为研究对象的城市经济学，以城市空间组织的规律性为研究对象的城市地理学，与城市社会学具有密切关系，甚至在内容上是相互交叉、相互渗透的。不过，一旦我们强调城市社会学的研究对象是城市社会的构成与发展规律，而非城市经济或空间组织的规律性时，我们就从研究对象

---

① 唐忠新. 城市社会学的研究对象和内容框架刍议[J]. 天津社会科学，2002(5).

② 蔡禾. 城市社会学教材建设中的问题和思考[J]. 杭州师范大学学报(社会科学版)，2010，3(2).

的角度理清了城市社会学与城市经济学、城市地理学等相关学科的区别。这也是我们把城市社会的构成与发展规律作为城市社会学研究对象的原因之一。[①]

更加重要的是，当代中国城市社会学要以推进当代中国社会转型，服务于建设有中国特色社会主义，促进城市社会协调发展、良性运行为宗旨，这就要求我们从当代城市发展的基本要求与社会学学科性质相结合的角度，综合考虑当代中国城市社会学的研究对象问题。当代城市是越来越复杂的社会系统，这个系统内部各要素之间的相互联系比以往任何时候都更加紧密，这个系统内部各部分之间的相互作用比以往任何时候都更加明显。在这种情况下，不管是认识哪种城市现象，寻找哪种城市问题的求解，都必须在充分认识城市社会整体的性质和特点，把握城市社会的构成与发展规律的基础上进行。如果不清楚城市社会系统的内在结构与发展规律，不清楚城市社会各要素之间的相互联系、相互作用，就难以科学地认识城市社会的任何局部问题。对于局部现象的研究结论只有经过综合研究的转换才能直接应用于解决问题的实践。所以，开展对城市社会的综合研究，揭示城市社会系统的内在结构和各要素间的相互联系与变化规律，是当代城市发展对社会科学提出的迫切要求。但是，由于学科性质的限制，城市经济学、城市地理学等单一性学科只能就城市的经济现象、经济系统或者城市的空间组织结构等某一方面做深入研究。而城市社会学则可以发挥社会学的综合性的学科优势，不是专注于城市某一方面的研究，而是回应时代提出的综合研究城市社会的迫切要求，系统地揭示城市社会整体的构成与发展规律。这也是城市社会学为现实服务的一个途径。从这个意义上说，当代中国城市社会学有必要把研究对象定位于城市社会的构成与发展规律。

1.1.3 城市社会学的研究内容

既然城市社会学是从个人与社会的关系这一社会学的基本问题出发，运用社会学的理论范畴和研究方法来系统分析城市社会的构成与发展规律。通过多数学者实际关注的问题不难发现，城市社会学中存在着稳定的传统和一致的核心问题[②]：

从城市社会学经典作家们的工作中可以看到第一个传统，是对“空间”的关注，这是其他分支社会学所没有重视的。这样讲并非说城市社会学是研究空间的，而是说城市社会学在分析社会现象时，经常将其置于空间的视野。例如社会分层是社会科学学科独立的研究领域，城市社会学也关注这个问题，但是从空间和区位的角度来研究社会分层则是城市社会学特有的。

从城市社会学经典作家们的工作中可以看到第二个传统，是把城市看作一种新型的生活形态，研究那些基本的城市生活共同体的形式（例如家庭、邻里、朋辈群体、社区、种

---

① 唐忠新.城市社会学的研究对象和内容框架刍议[J].天津社会科学，2002(5).

② 蔡禾.城市社会学[M].北京：人民出版社，2011.

族、阶层等)是如何伴随着城市化过程而发生适应和冲突,以及这些适应和冲突是如何在空间中展现的。

蔡禾认为,从以上两个传统出发,我们可说迄今为止的城市社会学,其核心问题基本上是一致的,即人类群体生活与都市环境的关系。具体而言,城市社会学的基本内容框架可以归纳为四个相互关联的板块:①

首先,关于城市居民或城市人研究。根据马克思主义的观点,城市社会是城市居民或城市人相互作用的产物。城市居民是城市社会的主体,研究城市社会的构成可以从城市居民或城市人出发。然而,作为城市社会主体的城市居民并非生物学意义上的抽象物,"在其现实性上,它是一切社会关系的总和"。若用社会学语言表述,它是一系列社会地位和社会角色的总和。因此,可以围绕城市居民的社会地位和社会角色来开展对于城市人的社会学研究。这方面内容主要包括:

研究城市居民的社会地位和社会角色的形成过程,亦即城市人的社会化过程。经由这一过程,个体的生物人成长为合格的社会成员,城市社会体系得以维持和发展,城市居民的个性得以形成和完善。面对我国城市发展的客观实际,目前和今后一个时期,除了研究城市人的社会化的一般过程之外,很有必要深入研究独生子女的社会化问题、"亚城市人"(主要是进城农民)的社会化问题和城市居民的继续社会化问题,等等。

研究城市人的社会地位和社会角色的表现形式——生活方式。城市居民的生活方式是其生活活动的总和,也是他们的社会地位和社会角色的表现形式。这方面研究应力图揭示当代中国城市居民职业生活、消费生活、人际交往和精神生活等方面的总体状况及主要特征;不同地区、不同阶层的城市居民的生活方式的差异状况及其原因;我国城市生活方式的发展目标与实现途径,等等。

研究城市人的社会地位和社会角色的功能单位——群体、组织。群体、组织不仅是城市人的角色活动的结果,而且是他们的地位、角色得以实现的必要条件。只有通过一定的群体、组织,只有在群体、组织活动中,城市居民的社会地位和社会角色才能表现出来。正是从这个意义上说,城市社会群体和社会组织是城市人的社会地位和社会角色的功能单位或基本载体。当代中国城市社会学除了从总体上概括、分析城市群体和组织以外,还要把研究重点放在以下几个方面:一是家庭研究。家庭是社会的细胞,也是城市居民的地位、角色的最基本的功能单位。二是"工作单位"研究。城市居民就业于其中的工作单位是他们的职业地位和职业角色的主要载体,也是颇具中国体制特色的社会组织。三是关于非政府组织或民间组织的研究。伴随着市场经济和现代化的发展,这类组织对城市居民和城市社会的作用越来越大。发达国家已将其称之为"第三部门",与政府组织、营利性组织(企业)相提并论。

---

① 以下内容参考唐忠新.城市社会学的研究对象和内容框架刍议[J].天津社会科学,2002(5).

研究城市人的社会地位和社会角色的纵向结构及其变动——社会分层与社会流动。这既是当今中国城市最为突出的现象之一，又是社会学研究的重要领域。这方面研究的重点：一是分层标准及其量化指标；二是基本阶层结构和各阶层的总体状况、主要特征、价值取向等；三是各阶层间的相互关系，包括关系的状况、关系的性质和变化趋势等等；四是关于弱势阶层（群体）的研究，尤其是对下岗、失业人员等新贫困阶层的研究；五是关于城市居民的社会流动研究，包括流动规模和趋势，流动原因和功能，水平流动和垂直流动，一生中的流动和代际流动，结构性流动和自由流动，等等。

其次，关于城市社区研究。社区是社会学的基本范畴，关于这个范畴的含义，学者们有着不同理解。但是，多数社会学家认同社区是地域性社会生活共同体这一基本定义。由此出发，城市社会学应该把一个具体的城市社区看做是一定地域内的城市居民的各种活动、各种关系的有机结合体，看做是城市社会的缩影和城市社会的具体表现形式。在此基础上，关于城市社区的研究至少包括下述几个方面内容：

城市社区的形成与扩张过程——农村城市化进程。城市或城市社区并不是从来就有的，它是农村城市化的产物。广义的农村城市化可以追溯到世界上第一批城市产生时期，因为那些城市是在农业和农村发展的基础上形成的。到了近代，由于工业革命的推动，世界城市社区大规模扩张。目前，我国正处在快速城市化发展阶段的开端。适应这个阶段城市化发展的需要，当代中国城市社会学对于农村城市化问题的研究重点不妨放在这样几个方面：一是从理论上阐述分析城市化的客观必然性；二是着力探讨当代中国城市化的发展模式和实现途径；三是认真研究国际城市化的经验教训，服务于我国城市化实践。

城市社区的类型构成及其比较。由于各社区的要素、内容及结合方式存在着这样或那样的差别，从而形成了不同类型的城市社区。城市社会学要根据社区的本质属性或显著特征，对城市社区进行多元划分。例如，按主要功能、规模大小、形成方式、结构完整程度等不同标准，从不同角度来划分城市社区的类型构成。在此基础上，深入对不同类型的城市社区进行比较研究。

城市社区建设。这是当前社会转型时期我国城市工作的重要基础，也是当代中国城市社会学研究的重要内容之一。其研究重点：一是结合市场经济发展，"单位体制"衰落，从理论上揭示社区建设的客观必然性和社区建设在21世纪中国城市社会整合中的基础作用；二是运用社会学的理论成果，借鉴国外社区发展的先进理念，结合中国国情，深入探讨具有中国特色的社区建设的含义、特征、基本原则和操作方式；三是系统研究社区建设的主要内容，包括社区服务、社区组织建设、社区文化、社区环境、社区卫生、社区治安等等，以及它们之间的内在关系；四是研究社区建设的发展趋势和运行机制，包括构建"小政府、大社会"的管理模式，发展社区居民自治，培育社区民间组织，建立和完善大众参与机制，等等。

再次，关于城市社会体系研究。作为城市社会主体的城市人的一系列角色活动及其结果在特定地域内的结合，构成了具体的城市社区，而多元城市社区的结合构成了城市社会这一开放性的社会系统。按照这样的逻辑，以个人和社会之间的关系为基本问题，以城市社会的构成与发展规律为研究对象的城市社会学，在揭示了城市人和城市社区的基础上，理应对于城市社会体系进行总体概括和分析。这部分内容主要包括：

阐述和分析城市社会是一个有机的社会系统。这个社会系统，若从主体与客体的角度分析，是人与自然和文化的有机统一体；若从地域共同体的角度分析，是多类社区的有机结合体；若从历史演进的角度分析，是古代城市、近代城市、现代化城市依次更替的社会有机体，等等。

揭示城市社会系统的主要特征。在整体社会系统中，城市有别于农村，城市社会系统的主要特征至少包括：就经济而言，它是直接奠定在二、三产业的基础上的，城市劳动者以从事二、三产业为主要职业和主要谋生方式，并由此导致了城市经济的空间集中性。就人口而言，城市社会的人口密度高，人口聚居的规模大，人口结构的异质化程度较高。就社会组织而言，现代城市社会的组织体系相当复杂，科层制组织十分普遍。就文化和生活方式而言，现代城市的生活水平和生活质量较高，精神文化生活比较丰富，生活节奏快，人际交往中的感情色彩淡薄，契约化特征明显，等等。

分析城市社会在整体社会系统中的地位、作用。城市社会是整体社会系统中的一个子系统，它在整体社会历史演进的不同时期具有不同的地位、作用。当代中国城市是整个社会的经济中心，发挥着带动国民经济快速发展的作用；是整个社会的政治中心，发挥着管理全社会的作用；是整个社会的文化中心，发挥着促进整个社会精神文明建设的作用。

分析城市与农村的关系。城市社会自形成之日起就具有开放的本质特征，尤其是当代中国城市社会的发展在很大程度上受农村社会的影响、制约。因此，城市社会学有必要研究城乡关系问题。当然，这种研究并非囊括城乡关系的全部，而是侧重于分析城市社会在哪些方面，在多大程度上受农村社会发展状况的制约、影响，目的在于揭示城市社会发展的外部条件。

最后，关于城市社会发展研究。以揭示城市社会发展规律，促进城市社会良性运行为己任的当代中国城市社会学，自然应该把城市社会发展问题作为基本内容之一。这部分研究内容至少包括：

城市社会发展的基本原则和评估指标体系。当代城市社会发展首先要树立“以人为本”的发展理念，把促进人的全面发展作为最高原则。同时还要强调经济、政治、文化诸方面协调发展、可持续发展和整个社会全面进步等。依据这些基本原则，城市社会学者要把设计出科学、可行的城市社会发展的评估指标体系作为自己的重要任务之一。

城市社会发展的动力系统。为了促进城市社会发展，城市社会学有必要分析哪些因素是城市发展的动力，以及它们的贡献程度。这在传统社会学研究中是一个薄弱环节。当代中国城市社会学要以历史唯物主义为指导，结合新的科技革命和中国国情，系统研究城市社会发展的动力问题，揭示生产力发展、经济体制改革、科技、教育、政治民主化和政治体制改革、文化传播以及创新等因素对社会发展的推动作用,分析这些因素相互作用构成的动力系统。

城市社会发展的障碍因素:社会问题。研究城市社会问题是城市社会学的突出任务之一。由于社会问题对人类具有危害性,阻碍着广大社会成员的正常生活乃至社会进步,我们将其视作社会发展的障碍因素。当代中国城市社会学,一方面要比较系统地描述、揭示我国城市现阶段存在的各种社会问题的具体表现和社会后果,分析它们产生的主要原因;另一方面要积极、认真地探讨解决这些社会问题的对策措施,帮助党和政府把社会问题对社会发展的阻碍作用降到最低程度。

城市社会发展的保障机制:社会控制、社会保障与社会工作。社会学意义上的社会控制是指社会组织体系运用社会规范以及与之相应的手段、方式,对社会成员的社会行为实施调节和约束的过程。社会保障是国家通过立法积极动员社会各方面力量,保证各类弱势群体的成员维持基本生活,并逐步提高公共福利水平,提高国民生活质量的制度。而社会工作则指社会工作者运用科学方法帮助弱势成员、群体和社区解决困难,预防问题发生,恢复、改善和发展其功能,以适应正常社会生活的服务活动。由此可见,它们都是社会的"安全网"、"稳定器",它们都是社会有序运行的保证,它们的有机结合构成了社会发展的保障机制。城市社会学要把研究城市社会控制、社会保障和社会工作作为重要内容,这也是社会学的传统研究领域。

上述四大板块的相互联系构成了城市社会学的基本内容体系。但从整个学科建设的角度来看,这门学科的内容还应该包括城市社会学的研究方法、城市社会学学说史、城市文化、城市地理等。

1.2 城市社会学的理论和范式

1.2.1 古典的城市社会学理论

城市的出现和发展是社会发展的必然产物,是社会分工的结果。当然随着城市的迅速发展,也出现了大量的城市社会问题,如居民住宅紧张、交通拥挤、犯罪率上升、城市失业问题等等。这些问题的出现引起社会的广泛关注,同样也引起了古典社会学家们的浓厚兴趣。他们尝试运用有关社会学的一些理论和方法,展开对城市和城市问题的研究。

(1) 孔德和斯宾塞关于城市的研究

19 世纪中叶到 19 世纪末是西方社会学的创立时期。孔德和斯宾塞是公认的西方社会学的奠基人。他们不仅开创了社会学这一学科,而且他们的社会学思想,对后来社会学的发展产生了深刻的影响。西方社会学诞生的背景是 18 世纪末的法国政治革命和英国的产业革命这两大革命。可以说社会学的兴起源于近代城市化运动,所以在孔德和斯宾塞的社会学思想中，也有关于城市的一些研究，他们从宏观社会的角度，分析了城市社会的特征和发展的意义。后来的一些城市社会学流派如人类生态学等，都受到了孔德和斯宾塞社会思想的影响。

孔德深受 C. R. 达尔文进化论和 18 世纪法国启蒙思想家关于“意志支配世界”思想的影响。他从秩序、进步观念出发，把人类知识的发展划分为神学、形而上学和实证科学三个阶段。工业社会就是人类社会进入了实证阶段，也称资本主义社会或实证社会。工业社会的主要特征就是城市化的加速导致了城市工业的迅速发展。工业也是城市的主要标志。工业是科学的劳动组织形式，生产的目的是获得最大的效益。在工厂里，工人和资本家之间存在着潜在的矛盾和公开的对立。孔德认为影响人类社会向实证社会前进的因素包括死亡、人口、种族、气候、道德价值等等。后来的城市生态学派，继承和发展了他的这一理论和方法形成了城市生态学理论。

受进化论影响的斯宾塞则主张社会有机体论。社会从同质性向异质性、从强制性合作向自愿性合作、从军事组织向工业组织、农业社会向城市社会的发展。他指出农业社会的社会关系是同质性的，而城市社会则是异质的。

(2) 滕尼斯思想中蕴含着城市社会学的端倪

1887 年，滕尼斯出版了代表作《礼俗社会和法理社会》，他将人类社会抽象地分成了两种相互对立的类型：以农村为代表的礼俗社会和以城市为代表的法理社会。他着重分析了这两种社会类型的特征，并进行了比较的分析。他认为在礼俗社会中，亲属关系，邻里关系，朋友关系等自然的社会关系支配一切，人们具有强烈的认同感、情感主义、传统主义。而在法理社会当中，城市生活的主要特点是“分崩离析，肆无忌惮的个人主义和自私自利，甚至相互对立”。在社会结构上，他认为礼俗社会是个有机的整体，而法理社会只不过是一种机械的组合而已，他认为农村向城市的过渡是不可逆转的历史潮流。

(3) 迪尔凯姆关于城市社会的学说

和滕尼斯理论相反，在迪尔凯姆看来，农业社会是一种机械的联合，城市社会则是有机的组合。在他的代表作《社会分工论》中，指出分工是城市的重要特征，是建立新型社会聚合力的基础。他认为在传统的农业社会里，人与人之间的联系是建立在共同的信仰和习惯、共同的意识和标志基础上的，人们有着强烈的集体意识。在城市的社会关系中，原有的集体意识被削弱了，个体的意志得到了充分的体现，他认为城市社会是整合在功能层面上的，其思想对人文区位学派有着重要的影响。

(4) 齐美尔①的城市社会心理的思想

齐美尔的主要社会学思想即“形式社会学”，他认为社会只不过是相互作用的群体的

---

① 在欧洲传统学术思想中，齐美尔对美国城市社会学的影响最直接、最有力。芝加哥学派的创始人帕克就师从齐美尔。

名称，在事实上根本就不存在。人们的相互作用及其形式，就是社会学的主要研究对象。他从这一理论视角出发，对现代城市社会生活也进行了深入的研究。齐美尔用规模、分工和货币经济三个社会学独立变因解释了大都市社会关系及精神生活的特点，指出在现代城市社会中，人们精神生活的特点是复杂，老于世故，理智性，时间观念，标新立异的冲动和漠然的态度等。他认为"城市是罪恶之源"。这句话虽然失之偏颇，但也反映了当时西方城市生活的一个侧面。他指出现代生活最深刻的问题是个人面对都市中汹涌的各种力量、传统、文化和科技如何保持其存在的自主性和个体性。他集中对社会互动模式的描写，对都市人的处世心态的社会分层以及与之相应的文化心理现象（审美主义）的社会学分析。齐美尔的城市社会心理的思想，直接影响了后来的城市决定论，也将城市研究推向了另一个方向和高度。

(5) 韦伯相对系统的城市研究

德国社会学家韦伯1920年发表了《论城市》一书，对东方和西方历史上的城市进行了详尽的比较分析后提出了"理想型的完全城市类型"。在韦伯看来，完全城市应具有贸易、军事、法律、社交、政治等功能。在对城市的比较研究中，他进一步地分析了城市与政治、经济、文化的密切关系。应该说韦伯对城市的研究，是相对系统的，使得城市研究进入了一个新的阶段。

1.2.2 城市社会学理论的发展

(1) 芝加哥学派[①]

城市社会学是工业化、城市化的产物。19世纪末20世纪初，美国从农业社会向城市社会过渡，进入工业和城市高速发展时期，大量农民和移民涌进城市，使得城市人口的急剧膨胀与城市容量之间的矛盾十分突出，形形色色的社会问题由此产生，社会失序程度相当严重。美国的城市社会问题触发了芝加哥社会学派对于城市的研究。于是，城市社会学诞生于20世纪二三十年代的美国，基于当时的社会现实，早期城市社会学家的确十分关注城市社会问题的调查研究，这使后来的某些学者们以为城市社会学从一开始就是以城市社会问题为研究对象的，美国的城市社会问题触发了芝加哥社会学派对于城市的研究。

芝加哥学派第一代学人社会学家斯莫尔于1893年在芝加哥大学创建了美国历史上第一个社会学系，而后芝加哥学派第二代学人罗伯特·帕克在芝加哥大学社会学系又建立了世界上第一个城市研究中心，对城市进行了系统的研究，芝加哥大学社会学系也因此成为城市社会学研究的基地。以帕克为首的芝加哥学派一方面继承了欧洲古典社会学中的研究传统；另一方面，又以其更具社会学特征的研究方法，不断开拓和深化了社会学的

① 芝加哥学派是对以美国芝加哥大学社会学系为代表的几代学者及其社会学研究学术思想的统称。

研究领域和内容从而不仅奠定了社会学在美国的地位，也使城市社会学从社会学这一母体中分离出来。在城市社区这个范畴内，帕克把自己的学说称之为“从动物和植物中分化出来的人类的生态学”。以帕克为代表的第二代芝加哥学派社会学家所创立的城市人类生态学理论才真正代表了芝加哥城市社会学派理论。在新城市社会学理论出现以前，人类生态学基本上统治着城市社会学研究，是主流的社会学理论和研究范式。

帕克一生最重要的贡献当然就是他所创造的“人类生态学”。城市分析只是生态学的一个分支。我们分别从生物的(biotic)、空间的(spatial)和文化的(cultural)这三个向度来看帕克的城市分析。首先，这是一个生物的过程。与齐美尔将货币经济视为都市过程的主要动力的观点不同，帕克把城市看作一个有机体，城市的过程如同一切生物为生存而去适应或改变环境的生态过程。生态学讲动植物在资源有限的自然环境中如何生存的问题。达尔文的进化理论——植物和动物在自然环境中为了生存和争夺资源而发生的淘汰、适应与进化——是帕克理论的来源之一。生态过程的核心是对城市有限资源的“竞争”，竞争导致各种支配形式，并促成高度复杂的劳动分工，从而形成特定的组织形式。

其次，这是一个空间改变和重组的过程。城市一方面从中心向外扩张，显示了城市的机体扩展。另一方面，在扩展的过程中，城市又形成了分化，形成了不同的自然区域。所谓自然区域，正是帕克和芝加哥的其他学者提出的作为城市基本组织单位的“社区”。最后，这也是一个文化的过程。虽然帕克在分析都市及都市人类时处处类比生物学，但它坚持认为人与其他生物有着某些重要区别，因而他的理论是“人类生态学”而非一般“生态学”。沿着这条思路，帕克的几代学生不懈地努力，取得了一系列成果，最终形成了蔚为大观的芝加哥学派理论。

如果说帕克提出了人类生态学的概念和基本设想，那么麦肯齐(R. D. Mckenzie)则进一步明确了人类生态学的界定和方法。他指出生态学的定义不能充分包括人类生态理论领域中必然包含的全部因素。麦肯齐把人类生态学规定为，是研究人类在其环境选择力、分配力和调节力的影响作用下所形成的在空间和时间上的联系的科学。麦肯齐认为，城市人口流动和空间布局是竞争和选择的结果，因此竞争和共生是城市人类生态学的原则。通过对芝加哥城市社区的研究，他发现城市空间变化包括浓缩和离散、集中与分散、隔离、侵入和接替等生态过程。浓缩和离散说明既定区域内同类人口和机构的数量增加和减少的趋势；集中和分散分别说明相同职能的机构的聚集和分散的趋势；隔离指人口和机构趋向同质性地区而形成的彼此分离；侵入和接替分别指一个群体进入另一个群体地区和取代该群体的过程。可以说正是麦肯齐引进了更多的生态学概念，从而把城市人类生态学向前推进了一大步，为进行经验研究提供了必要的概念。

(2) 人文区位学的理论和方法

进一步探究不难发现，早期城市社会学家并未停留在简单描述城市社会问题的层面，而是主要运用人文区位学的理论和方法，力图从城市社会的构成和发展规律中寻找城市社会问题的原因和解决途径。伯吉斯提出的"同心圆理论"、霍伊特提出的"扇形理论"、哈里斯等人提出的"多核心理论"等等，都是对于城市社会的构成和发展规律的探讨，只是这种探讨过分侧重于城市社会的空间结构及其变化，显然有失偏颇，势必引发一系列批评和修正。

欧内斯特·伯吉斯(Ernest W. Burgess)，芝加哥大学社会学系教授，帕克的学生。在其漫长而富有成果的学术生涯中，The Growth of the City(《城市发展》)这部著作可以说是伯吉斯对城市研究最负盛名也最重要的贡献之一。如果说帕克和麦肯齐的研究主要是理论开拓，那么，帕克的学生伯吉斯则是运用他们的理论研究城市的发展过程。伯吉斯是第一个运用人类生态学理论来建立有关城市发展和空间组织模型的学者。他将芝加哥城作为他的分析对象，构造了一个有关城市生态的"同心圆模型"。它既是芝加哥城市形态的一张地图，也是有关城市扩展的动态过程的一个理论图表。

在伯吉斯看来，每个城市都有它的生态布局，这个布局是按照同心圆的格局组织起来的，即是由不同的环状地带组织起来。作为整个生态布局中心的是同心圆最内核的地带即"中心城市"，一般来讲是城市的中心商业区。中心地区的优势地理位置带来了竞争并使这一地区的土地价格上升，一般部门难以承受这里的高地价，所以一般人在中心商业区看到的都是百货商场、银行、高层商务中心等。紧靠中心商业区的过渡地带是有许多商业和轻工制造业以及主要是由移民、平民、游民组成的居住区。"中心城市"的外围通常是"贫民窟"或称"退化地区"，这个过渡区基本上是一个没落、人口日渐稀少的地区。

在过渡区的外围是"内层郊区"，是蓝领中产阶级居住区或称为工人住宅区。居住在这个地带的居民的一个基本特征是他们一般为第二代移民，他们是从过渡区迁移出来的，这个地区的房屋一般较陈旧、简陋，但由于它们的位置接近工厂和中心城区，往返方便且交通费用远比住在郊区便宜。对于住在过渡区的人来讲，向第三圈地带迁移是社会经济地位上升的标准。

第四圈居住地带是"中层郊区"，也称为高级住宅区，以白领工人、中产阶级和职员、小商人为主，他们居住在一些比较高级的公寓里。第五圈地带称为往返区，是"外层郊区"与"城乡结合部"。中上层社会人士的郊外住宅坐落在这里。另外还有一些小型卫星城，住在这里的人大多数都往返于市中心和居住地。这张图清楚地说明了城市扩展的主要方式，即内层的每一个地带向相邻的外层地带入侵(Invasion)，扩展自己的地盘，最后达到替代或者说继承(succession)。城市在竞争和共生的作用下，呈现出从中心向外扩散的圈层结构。显然，城市的这种同心圆结构也反映了城市的政治经济关系。

伯吉斯的城市发展的"同心圆模型"启发了后来的研究，也招致了批评。房地产经济学家霍伊特认为城市空间并不是按同心圆模式扩展的，而是由不同经济活动集中构成不均匀的扇形区域并沿着交通线由中心向外扩展，也称为“扇形理论”。

地理学家哈里斯和厄尔曼则提出“多核心理论”，认为城市是围绕多个而非一个经济活动中心发展的。但这些批评并不妨碍伯吉斯研究广泛而长久的影响。后来许多城市社会学家的工作都受惠于伯吉斯。比如芒福德的城市戏剧和雅各布的街头芭蕾理论，在精神上就与伯吉斯的城市动力学彼此呼应。

(3) 社会体系的构成及其变化的角度

20世纪60年代欧美国家出现的“城市危机”，使当代社会学家们认识到，城市问题并不只是由城市空间结构所决定的，还与经济结构、人口结构和制度安排等社会要素有密切关系。于是，当代西方城市社会学家更加着重于从社会体系的构成及其变化的角度揭示城市现象和城市问题。例如，美国的路易斯·沃斯(Louis Wirth，1897—1952)①抽象出城市的三个核心特征，它们是人口规模(size)、人口密度(density)和人口异质性(heterogeneity)，提出了“人口组成论”，主张通过分析城市人口结构(包括阶层结构、种族结构、家庭结构等等)来认识城市社会问题。沃斯认为，人口异质性的增大、人口规模的扩大和人口密度的提高三者综合作用决定了城市生活，有助于形成独特的“城市生活方式”或特有的“城市人格”。

法国的曼纽尔·卡斯特尔用结构马克思主义观点来分析城市社会，在他看来，城市空间是社会结构的表现，而社会结构是由经济、政治和意识形态系统所组成的。英国的帕尔则从“城市是一种社会和空间体系”的理念出发，认为城市资源分配的不平等是造成城市社会冲突的根本原因，等等。

1.2.3 新城市社会学理论

“新城市社会学”是1981年由美国社会学家J. 沃顿提出来的，该学派产生的社会背景源自20世纪60年代欧美国家普遍出现的城市危机。

(1) 郊区化与大都市危机的社会景象

郊区化最早在美国和英国发生。20世纪50年代，为了弥补“二战”的创伤与重建家园的强烈需求，福利资本主义成为国家主导的政策。福利资本主义的国家政策使得产业飞速发展，这带动了工业移民。在美国，大量的黑人与有色人种从南部种植园移民到工业城市，移民冲击着传统的白人社区并形成了大量的城市工业贫民。这种被称为“必须的贫民窟”(necessary slum)的城市中心贫民聚居区一方面为产业制造大量的廉价劳动力；另一方面也瓦解了原来的城市中心由中上层占据的局面，逃离城市中心区成为白人中产阶级的唯一选择。随着大城市中心区日益衰落，现代都市秩序开始在洛杉矶、纽约、墨西哥

① 美国芝加哥大学社会学系教授，帕克的学生，城市社会学“芝加哥学派”的成员。沃斯认真分析和总结了以前城市社会学家的理论和观点，研究了社会学家积累的大量描述城市现象的材料，构建了系统的城市社会学理论。

城和几乎每一个主要现代大都市街道上瓦解，出现了商业萎缩、失业严重、贫困加剧、治安混乱等一系列经济社会问题，并且城市持续爆发社区居民抗议运动和城市骚乱。这样，城市郊区化迅速兴起。20 世纪 60 年代以后，郊区化波及加拿大、澳大利亚和欧洲大陆。这样，引导战后经济繁荣的现代福特主义生产方式——凯恩斯式的大都市、大规模的生产积聚、生活消费、社会福利和政府权力直接面临着都市秩序的解体与重构。面对大规模郊区化，基于汽车消费文化的兴起、大都市的政治分裂、内城的持续衰退、强迫集中居住的种族隔离、变化中的劳资关系，为取得更大社会公平的城市社会运动风起云涌。正是在这样大都市危机的社会景象中，新马克思主义城市社会学得以兴起。

(2) 新马克思主义城市社会学：城市的空间政治经济学

新马克思主义城市社会学派兴起于 20 世纪六七十年代，标志着马克思主义社会批判传统在城市分析中的复兴，再一次深刻而有力地为城市生活刻画上阶级的印记。新马克思主义城市社会学并不是一个统一的思想学派，而是由四个主题所建构起来的，即空间的生产(production of space)、对城市的权利(the right to the city)、集体消费(collective consumption)和都市社会运动(urban social movements)。

前两个主题由法国社会学家列斐伏尔(Lefe-bvre)引入。他最重要的贡献是提出了“空间是社会的产物”的理论，将人们的关注点从空间中事物的生产“转向空间本身的生产”。他主张通过三种主要维度检验社会的空间特征：“空间实践”、特定社会的“空间的表征”和“表征的空间”。列斐伏尔创立的分析广义空间和狭义城市的对应框架，为许多重视空间概念学者的研究提供了一个崭新的视角，其中包括大卫·哈维(David-Harvey)和马克·科特丁尔(Mark-Gottdiener)。

科特丁尔深入拓展了列斐伏尔的观点，强调指出正是资本主义对空间永不休止的追逐和统治的本质造成了大都市区在城市内部区域空间分布的不平衡，以及大都市外围地区的不断产生和蔓延，这些新型的住宅和商业社区的产生正是资本主义制度下的“空间生产”，而产出的成果最终将人们的生活架构在空间上受到束缚的模式里。大卫·哈维(David-Harvey)在 1973 年出版的《Social Jus tice and the City》一书中，从地理学主流的自由主义形式(第一部分)转到了一个公然的马克思主义视角(第二部分)。哈维把他的地理学和社会学想象力同时应用到对 20 世纪 60 年代都市危机后果产生的现代大都市空间动力的分析中，把资本主义城市看作是一个在其本性上产生不平等的机器，即“都市系统的‘正常运作’、作为一种生活方式的都市活动的每日惯例和特性，其本身都倾向于生产和再生产一种实际收入的带有退化性质的再分配，这种分配一直以牺牲穷人的方式来使富人获利”。哈维试图将自由主义话语和普遍的社会正义原则推向极致，在从地理学向哲学转型中，将关注点放到“资本主义都市化进程”上，把先前关于社会正义、都市活动和空间的社会生产的讨论结合起来，探讨资本主义城市具体地理的实践和理论意义。

后两个批判性的主题由曼纽尔·卡斯特尔(Manuel Castells)担纲。20 世纪 60 年代，卡斯特尔深受列斐伏尔、阿兰·杜兰和路易·阿尔都塞的影响，这使得他的学术价值在 1970 年经历了从结构主义向人文主义的巨大转向。他继承了传统马克思主义者的社会冲突论和社会运动论来解释城市过程，卡斯特尔创造性地把列斐伏尔关于空间的思想、杜兰的社会运动社会学和阿尔都塞的结构主义综合起来，并成为对芝加哥学派批判最强烈的学者。在随后出版的（*The City and the Grassroots*）一书中，卡斯特尔围绕着"集体消费"问题产生的社会运动的实践和理论意义，认为集体消费过程更适合于成为城市过程的主导力量，提供这种服务可以被看作是一种政治动员，它会引发旨在对集体消费的现存模式进行抗议来改善都市条件的都市社会运动、抗议团体等，成为人民与国家的主要关系。集体消费概念也成为他以马克思主义分析框架重建城市社会学的核心范畴，城市被重新界定为在资本积累与社会分配之间、国家控制与人民自主性之间矛盾和冲突的焦点。围绕着这些问题，他先后讨论了西班牙、美国旧金山的社区运动，环绕着集体消费，环绕着文化认同，以行动者的角度分析都市社会运动（Urban Social Movement）——关注社区生活的控制和集体消费的需求——作为一种面对社会冲突和政治权力的新行动者（new actors）而出现。

(3) 新韦伯学派城市社会学：城市经理学说与住房阶级

在承认社会批判范式的新马克思主义城市学者贡献的同时，大多数社会学家也没有否认创立社会释义范式的马克斯·韦伯。马克斯·韦伯的社会释义范式将个人及其社会行动视为基本的单位，认为个人才是有意义的行动的最高限度和唯一载体，而社会学的任务就是将诸如"国家"、"城市"和"社团"等概念一律简化为"可理解的行动"。在 20 世纪 60 年代，雷克斯（Rex）、帕尔（Pahl）与摩尔（Moore）继承了韦伯解释社会学关注个人社会行为的传统，开始了对住房关系（House Tenure）及住房阶级（House Class）的研究，并将韦伯对官僚体系（Bureaucracy）的经典研究引申到"城市经理"（Urban Managers）在分配资源方面扮演的角色等有关讨论中。正因为对韦伯解释社会学、社会分层理论的应用与拓展，他们的城市社会研究与后来加入讨论的彼得·桑德斯（Peter Saunders），被统称为"新韦伯学派"（New Weberian）城市社会学。

在住房阶级与社会分层的讨论上，雷克斯与摩尔试图用人类生态学和韦伯的社会分层理论去分析该地区各个社会群体争夺住房资源的过程。他们发现不同社会群体在争取城市有限的住房资源时会分化成不同的社会阶层，各个社会群体会因为不同的背景而争取到不同的资源。雷克斯与摩尔认为，这个城市资源的竞争过程，就像社会领域内的阶级斗争一样，住房关系则会建构出不同的住房阶级，住房阶级成为一个全新的视角来观察社会分层的状况，他们根据不同人群的住房处境划分了 6 种住房阶级。桑德斯将住房阶级的讨论又向前推进一步，他认为，现代社会分层不是简单地分为资产阶级与无产阶级，而是像韦伯所说的基于人的市场状况、是否拥有住房、土地等划分为不同的阶级。在现代社会中，住房阶级越来越重要，甚至比基于职业划分更能准确地划出现代社会的分层状况。

在雷克斯理论的基础上，帕尔则以“城市经理”(Urban Manager)的理论，进一步指出城市资源的分配不平等是造成社会冲突的根本原因。他借用韦伯理论指出，城市资源的分配并非完全取决于自由市场，部分资源是通过政府的科层制架构分配。在分配的过程中，有很多城市关员(Urban-Gatekeeper)或城市经理——例如住房事务经理、城市设计师、地产从业人员、社区工作者等作为影响资源分配的因素。在经验研究的过程中，他始终围绕着两个重要的问题：(1)现代政府的科层制度对住房和城市资源分配有什么影响？(2)负责推行这些服务的官僚或“经理人”对城市资源分配有什么影响？正如韦伯指出的个人的行为并非完全受制于社会结构，帕尔认为这些科层制度内的经理人，也不像机器中的一颗零件完全听命于规章制度。这些经理人有价值倾向和意识形态，他们各自争取推出自己的计划，或常常试图达到自己的目标，并对城市资源分配造成一定影响，可能会强化或减弱现存的社会不平等。然而，随着社会的进一步发展，欧美主要资本主义国家开始从工业社会向后工业社会、从福特城市向后福特城市转型，因而“新城市社会学”风潮之后城市社会学研究的主要内容也开始从传统“单体城市”的空间范围向更广泛的后福特城市形态扩展，并随着后福特生产的全球化进程与跨国分工体系的形成而逐步跨越“国家”边界。

总之，从城市社会学的发展过程来看，不管是早期的芝加哥学派，还是当代新城市社会学派，都从不同角度探讨、分析城市社会的构成与发展规律。因此，我们认为，把城市社会学的研究对象界定为城市社会的构成与发展规律是符合这门学科历史形成的基本轨迹与基本范式的。

1.3 城市社会学的研究方法

正如其他社会学，城市社会学家会利用统计分析、观察、社会理论、面谈等方法去研究一系列的课题，包括移民、人口趋势、经济、贫穷、种族关系、都市环境等等。社会研究可以分为定量研究和定性研究，同样，城市社会学调查研究也可以分为定量调查研究和定性调查研究两种方法[①]。定量调查研究主要为通过抽样、问卷等来收集资料的方法，定性调查研究主要指实地调查研究。接下来主要介绍怎样通过社会学两种研究方法来研究城市社会学，以及城市社会学作为特殊的研究对象在研究方法上的特殊表现。

① 对于调查的含义及其外延学界有不同的看法，大体上可以分为狭义与广义两种：狭义的调查仅仅指通过问卷调查和结构式访问获取的数据资料的调研方式，而广义的调查还包括定性研究中的实地调查等定性方式。我们取广义的含义。

1.3.1　定量调查研究

狭义的定量调查研究包括抽样、测量及统计分析等。而定量调查研究方法的不同，主要缘由在于抽样方法的不同。

(1) 抽样

城市社会学调查这种特定的社会研究方式，一方面决定了它所依赖、所需要、所利用的资料必须直接来自调查对象，特别是来自现实中那些接受调查的个人；另一方面也决定了它通常不能从总体中的所有个体那里收集资料，而只能从总体中的一部分个体那里进行收集。因此，对于一项具体的城市社会学调查来说，选择能够代表调查总体的一部分调查对象，是它必须解决的主要问题之一。这就是下面所要介绍的抽样问题。

首先，我们介绍一下与抽样相关的概念。

为了收集必要的资料，对所研究的对象(总体)的全部元素逐一进行观测，往往不很现实。一种情形是研究的总体元素非常多，搜集资料费时、费力、费财，且不能及时地获得所需资料；另一种情形是整理资料也具有相当的难度，因此必须进行抽样。为了更好地理解和使用抽样方法，我们除了要了解抽样外，还要掌握与抽样相关的一些基本概念。

抽样。指的是从组成某个总体的所有元素、也就是所有最基本单位中，按照一定的方式选择或抽取一部分元素的过程和方法，或者说是从总体中按照一定方式选择或抽取样本的过程和方法。在城市社会学调查研究中，抽样主要解决的是调查对象的选取问题，即如何从总体中选出一部分对象作为总体的代表的问题。关于抽样的作用，有两个相关的问题需要特别明确：第一，抽样和抽样调查不能混为一谈。抽样只是抽样调查的前提和一部分，只解决抽样调查过程中的选取调查对象这一个问题，抽样调查的其他所有问题都是靠另外的方法来解决的。第二，抽样只是抽取样本的方法，而不是调查方法或者说资料收集方法。

总体。总体通常与构成它的元素共同定义：总体是构成它的所有元素的集合，而元素则是构成总体的最基本单位。在城市社会学调查研究工作中，最常见的总体是由社会中的某些个人或某些社区(单位)组成的，这些个人便是构成总体的元素。比如，当我们做一项有关某地区城市流动人口的调查时，该地区的每一个流动人员便是构成总体的元素，而该地区所有流动人口的集合就是调查的总体。它通常用大写字母 N 表示。

样本。样本就是从总体中按一定方式抽取出的一部分元素的集合。比如，调查上海失地农民社会保障现状的调查中，从当前的失地农民总体中，按一定方式抽取出 3 000 名进行调查，这 3 000 名失地农民就构成该总体的一个样本。在城市社会学调查中，资料的收集工作或者说调查的实施就是在样本中完成的。样本中的元素数目通常用小写字母 n 表示。

抽样单位。抽样单位就是一次直接的抽样所使用的基本单位。抽样单位与构成总体的元素有时是相同的，有时又是不同的。比如，在前面的例子中，单个的失地农民既是构成上海失地农民群体这一总体的元素，又是我们从总体中一次直接抽取出 3 000 名失地农民的样本时所用的抽样单位。但是，当我们从这一总体中一次直接抽取出 5 个工厂，而以这 5 个工厂中的全部农民工（假定正好是 3 000 名）作为我们的调查样本时，抽样单位（工厂）与构成总体的元素（失地农民）就不是一样的了。

抽样框。抽样框又称作抽样范围，指的是一次直接抽样时总体中所有抽样单位的名单。比如，从某社区的全体居民中直接抽取 200 名居民作为调查的样本，那么，这个社区的全体居民的名单就是这次抽样的抽样框；如果是从这个社区的所有单元中抽取部分单元的全体居民作为调查的样本，那么，此时的抽样框就不再是整个社区的全体居民的名单，而是社区所有单元的名单了。因为此时的抽样单位已不再是单个的居民，而是每一个单元。

参数值。参数值也称为总体值，它是关于总体中某一变量的综合描述，或者说是样本中所有元素的某种特征的综合数量表现。在统计中，最常见的参数值是总体某一变量的平均数，需要说明的是，参数值只有对总体中的每一个元素都进行调查或测量才能得到。

统计值。统计值也称为样本值，它是关于样本中某一变量的综合描述，或者说是样本中所有元素的某种特征的综合数量表现。统计值是从样本中计算出来的，它是相应的参数的估计量。

置信度。置信度又称为置信水平，它指的是总体参数值落在样本统计值某一区间内的概率，或者说，是总体参数值落在样本统计值某一区间中的把握性程度。它反映的是抽样的可靠性程度。比如，置信度为 99%，指的是总体参数值落在样本统计值某一区间的概率为 99%，或者说我们有 99%的把握认为样本统计值将落在总体参数值周围的某一区间里。

从抽样的定义中不难看出，抽样主要涉及或处理有关总体与部分之间的关系问题。抽样作为人们从部分认识整体这一过程的关键环节，其基本作用是向人们提供一种实现“由部分认识总体”这一目标的途径和手段。实际上，抽样早就在人们的认识活动中发挥着这种作用。抽样的基本思想或基本逻辑早就被人们自觉或不自觉在运用着。在日常生活中，人们同样经常用到抽样的方法。比如，医生只要从病人身上抽取很少的一点血液，便可以了解到病人全部血液的各种情况。当然，抽样方法也广泛地应用在各种形式的社会科学研究、自然科学研究，以及生产、销售等经济活动中。需要说明的是，在同质性极高的例子里，只需要很少的元素（如一滴血），就能很好地代表总体、反映总体。但对于研究社会现象来说，情况就大不相同，其中一个重要的原因，就是社会现象的研究往往与人有关，并且常常是以人为对象的。而任何一个总体中的个人相互之间在许多方面都存在着很大的差异。

抽样的最终目的在于通过对样本统计值的描述来勾画出总体的面貌，概率抽样的方法可以帮助我们实现这一目标，并且可以对这种勾画的准确程度作出估计。在概率抽样的过程中，我们总是要求保证总体中的每一个个体都有同等的机会入选样本，而且，任何一个个体的入选与否，与其他个体毫不相关，互不影响。或者说，每一个个体的抽取都是相对独立的，是一种随机事件。在各种随机事件的背后，存在着事件发生的客观概率，正是这种概率决定着随机事件的发展规律。概率抽样之所以能够保证样本对总体的代表性，其原理就在于它能够很好地按总体内在结构中所蕴含的各种随机事件的概率来构成样本，使样本成为总体的缩影。

在城市社会学调查中，抽样主要解决的是调查对象的选取问题，即如何从总体中选出一部分对象作为总体的代表的问题。我们知道，一项调查若对总体中的全部个体都进行调查（即采取普查的方式），那么，它所得到的资料显然是最为全面、最为理想的。但是，从前面我们关于普查的优缺点的介绍中可以知道，这种做法往往并不可行。广大调查研究人员常常会在时间、经费、人力等方面遇到困难，甚至陷入困境，从而不得不在庞大的总体与有限的时间、人力、经费这三者之间寻求新的途径。以现代统计学和概率论为基础的现代抽样理论，以及不断发展、不断完善的各种抽样方法，成为城市社会学知识体系中必不可少的一部分内容。可以说，抽样方法是架在研究者十分有限的人力、财力和时间与庞杂、广阔、纷繁、多变的社会现象之间的一座桥梁。有了它的帮助，研究者可以方便地从较小的部分达到很大的整体。

其次，我们讲讲抽样的类型。

根据抽样对象的具体方式，我们把抽样分为各种不同的类型。从大的方面看，各种抽样都可以归为概率抽样与非概率抽样两大类中。这是两种有着本质区别的抽样类型。概率抽样是依据概率论的基本原理，按照等概率原则进行的抽样，因而它能够避免抽样过程中的人为误差，保证样本的代表性；而非概率抽样则主要是依据研究者的主观意愿、判断或是否方便等因素来抽取对象，它不考虑抽样中的等概率原则，因而往往产生较大的误差，难以保证样本的代表性。由于目前在现实生活和工作中，概率抽样是用得最多、也是最有用处的抽样类型，故在此对概率抽样的基本原理及其一般程序作重点介绍。

在概率抽样与非概率抽样这两大类中，我们还可细分出若干不同的形式。具体情况如图 1-1 所示：

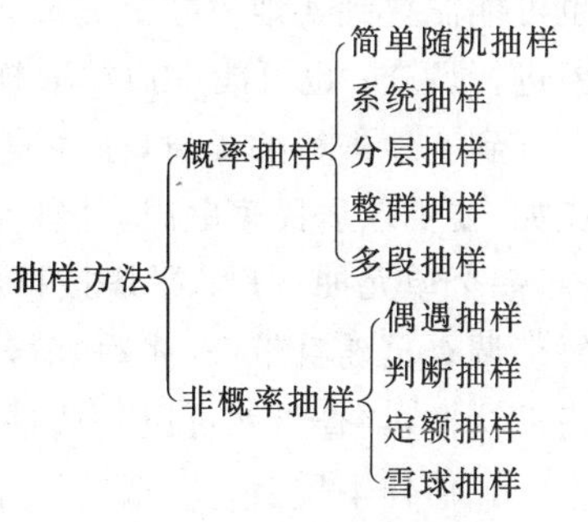

图 1-1 基本抽样方法

最后，掌握抽样的一般程序。

虽然不同的抽样方法具有不同的操作要求，但从大的程序看，它们通常都要经历以下几个步骤。

界定总体。界定总体就是在具体抽样前，首先对从中抽取样本的总体范围与界限做明确的界定。这一方面是由抽样调查的目的所决定的，因为抽样调查虽然只对总体的一部分个体实施调查，但其目的却是为了描述和认识总体的状况和特征，是为了发现总体存在的规律性，所以必须事先明确总体的范围；另一方面，界定总体也是达到良好的抽样效果的前提条件。如果不清楚明确地界定总体的范围和界限，那么，即使采用严格的抽样方法，也可能抽出对总体严重缺乏代表性的样本来。要有效地进行抽样，必须事先了解和掌握总体的结构及各方面的情况，并依据研究的目的明确地界定总体的范围。样本必须取自明确界定后的总体，样本中所得的结果，也只能推广到这种最初已作出明确界定的总体范围中。

制定抽样框。这一步骤的任务就是依据已经明确界定的总体范围，收集总体中全部抽样单位的名单，并通过对名单进行统一编号来建立起供抽样使用的抽样框。如果我们要在某大学进行一项该校大学生就业情况的抽样调查，那么，第一步就是要先对总体进行界定。比如说：本次调查的总体是该大学所有在读的全日制本科生和研究生。这样，该校那些专科生、夜大生以及其他一些不符合上述界定的学生就被排除在总体之外。而制定抽样框这一步的工作，就是要收集全校各系所有在读本科生以及研究生的花名册，并按一定顺序将全部花名册上的名单统一编号，形成一份完整的、既无重复又无遗漏的总体成员名单，即抽样框，从而为下一步抽取样本打下基础。需要注意的是，当抽样是分几个阶段、在几个不同的抽样层次上进行时，则要分别建立起几个不同的抽样框。

决定抽样方案。从前面对抽样类型的介绍中，我们已经了解到具体的抽样方法有好几种，而从后面几节对这些方法的介绍中我们将会看到，各种不同的抽样方法都有自身的特点和适用范围。因此，对于具有不同研究目的、不同调查范围、不同调查对象和不同客观条件的调查来说，所适用的抽样方法也不一样。这就需要我们在具体实施抽样之前，依据研究的目的要求、依据各种抽样方法的特点，以及其他有关因素来决定具体采用哪种抽样方法。除了抽样方法的确定外，还要根据调查的要求确定样本的规模以及主要目标量的精确程度。

实际抽取样本。实际抽取样本的工作就是在上述几个步骤的基础上，严格按照所选定的抽样方法，从抽样框中抽取一个个的抽样单位，构成调查样本。依据抽样方法的不同，以及依据抽样框是否可以实现等因素，实际的抽样工作既可能在实地调查前就完成，也可能需要到实地后才能完成。即既可能先抽取样本，再下去直接对预先抽好的调查对象进行调查；也可能一边抽取样本，一边就开始调查。

到实地进行抽样时，往往直接由调查员按预先制定好的操作方式或具体方法执行。比如，要抽取居民家庭时，往往是先抽好居委会，然后制定出具体操作方式："楼房按单元抽，一个单元抽一户；平房按排抽，一排抽一户；两种抽样都采取简单随机抽样的方法，每个调查员随身带 20 张写好号码的小纸片装在口袋中，摸到什么号码就调查所对应的家庭。"这样，调查员就可以一边抽样一边调查了。

评估样本质量。一般情况下，样本的抽出并不是抽样过程的结束，完整的抽样过程还应包括样本抽出后对样本进行的评估工作。所谓样本评估，就是对样本的质量、代表性、偏差等进行初步的检验和衡量，其目的是防止由于样本的偏差过大而导致调查的失误。评估样本的基本方法是：将可得到的反映总体中某些重要特征及其分布的资料与样本中的同类指标的资料进行对比。若二者之间的差别很小，则可认为样本的质量较高，代表性较大；反之，若二者之间的差别十分明显，那么样本的质量和代表性就一定不会很高。一般来说，用来进行比较的总体结构指标越多越好，各种指标对比的结果越接近越好。

(2) 测量

作为认识社会现象的活动，城市社会学调查必然会涉及对社会现象进行测量的问题。与抽样一样，测量也是社会调查中最为关键的步骤和内容之一。社会调查的资料以及社会调查成果质量，都直接与测量的质量紧密相连。我们将对测量的概念、测量的层次与测量工具问卷等内容进行介绍。

测量的概念。测量就是根据一定的法则，将某种物体或现象所具有的属性或特征用数字或符号表示出来的过程。这一定义包括四个必不可少的要素：测量的客体、测量的内容、测量的法则、数字或符号。

测量的层次。由于社会调查研究中所涉及的现象具有各种不同的性质和特征，因而对它们的测量也就具有不同的层次和标准。史蒂文斯 1951 年创立被广泛采用的测量层次分类法，他将测量层次分为四种，即定类测量、定序测量、定距测量和定比测量。不同层次的测量方法所对应的测量对象则分别称作定类变量、定序变量、定距变量和定比变量。

定类测量也称为类别测量或定名测量，它是测量层次中最低的一种。定类测量在本质上是一种分类体系。即将调查对象的不同属性或特征加以区分，标以不同的名称或符号，以确定其类别。定类测量的数学特征主要是“等于”与“不等于”(或者“属于”与“不属于”)。我们前面谈到的定性测量实际上都是在定类层次上的测量。在调查中，对诸如人们的性别、职业、婚姻状况、宗教信仰等等特征的测量，都是常见的定类测量的例子。它们分别将被调查者划分成“男性与女性”“工人、农民、教师、商人……”或者“未婚者、已婚者、离婚者……”“信佛教、信天主教……不信教”等各种不同的群体或类别，而每一个被调查者则分别属于或者不属于其中某一类别。由于定类层次的测量实质是一种分类体系，因而必须注意所分的类别既要具有穷尽性，又要具有互斥性。即所分的类别既要相互排斥、互不交叉重叠，又对各种可能的情况包举无遗。

定序测量也称为等级测量或顺序测量。定序测量的取值应可以按照某种逻辑顺序将调查对象排列出高低或大小，确定其等级及次序。比如测量人们的文化程度，可以将它们分为文盲、半文盲、小学、初中、高中、大专、本科及以上等等，这是一种由低到高的等级排列；在调查中，研究者可用定序测量对人们的社会地位、生活水平、住房条件、工作能力等等特征进行类似的等级排列。

定距测量也称为间距测量或区间测量。它不仅能够将社会现象或事物区分为不同的类别、不同的等级，而且可以确定它们相互之间的间隔距离和数量差别。比如，测量人的智商以及测量自然界中的温度就是定距测量的典型例子。在定距测量中，我们不仅可以说明哪一类别的等级较高，而且还能说明这一等级比那一等级高出多少单位。这也即是说，定距测量所测出来的结果相互之间可以进行加减运算。如果测得张三的智商为125，李四的智商为110，那么，由此可以说张三的智商比李四的智商高15。

定比测量也叫等比测量或比例测量。定比测量除了具有上述三种测量的全部性质外，还具有一个绝对的零点(有实际意义的零点)。而定距测量的值虽然可以为零，但这个零却并不具备数学中我们所熟悉的零的含义，从测量的角度看，此时的零只不过是一个特定的数字而已，它是人们主观认定和选取的。所以，定比测量所得的数据既能进行加减运算，又能进行乘除运算。是否具有实际意义的零点(绝对零点)存在，是定比测量与定距测量的唯一区别。

在对社会现象进行测量时，有一个重要的规则：尽可能对它们进行高层次的测量。即凡是能够用定比测量或定距测量的，就一定不要只用定序测量甚至只用定类测量。因为高层次测量所包含的信息更多，且高层次测量的结果很容易转化为低层次的测量结果，反之则不行。另外明确不同的测量层次所具有的不同的数学性质，这一点在社会调查中十分重要。因为在对调查资料进行整理和统计分析过程中，我们需要根据不同层次测量所具有的不同数学特性来选用不同的统计分析方法。

测量工具——问卷。

问卷是社会调查中用来收集资料的工具，一种类似于体温表、测力器、磅秤、米尺那样的工具。问卷是调查研究中用来收集资料的主要工具，它在形式上是一份精心设计的表格，其用途则是用来测量人们的行为、态度和社会特征。尽管实际调查中所用的问卷各不相同，但是问卷结构往往都包含这样几个部分：封面信、指导语、问题、答案、编码等。

问卷设计的步骤包括：探索性工作、设计问卷初稿、试用再修改定稿。要设计一份调查问卷，第一步工作并不是马上动手去列调查的问题，而是要先做一定的探索性工作。即先摸摸底，熟悉和了解一些基本的情况，以便对各种问题的提法和可能的回答有一个初步的认识。经过了探索性工作后，第二步我们就可以动手设计问卷初稿了。具体做法有两种：一是卡片法；二是框图法。

“卡片法”实际上是采用卡片的形式，首先列出一系列具体问题，然后对这些问题归类处理，最后调整修改、形成问卷的整体。具体来说，卡片法的实施步骤是：第一步将探索性工作中所了解及形成的具体问题书写在不同的卡片上，最好是每一个具体问题对应一张卡片。第二步是将卡片归类处理，即根据卡片的具体内容，按同一主题或同类事物进行分类，将所有卡片分成若干堆，或者说若干个部分；第三步是对每一堆或每一部分的卡片进行排序，即按照问题之间的关联及调查对象的接受心理将卡片前后排序，排在前面的意味着先被询问，这样将每一部分按照询问顺序连接起来；第四步是对每一堆或每一部分排序以连成整体，即根据问卷整体逻辑结构的要求，排列出各堆或各部分的前后顺序，将各堆或各部分按逻辑顺序排列、联结起来；第五步是对整个问卷调整与排序，即在前面两次排序的基础上对所有的卡片进行编号处理，然后根据问卷设计的基本原则与基本要求，对每一具体问题仔细推敲，修改补充，并且对问题前后的顺序进行调整，这样形成了一份比较完整的问卷初稿。如果是采用人工的方式，则依问题顺序誊写清楚；如果是使用计算机操作，则所有排序与调整均可在计算机上直接进行，最后打印出一份初稿。

"框图法"实际上是从总体结构出发，采用图解的方式，将总体划分为几个部分，再将各部分细分出若干个具体的问题，从而形成问卷的整体。具体来说，框图法的实施步骤是：第一步将总体分解并画出总体与各部分之间的框图，即依据理论与研究假设，看课题涉及几个方面的问题，就划分出几个部分，各个部分之间存在相应的联系，在框图中则表现为前后的秩序，这是第一层面的分解过程；第二步是对每一部分进行划分，列出一系列相关问题，每一个问题对应一定的备选答案，而且这些具体问题之间也按照一定的顺序进行排列，这是第二层面的分解过程；第三步是调整与修改，即根据问卷设计的基本原则与基本要求，综合考虑调查对象的文化背景、接受心理等方面因素，对所有问题及答案内容方面进行修改与补充、顺序方面进行调整，在调整与修改之后，一份比较完整的问卷初稿便形成了。

第三步就是试用和修改定稿。问卷初稿设计好后，不能直接将它用于正式调查，而必须对问卷初稿进行试用和修改。试用这一步在问卷设计的过程中至关重要，对于大型调查来说更是不能不做。试用问卷初稿的具体方法有两种：一种叫客观检验法；另一种叫主观评价法。

主观评价法主要是面向专业人士及一些典型的被调查者听取他们的评判与意见。一般是将问卷初稿复印或打印数十份，分别送给有关专家、专业研究人员以及典型的被调查者，请他们对问卷进行评价，特别是指出初稿的不妥或不足之处。主观评价法主要注重的是专家们的丰富经验，实际上带有咨询的性质。而客观检验法则是直接面对可能的调查对象进行小范围的测试。采用客观检验法时，首先是将问卷初稿打印出若干份，如果正式调查规模较大，则试用稿打印 100 份或 200 份，若正式调查规模一般，则打印 30 份至 50 份就足够了。然后，在正式调查总体中抽出与打印数量相当的被调查者，进行测试。最后，根据回收的问卷进行统计与分析，找出存在的问题。在运用客观检验法时，特别要注意问卷的回收率与填答差错率。回收率又包括总回收率与有效回收率两大要素。如果总回收率较低，一般跟问卷的质量有较密切的关系，当然也有可能由一些人为因素造成，如果总回收率较高，也不能断定问卷初稿不存在多少问题，还要进行进一步的检验。有效回收率是扣除各种废卷后计算的回收率，它比总回收率更能反映问卷的质量水平。如果废卷太多，有效回收率太低，那么问卷初稿存在的问题就较多。差错率主要反映填答方面的质量，其中差错主要是填答不全，还是答非所问，还是存在什么其他问题，对于这些问题还要看其存在是普遍现象，还是极个别现象。对于存在的每一处问题，都要高度重视，认真思考，找出原因，及时修改。

(3) 整理资料与统计分析

我们运用各种方法收集到一批调查资料后，接下来的任务就是要对这些原始资料(主要是问卷形式的资料)进行某种特定方式的处理，使之成为统计分析的基本数据。资料处理的工作主要包括对原始资料的审核、复查，对问卷进行编码、录入和数据清理。

然后，我们再对数据进行系统的分析。我国以往的许多社会调查常常比较注重定性分析，而不太注重定量分析。这一方面与调查人员的思想认识有关，即有些调查人员常常怀疑统计分析方法对纷繁复杂、生动具体的社会现象进行描述、揭示和认识的能力；另一方面也与调查研究人员对统计分析方法的掌握程度有关。然而，越来越多的事实说明，正确恰当的统计分析，已经成为现代社会调查研究中不可缺少的一个环节，成为人们认识社会现象的一种重要分析手段。

统计分析在社会科学研究领域，使用统计软件 SPSS 较多，因此统计分析者需要掌握一般的统计原理及统计软件的使用。

1.3.2 定性调查研究①

定性的调查研究主要指实地调查研究。在城市社会学的调查研究方法中，无论是从所具有的方法论背景、研究目标，还是其研究的策略、资料收集方法，以及资料分析方法等方面来看，实地研究都与定量研究方式具有较大的区别。在此我们将对其作具体介绍。

(1) 实地研究的概念

实地研究是一种深入到研究现象的生活背景中，以参与观察和无结构访谈的方式收集资料，并通过对这些资料的定性分析来理解和解释现象的社会研究方式。有的研究者按照不同的标准将实地研究区分为参与观察、个案研究等。实际上，“参与观察”首先强调“参与”，即研究者必须深入其中，深入到他所研究的对象所处的真实社会生活中。“观察”也并非只是狭义的“用眼睛看”。而是指广义的“了解”，它包括看、听、问、想，甚至还有体验、感受、理解等。而“个案研究”强调的则是“个案”，即仅仅只对一个对象进行研究，当然这种研究往往也要求研究者有相当长一段时间生活于这一对象的环境中。实地研究中用来收集资料的主要方式有观察和访谈两种。它们包括非正式的、随生活环境和事件自然进行的各种观察、旁听和闲谈，也包括正式的采访、座谈和参观等。

实地研究是一种定性研究方式，也是一种理论建构型的研究方式。实地研究方式的基本特征是强调“实地”，即研究者一定要深入到所研究对象的社会生活环境，且要在其中生活相当长一段时间，靠观察、询问、感觉和领悟，去理解所研究的现象。其基本的逻辑结构是：研究者在确定了所要研究的问题或现象后，不带任何假设进入到现象所生活的背

① 这部分内容主要参照风笑天. 社会学研究方法[M]. 北京：中国人民大学出版社，2005：238-264.

景中，通过参与观察，收集各种定性资料，在对资料进行初步的分析和归纳后，又开始进一步的观察和进一步归纳。通过多次循环，逐步达到对现象和过程的理论概括和解释。

(2) 实地研究的类型

从总体上讲，实地研究可分为个案研究和社区研究。

个案研究，即对一个个人、一件事件、一个社会集团，或一个社区所进行的深入全面的研究。它的特点是焦点特别集中，对现象的了解特别深入、详细。个案研究通过对事物进行深入的洞察，能够获得非常丰富、生动、具体、详细的资料，能够较好地反映出事物或事件的发生、发展及变化的过程，而且能为后来较大的总体研究提供理论假设。因此，这种方法在社会科学的发展中也发挥着重要的作用。

个案研究的方式对于深入实地研究一个特定的单位，或者是为着比较的目的而研究几个单位来说特别有用。这种特定的单位既可以是一个个人、一户家庭、一个小群体、一个工厂、一所学校，也可以是一个社会区、一件社会事件。当然，在个案的单位不同时，它所采取的具体方法会有所不同。比如，对一个个人的研究，除了一般的观察、访谈外，还经常采用个人生活史的方法；同样，对一户家庭的研究与对一个小镇的研究所采用的方法也不会完全一样。

社区研究，是指当研究的个案为一个社区时的研究。社区是人们在社会中赖以生存的一种重要形式，同时社区也是构建整个城市的一种重要单位。它与人们社会生活以及整个社会的发展都有着密不可分的关系。因而，社区研究也越来越成为城市社会学调查研究中的一个热点。社区研究的方式也为众多的社会研究者所熟悉和采用。社区研究中，研究者通常采用参与观察、访谈，以及收集当地现有文献等方法来收集资料。而且，研究者通常要在该社区中生活一段时间(少则几个月，多则几年)，参与当地人的社会生活。

个案研究以及社区研究所具有的深入、全面的特点是其明显的长处。而其最大的不足，或者说其最困难的一个方面，是如何发掘个案研究所具有的概括意义。一般来说，研究者很难将个案研究中所得到的结果进行推广，除了对所研究的对象进行详细全面的描述外，研究者更多地是努力从所研究的具体个案中，抽出一些有价值的命题，或提出一些具有更深理论意义的研究题目，为后继的研究者提供一些有启发性的思路和有价值的方向。

(3) 实地研究的一般过程

同其他社会调查研究一样，实地研究也具有与其大致相同的逻辑过程。从实施的程序上看，实地研究通常包括以下几个步骤：选择研究背景；获准进入；取得信任和建立友善关系；收集资料；整理和分析资料；报告研究结果。在此，我们只对前面三部分进行探讨。

选择研究背景。实地研究必须深入实地。因此，“实地”的选择是进行实地研究的第一步。在客观条件许可时，我们应尽量选择那些既与所研究的问题或现象密切相关，又容易进入、容易观察的背景。对于非参与的观察来说,这种理想的背景就是那些不易被我们所观察的对象注意到和感觉到的地方。比如,如果我们要以非参与的方式观察大城市中人们对交通规则的遵守情况,我们就可以选择繁华的十字路口旁一幢有着十分容易观察整个路口,但本身却不为人注意的窗口的三层楼房。对于参与观察来说,则应选择那种能够使研究者自然地进入、自然地参与其中、容易为当地社区接受,且能较快熟悉所观察社区的背景。

获准进入。尽管调查研究中也要接触被访谈对象,也有使自己合法化的问题以及一定的实际联系工作,但是,与实地研究中的进入相比,这些就显得相对简单。可以说,获准进入在实地研究中才具有其真正的含义,它是实地研究中非常重要同时也十分关键的一个环节。正式的、合法的身份以及单位或组织的介绍信,并不是保证能获准进入的充分条件,而只是一种必要条件。研究者要能参与研究对象的实际社会生活,还常常需要某些"关键人物"或"中间人"的帮助。这些关键人物或中间人就生活在研究对象所生活的社区,或者就工作在研究对象所工作的单位,他们既认识研究者,同时又认识研究者所希望研究的那些研究对象。总之,他们能够十分便利地将研究者"带入"到研究对象的生活世界中。

取得信任和建立友善关系。获准进入在一定意义上只是完成了进入实地的表面程序,或者说只是获得了在所研究的群体或社区中的"分开身份",它离真正进入社区的生活,进入所研究的群体还有相当的距离。正如折晓叶在谈到自己进入所研究的村庄后的感受时所说的:"作为陌生人的感觉,时常让我感觉难以真正进入所研究的村庄的社区生活,其中首先的障碍,是与村里人之间在穿着、相貌、语言、心理和身份上的距离,这可以从他们对你探究、猜测、冷眼的目光中,从与你谈话时的尴尬中感觉到。"①

因此,尽快取得当地人的信任,尽早与他们建立友善的关系,是进入实地后研究者面临的首要任务。在一定意义上,研究者能否取得研究对象的信任,他能否与研究对象建立起友善的关系,决定着他实地研究的前途和命运。因为,如果研究者在研究对象的眼里始终是"外来人",人们始终对他抱有戒备心甚至充满敌意,那么,研究者要从这些研究对象那里得到真实的资料的可能性是很小的。即使人们知道你是谁,也知道你来做研究,只要你和他们之间达不到某种程度的熟悉和信任,相互之间没有建立起友善的关系,你的观察和访谈就难以顺利开展。

当然,研究者对此也不应过分着急。因为这种信任的取得、这种关系的建立,需要一个过程,需要有一定的时间,也需要一定的机会。只有经过一段时间的共同生活,人们才会慢慢习惯你的出现,习惯你的参与,慢慢从心理上接受一种转折点,使得研究者逐渐从当地人的"他群体"中,进入到他们的"我群体"里。

---

① 折晓叶. 村庄的再造:一个村庄的社会变迁[M]. 北京:中国社会科学出版社,1997:24.

(4) 实地研究的特点及应用

与定量研究具有明显不同的特点，定性的实地研究它不仅是一种资料收集的过程，同时也是理论形成的过程。作为一种具体的研究方式，实地研究的基本特征是研究者作为真实的社会成员和行为者参与到对象的实际社会生活中。通过尽可能全面的、直接的观察和访谈，收集具体、详尽的定性资料，依靠研究者的主观感受和体验来理解其所得到的各种印象、感觉以及其他资料，并在归纳、概括的基础上建立起对这些现象的理论解释。

实地研究方式的主要优点：

第一，适合在自然条件下观察和研究人们的态度和行为。实地研究者所追寻的是一种更具有情感性的和人文主义类型的资料，他们与研究对象之间的关系也更是人与人之间的关系。这种方式特别适合那些不便于或者不可能进行简单的问卷调查的社会现象和社会问题。正如许多研究者所认为的，对于人们的情感通常不宜将其归纳成可以输入计算机的数字，而是要通过人对人的观察，作出主观的估价，并以文字方式详细记录。最后所得到的资料将不是数字，而是引语和描述。

第二，研究的效度较高。相对于问卷调查中最大的问题——表面化、简单化现象、实地研究的深入观察，设身处地的感受、理解，具有很高的效度——研究者测量的确是他所希望的概念或现象。而与调查研究中常见的简单定义相对应的是，实地研究者常常列举出生动、详细的事例来说明某一个概念的含义。

第三，方式比较灵活，弹性较大。相对于实验研究和调查研究，实地研究的操作程序不是那样严格，只需要较少的准备工作。在研究进行的过程中，可以随时修正研究的目标和设计。对于不同的研究背景或不同的研究对象，实地研究中的具体操作也比较灵活。

第四，适合研究现象发展变化的过程及其特征。由于实地研究不仅要深入实地，而且要在实地生活相当一段时间，因此，对于研究社会现象的发展变化过程来说，是一种较好的方式。尤其是在对个人或小群体的研究中，这种优点更为明显。

实地研究方式的主要缺点：

第一，概括性较差。由于实地研究所得到的基本上是定性资料，且在许多情况下都是以某个个案为对象，因而其资料既难以进行定量分析，也无法概括大的总体。这样，其所得结论也难以推广到更大的范围。这是实地研究方式比较大的缺点之一。

第二，信度较低。实在研究中研究者以参与观察和无结构访谈的方式收集资料，所处的是一种被动的地位，对观察场景也往往缺乏控制，因而其所得的资料比较琐碎、凌乱，不易系统化。同时，由于实地研究强调研究者的主观作用，强调对所观察的对象进行移情理解，因此难以检验其信度。另一方面，现实生活中因时间、地点、人物的变动或流失的影响，也造成研究者很难对原告研究的对象或现象进行重复观察或研究。

第三,对研究对象的影响。实地研究者的观察并非像照相机或显微镜那样处于所观察的对象之外,实际上,观察者是他正在观察的对象的一部分。无论是参与观察还是实地访谈,研究者的参与本身对其所研究的对象都会造成影响。

第四,所需时间较长。由于参与生活的需要,实地研究方式的周期一般都比较长,通常少则几个月,长则好几年。这种长时间的要求,不仅对于研究者来说是一个困难,有时对于所研究的对象来说也是一种困难。

第五,伦理问题。这一问题主要是针对参与观察中隐藏研究者身份的做法提出的。它所包含的实际问题是:一、研究者有没有为了研究的目的而欺骗研究对象的权利?二、研究者作为社会的成员,应不应该为了研究而采取欺骗研究对象的做法?

(5) 实地研究的主要方式

实地研究一般采用以下方法:

第一个是观察法。它是观察者有目的、有计划地运用自己的感觉器官或借助科学的观察仪器,能动地了解处于自然状态下的社会现象的方法。观察是认识的起点,是一种直接调查方法,是政策资料的一个重要来源。观察能帮助我们获得对政策问题的深入了解,观察能够提供对一个政策案的执行情况或一群人、一个组织所经历的问题的迅速洞察。通过观察所收集的资料包括路边调查,机械性的点数(例如交通量的点数),选择商品和物件的偏好,类似表面磨损或腐蚀之类的物理力量,甚至包括通过卫星传输的图像。但是观察也可能产生一个"霍桑效应",引起那些被观察者改变自己的行为,因为他们感觉到自己正在被研究。

在实地观察过程中,要保证观察的顺利实施并取得良好的观察效果,应该掌握一些基本原则和一些基本技巧。观察法要坚持客观性原则,从实际出发,按照政策事实的本来面目正确认识;坚持全面性原则,考察对象的不同侧面、不同角度、不同层次;坚持深入性原则,进行深入、细致的观察,不能走马观花、浮光掠影;坚持持久性原则,进行长时间而不是短暂的考察。在观察时,要注意以下一些问题:选择观察的对象和环境;选准观察的时间和场合;灵活安排观察的程序;努力减少观察活动对被观察者的影响;及时做好观察记录。

第二个是访谈法。访谈法就是访问者通过口头交谈等方式向被访问者了解实际情况的方法,是面对面的直接调查,是获取政策信息的口头调查。访谈已经成为获取政策信息资料的必不可少的来源。在分析有关教育评估、残疾儿童的地位、基础设施更换的规划和预算,以及学者早退休的选择权之类的城市问题时,我们把访谈作为主要的和辅助的手段。访谈可以分为直接访问和间接访问(如电话)、集体访谈和个别访谈、标准化访谈(通过设计问题)和非标准化访谈等类型。

在政策案例的研究和分析中经常使用精英访谈,作为一种迅速、基本的资料收集方法。在许多情况下分析者都要依赖于这种方法,特别是对短期项目、新的主题以及在很少或几乎没有文献的场合。在这种情况下，被采访者不愿意将某些答案写出来，大量的资料难以获得，被雇用的采访者也可能对突然出现的政策问题的复杂性感觉迟钝，在这些情况下，政策分析者要获得专家的意见，包括机关的全体职员、规划的参与者以及有机会接触未被发表的材料的人。在访问调查过程中，应注意下列问题：准备好详细的访问提纲，选准访谈的具体对象；要选好访谈的具体时间、地点和场合；要建立良好的人际关系，表明来意，消除疑虑；掌握语言技巧和非语言信息交流的技巧；做好访谈记录。

第三个是问询法。问询法即前述问卷调查法，是调查者运用统一设计的问卷向被调查者了解情况或征询意见的方法。问卷调查是标准化调查，一般都是间接调查、书面调查。问卷调查，根据问卷的传递方式不同，可分为报刊问卷、邮政问卷、送发问卷和访问问卷；根据问卷的填答者不同，可分为自填问卷和代填问卷。

第四个是跟踪法。跟踪调查法是对调查对象进行追踪调查的一种方法，它是政策案例形成前后对调查对象全过程或一定时期进行反复研究的调查形式。它可以涵盖观察法、访谈法、问询法等方法，也可以对政策案例形成之后进行回馈(feedback)。跟踪法有多种类型：有正面跟踪，对不真实、不准确、不完整的地方进行正面追询调查；有侧面跟踪，即调换一个侧面、调换一个角度对同一问题进行追询；有补充跟踪，即对没有弄清的、遗漏的部分进行追询；有重复跟踪，对已经调查过的问题再次追询，等等。跟踪调查要适时，一项政策在实施一段时间之后要及时进行跟踪，以洞察实时执行情况或执行不力的原因。追踪调查的措辞常常是"如果我还有其他问题或如果出现了其他情况，还可以再与你联系吗？"

在对调查对象进行调查之后，要进行统计和调查资料分析，并形成分析报告。统计可以分为描述性统计和推理性统计。描述性统计为我们提供了收集、列表和总结资料的方法，它包括对资料进行分组，描述它们的特征，弄清变量之间的关系，也包括使用统计图、统计表格、统计地图来描述和显示材料。推理性统计通常是从样本资料中概括和归纳有关总体情况的特征，它表明，在多大程度上，运用抽样资料本身所具有的关系和联系去描述所调查的总体的特征是可能的。

对于调查资料的分析，可以通过描述分析、图解分析、表格分析、地图分析等方式进行。最后的分析报告应该包括如下一些内容：①摘要。报告的开始，也是报告的简要介绍；②问题界定。使用统计资料，利用多种方法来描述和解释问题；③评估标准。要明确"什么是好的"，列出并解释使用的标准；④替代性选择。描述那些可供选择的内容，对相似的可供选择的内容进行分组，并讨论普通的类型及其变化；⑤分析与比较。使用基本的统计数字、决策分析、数学公式、规划方案及其他技术进行分析和比较，用参数测定可供选择的内容对变化的敏感性；⑥结论。提出结论和建议，说明不确定性，以及采用你的结论和建议可能产生的结果；⑦下一步。有无需要做进一步的研究和分析，采取什么样的具体步骤或供选择的步骤。

从多数学者的观点来看,城市社会学是从变动着的城市社会整体出发,以城市社会的构成与发展规律为研究对象的一个社会学的分支学科。这里所说的城市社会的构成主要是指城市社会的结构体系,亦即城市社会各要素之间的相互联系。做出这个界定,考虑到了这门学科历史发展的基本特点和基本轨迹,这门学科与相关学科的区别、联系,同时也考虑到了当代城市发展对这门学科的要求等。城市社会学与相关学科的区别、联系要求我们把这门学科的研究对象界定为城市社会的构成与发展规律。众所周知,城市社会学是社会学的一个分支学科。从某种意义上说,它既是社会学的理论和方法在城市研究领域中的运用和反映,又是社会学大家族中的一个相对独立的分支。因此,界定城市社会学的研究对象要考虑与社会学研究对象的区别、联系。关于社会学的研究对象,国内外学者的具体表述不尽一致。但是,大多数社会学家都不否认社会的构成与发展规律是社会学研究的主题。而事实上,城市社会学的实际发展所表现出来的在研究对象和问题的宽泛性上远不止社会学分科学科内部,还表现在与其他学科的交叉上。在这种情况下,我们把城市社会的构成与发展规律作为城市社会学的研究对象,一方面保持了它与普通社会学研究对象的一致性;另一方面又保持了自身的相对独立性。

1. 唐忠新.城市社会学的研究对象和内容框架刍议[J].天津社会科学,2002(5)。
2. [美]萨斯基娅·萨森著.世纪之交的城市社会学新前沿[J].朱力,杨逸译.国际城市规划,2011(2)。
3. 蔡禾.城市社会学教材建设中的问题和思考[J].杭州师范大学学报(社会科学版),2010,3(2)。
4. [法]伊夫格·拉夫梅耶尔著.城市社会学[M].徐伟民译.天津:天津人民出版社 2005:1。
5. James L Spates,John J Macionis. The Sociology of Cities[M]. St Martins Press,1982.
6. Manuel Castells. Is there an urban sociology? [C]//Urban Sociology: Critical Essays. C. G. Pickvance,Tavistock Publications Ltd.,1976.

城市社会学(City Sociology)
生活共同体(Life Community)
研究方法(Research Methods)
全球化(Globalization)
交叉学科(Interdiscipline)
学说史(the History of Theory)
新城市社会学(New Sociology of City)

1. 城市社会学的研究对象。
2. 城市社会学的研究内容。
3. 城市社会学与其他学科之间的关系是怎样的？
4. 城市社会学的理论范式和理论沿革是如何的？
5. 城市社会学研究方法具体表现为哪几部分？

城市社会学历史上所传承下来的核心问题是什么？①

以独立的研究对象来划分学科，这是学科分类中最普遍的做法，也是最不会引起争议的做法。但是仔细观察一下科学发展的历史就不难发现，以研究对象来划分学科的传统做法似乎难以面对科学领域中交叉学科发展的事实，今天我们似乎已经很难说哪一种现象是哪一门学科独有的研究对象。过去我们说经济学是研究经济现象，政治学是研究政治现象，社会学是研究社会现象。但是今天的经济学已经成功地进入了传统的政治学和社会学领域，贝克尔的"家庭经济学"就是用经济学理论和方法研究传统上的社会学研究对象的成功例子；同样，社会学运用社会资本的概念也成功进入了许多原来属于管理学的传统研究领域。人们似乎开始接受这样的观念，不同的学科可以有共同的研究对象，但是他们分析问题的方法不同，用来解释问题的概念框架和理论体系不同。换句话说，学科之间的差别可能越来越淡化在对象上，而突出在理论和方法上。

如果我们能够接受对学科变迁的这种判断，那么是否一定要给每个学科划分出一块自己独有的研究对象或领域，要在研究对象上达成完全一致就意义不大了，教学内容编排上存在差别也就可以接受。当然，这并不意味着对一门学科的研究对象和内容可以各说各话，完全不相关。而是要提醒人们，在不同学科的研究对象差别越来越模糊的趋势下，或许应该转换角度来考虑学科教材的编写。这一点对于城市社会学这门学科更为重要，因为城市社会学今天面临的困境是非常明显的。

尽管城市社会学与其他的分支社会学有高度的相关，许多城市社会学的研究不过只是在其他分支社会学研究上划出一个"城市"的地域边界，但作为一个历史最为悠久的社会学分支学科，一个有着百年传承的研究领域，一定会形成一些属于自己的特殊问题和分

---

① 蔡禾．城市社会学教材建设中的问题和思考[J]．杭州师范大学学报(社会科学版)，2010，3(2)．

析问题的视角，以及由这些问题和视角形成的理论视野。因此，回到城市社会学的历史中，重新梳理经典学者的著作，分析前人教材的内容，对于发现城市社会学的特性是非常必要的。正如霍利所说："科学应该是根据它做了什么而不是事先为其界定一个领域来限定，……它必须有若干没有被其他学科范围包括的核心问题，并且能应用科学技术来研究。"

透过多数学者实际关注的问题不难发现，都市社会学中的核心问题基本上是一致的，即人类群体生活与都市环境的关系。这一核心问题在帕克具有学科开创性的文章《城市：对城市环境中人类行为研究的建议》的标题中就可以见到。如果说存在什么是城市社会学与其他分支社会学不同的地方，或者说是城市社会学特有的研究视野，那就是城市社会学更关注"空间"，即人类群体和活动在城市空间的展现。

从都市社会学理论的发展历史来看，围绕人类群体生活与都市环境的关系这一核心问题，学术研究实际上是沿着两个方向展开的：一是人类群体生活与都市环境的关系在空间结构上的展现，焦点是在变迁着的城市环境下，群体、组织的区位结构问题；二是人类群体生活与都市环境的关系在社会结构上的展现，焦点是在变迁着的城市环境下，邻里、种族、阶级等人类群体的结合和冲突。围绕着以上问题和研究方向，都市社会学形成了众多的观点和流派，但人类生态学(也译"人文生态学")和新都市社会学是公认的两个最主要的研究范式。

【思考题】

(1) 城市社会学的核心问题是什么？

(2) 国内城市社会学研究区别于国外城市社会学研究的特色是什么？

第 2 章

城 市 化

【本章提要】

本章主要介绍了城市、城市化、郊区化等概念，详细介绍了关于城市的起源的几个学说。详细介绍了城市化的发展趋势和城市化的动力、动力机制和影响城市化发展的因素等。在此基础上介绍我国城市化发展的动力机制和影响因素。此外，本章还介绍美国城市发展的过程中受到哪些因素的影响，其发展趋势如何，以及美国郊区化带来的社会问题对中国城市化、郊区化发展的借鉴和经验教训。

2.1 城市的起源

2.1.1 城市的概念

概念是研究的逻辑起点，如果人们对概念的理解不正确，那么最后有可能放弃真正对自己有益的知识，从而得到对自己的研究有害的结论。因此，对概念进行较为科学的或恰当的界定，是学术研究的首要任务。

关于城市，人们认为城市是有别于农村或者传统社会的代名词，城市的产生是人类文明的象征，是人类群居生活的高级形式，联合国界定为：2 万人口以上的聚集地是城市，在此规模以下的聚集地则是农村。而 50 万人口以上的城市是“大城市”。[①] 而在不同国家，对城市的界定又是不同的，在联合国 192 个成员国的界定中，有一半以上是行政上的界定，即行政当局规定哪些聚集点是城市。如：丹麦规定任何 250 人以上的居民集中居住地区都可以被视为城市，乌干达规定 100 名居民以上的居民集中居住地区都可以被视为城市，甚至不考虑非农业经济活动和城市基础设施。有 22 个国家没有城市的界定，如波利尼西亚界定所有的人口都不是城市人口。而另有 8 个国家将所有的人口都界定为城市人口，如新加坡[②]。

---

① 夏建中．城市社会学[M]．北京：中国人民大学出版社，2010：1．

② 同上．

在我国,城市是由行政界定。我国关于城市没有单独界定,却一直提起的是"城镇"。城镇,是以非农业活动为主的人口集中点。城镇本质特征有:①城镇是以从事非农业活动的人口为主的居民点,在产业构成上不同于乡村;②城镇一般聚居有较多的人口,在规模上区别于乡村;③城镇有比乡村要大的人口密度和建筑密度,在景观上不同于乡村;④城镇具有上下水、电灯、电话、广场、街道、影剧院、博物馆等市政设施和公共设施,在物质构成上不同于乡村;⑤城镇一般是工业、商业、交通、文教的集中地,是一定地域的政治、经济、文化的中心,在职能上区别于乡村。还可以从生活方式、价值观念、人口素质等许多方面寻找城乡间的差异。在我国 2006 年 3 月 10 日国家统计局发布的《关于统计划分城乡的暂行规定》中第四条规定:"城镇"是指中国市镇建制和行政区划的基础上,经该规定划分的区域。"城镇"又包括"城区"和"镇区"。第五条规定,城区是指在市辖区和不设区的市中,经该规定划分的区域。城区包括:街道办事处所辖的居民委员会地域;城市公共设施、居住设施等连接到的其他居民委员会地域和村民委员会地域。镇区包括:镇所辖的居民委员会地域;镇的公共设施、居住设施等连接到的村民委员会地域;常住人口在 3 000 人以上的独立工矿区、开发区、科研单位、大专院校、农场、林场等特殊区域。①

(1) 学术界关于城市的定义

早期的研究城市的学者认为,城市是由一定数量的定居人口组成的居住在有防御性工事的建筑中,他们大多从事的是非农职业特别是手工业,有着一定规模的集市贸易。如萧伯格(G. Sioberg)在《城市的起源和发展》中将城市定义为"达到一定规模和人口密度的、聚集了各种非农产业从业者(包括文化精英)的聚集地"。这是从城市的物质形态和经济特征上做的表述。他同时表述说:"城市有相当大的面积和相当多的人口密度,其中住有各种非农业的专门人员,包括专家。"这是从城市有别于乡村的外在形态来表述的,包括人口规模、人口密度、人口构成、空间构成等。在此基础上,地理学家更注重于城市的空间结构构成,认为城市是各种建筑物和基础设施密集的区域,是一种交通发达的空间部落。②

相对来说,社会学家对于城市的看法更注重城市的内部结构、组织特征和功能发挥等宏观层面,以及城市内部的人际关系、生活方式、人际心理等微观层面。他们将城市定义为有一定的地域规模,并具有如下的社会组织形式,这些特征包括:人口数量多,居住密度高,相互差异大;至少有一定的人口从事非农业生产;人们之间的相互交往,主要不是在彼此熟知的、作为完整的个人之间进行的,而往往是在互不相熟的人之间进行;社会整合的基础是远比家庭和部落更广泛的东西,如法律、宗教、政治忠诚等;此外,马克斯·韦

① 夏建中. 城市社会学[M]. 北京:中国人民大学出版社,2010:2.

② 蔡禾. 城市社会学讲义[M]. 北京:人民出版社,2011:66.

伯(Max Weber)利用他的"理想类型",认为,城市应有市场功能和制定法律的权力,只有具备贸易、军事、法律、社交和政治等各个方面职能的社区才能被称为城市;根据柴尔德(V. Gordon Childe)的观点,城市产生了在许多方面不同于农村社会的社会组织,为现代生活提供了社会基础。这就是建立在贸易和手工业生产基础上的城市经济所产生的劳动分工和专业化,以及由此带来的相互依赖与合作的社会组织。[①] 滕尼斯 1887 年在其《礼俗社会和法理社会》一书中,将社会区分为礼俗社会和法理社会,分别对应于乡村和大城市两种人类生活的组织形式,而前者是集体主义的、受感情和传统习俗支配,后者区别于前者,是个人主义的、受法理和理性支配。19 世纪末 20 世纪初,城市社会学、芝加哥学派创始人帕克,在《城市:对于开展城市环境中人类行为研究的几点意见》中指出:城市绝不仅仅是个人的集合体,也不是各种基础设施的聚集体。城市是一种心理状态,是各种礼俗和传统构成的整体,是这些礼俗中所包含、并随传统而流传的那些统一思想和情感所构成的整体。芝加哥学派不仅关注城市的空间布局,同时更注重于城市各个结构组成部分相互之间的功能分化和联系,城市生态学之后的代表人物也基本上是在此基础上定义或发展有关城市的研究。[②] 齐美尔从城市居民的社会心理特征来区分城市与乡村,认为城市居民具有理智性、极强的时间观念、崇尚因果关系、个性化强同时关系疏远等心理特征。美国社会学家路易斯·沃斯(Louis wirth)给出的城市定义更关注城市中的人际关系和生活方式,他认为城市是由不同的异质个体组成的一个相对大的、相对稠密的、相对长久的居住地。在《作为城市生活方式的城市性》中指出:城市之所以为城市,主要是城市中人际关系主要为次级关系,社会关系趋于匿名、表面化和短暂化,建议用一种城市人格的研究模式来研究城市。

(2) 城市的特性

基于学术界对城市的定义和解释,我们都有理由认为,城市具有区别于乡村的特征。有学者曾经对城市的特性做过陈述,如张钟汝等在其《城市社会学》中总结如下,城市,尤其是现代城市具有以下的特征:它是一个具有相当高的人口密度的人类群体;它运用自身的优势聚集了不同文化、职业、语言背景的居民,这些居民有着一定的匿名性;它作为文化载体和传播体,是一个地区的经济、政治、文化、服务等的中心;它聚集了各种社团、企业和机构的社会组织,人们的活动趋于专业化,居民的知识水平和专业技能较乡村居民高;城市的社会契约基础是法律、法规。城市生活方式多样化,时间观念强,相互间竞争激烈。具体而言,表现为:[③]

---

① 夏建中. 城市社会学[M]. 北京:中国人民大学出版社,2010:3.

② 蔡禾. 城市社会学讲义[M]. 北京:人民出版社,2011:67.

③ 以下内容参考蔡禾. 城市社会学讲义[M]. 北京:人民出版社,2011. 以及张宝义. 城市人的社会特性——源自城市社会学的理解和认识[J]. 广西社会科学,2008(9).

第一是法理性。城市主要是以法律、法规等社会契约为交往和调控基础的趋势与特征。在乡村环境中，由于人们的价值观大体相同，基于集体主义的情感、初级关系为主的社会关系，异质价值观支配下的行为是不能容忍的，它将破坏村民价值观的一致性，而维持和控制人们行为的手段就是共同的道德规范及礼俗习尚。然而在城市中，城市居民、组织之间的异质性高、流动性大，社会关系以次级关系为主，这种非理性规范的作用越来越小，异质性群体难以对特定价值观下的道德及礼俗进行规范，即异质性和规范化结构的多样性，决定了没有可用来监督和控制人们行为的单纯的"道德秩序"。从结果来看，原来尊奉的道德、习俗等非理性规范逐步让位给正式的控制手段如法律、规章等。在此背景下，城市人较乡村人更多地受到了这种理性规范的约束。

第二是匿名性。是指个人在去个性化的群体中隐藏自己个性的一种现象。由于在城市中相同的两个人接触的频率比较低，再加上网络信息技术的发展使得人与人进行面对面交往的频率更小。在这种背景下，人与人之间的关系很难建立在友爱与感情的基础上，而往往以实利为基础。正如沃斯所认为的，众多的城市居民在文化上和职业上的分化，必然导致分工很细的职业结构，这种分化和分工增加了人们之间的交往，然而这种交往主要不是一种私谊，而是一种必要的职业往来。

第三是异质性。城市人的异质性是指城市人口、生活方式、组织功能的多样化差异趋势和状态，是人类城市集居形式发展的必然产物，也是城市经济与城市文明不断发展的基本动力。但是，城市人的异质性也对他们的个性、价值观及行为产生了重要影响。异质性的后果同时表现在以下三个方面：首先，门第世系观念淡薄了，社会流动性增加了，个人努力的作用增大了，阶级结构更加复杂了；其次，空间流动性增加，由于住宅往往并非自己的私产，城市居民对旧宅并无深切的眷恋，邻里关系较为冷漠和紧张，因而城市居民乔迁是一件轻而易举的事情；最后，密集的居住使得大家互不相识，而复杂的社会分工又使得大家处处依赖，交换成为日常生活所必需。

第四是多样性。城市不仅聚集了高密度的人类群体，而且运用自身的优势聚集了不同文化习俗、职业身份、语言背景的居民，这些居民之间匿名性强，在城市中的生活方式呈现出多样化的状态。同时，与城市人对信息需求的状况相似，城市人对质的需求也不断地增加，而且在需求上呈现出多样化的倾向。居民的需求是人向社会提出的要求，与他们担任的社会角色相一致的。由于城市居民专业分工复杂，其社会角色更为多样，因而需求也具有增长的潜力和需要的多样性。如果说贮备粮食积存消费资料是农业社会农民的特点，那么"贮备"需要就是现代城市人的特点。

第五是聚集性。人口密集无疑是城市的一个重要特征。在村落居形式下，1 000 人的村庄可称得上规模较大，而对城市而言，10 万人的城市仍是很小的城市。随着城市化不断发展，一些城市的人口密度已经达到了惊人的地步。城市人口的相对集中以及较高的人口密度，虽然有利于城市的社会生产和生活，但是也会造成一定的社会问题和经济问题，如住宅紧张、活动空间狭小、交通拥挤等。沃斯认为，城市居民的高密度聚居无疑会给城市居民带来各种影响。城市居民在经济因素和社会因素的双重支配下，将分化成具有不同特色的邻里和区域，这一过程被沃斯称之为"生态专业化"。城市居民的高密度聚居使人与人之间的接触带有表面性、短暂性、局部性和匿名性。人们彼此间的认识往往凭"印象"，换言之，城市居民往往有凭职业、衣冠、汽车、住宅等取人的倾向，这就导致了他们的势利和世故。高密度聚居带来的另一种心理影响是对差异的容忍。城市居民间空间距离缩小，精神距离却扩大，这极易导致如犯罪、自杀、精神失常等异端行为和其他反社会行为发生。

第六是信息性。城市的社会化程度较高及分工的复杂多样使城市人对信息的需求比乡村人要多许多。城市人口及厂商的聚集，也使得厂商与消费者之间需要信息沟通。对于一个城市而言，信息起到了调整城市人之间行为的巨大作用，没有信息的畅达，整个城市社会生活就会失去效率，甚至城市运转也会停止。因此，信息对城市居民而言是一种最有价值的东西。一般而言，城市人需要具有独特性和多样性的信息，尤其是各种专门的信息。这些信息一般通过报纸、电台、电影、杂志、电视、互联网等渠道获得。城市居民与乡村居民相比，不仅见多识广，而且更善于在浩如烟海的信息中作出选择，根据需要有区别地评价各种信息源。

2.1.2　城市、国家和文明的起源

城市的起源常常被认为是国家和文明起源的重要标志之一。在我国的史前研究中，在对一些大型遗址发掘和分析时，判断该遗址是否是最早的城市，往往是国家起源探索的主要途径。然而，由于早期城市完全不同于现代城市(它们是 18 世纪以来工业革命所造成的人口都市化)，而在形成结构上与许多大型聚落遗址十分相近。因此，如何判断一处大型遗址是否已达到城市发展水平，往往会因为发掘者和研究者的观点不同而引起争议。为此，了解城市起源的原因和条件以及早期城市所应具备的特点，是城市起源研究的关键所在。

尽管在讨论城市、国家和文明起源时有将三者混为一谈的现象，但是应当指出这三者是不同的概念。城市起源一般来说是指人类社会栖居方式的变化而使一处聚居点成为与政治、经济、生产、贸易、宗教或军事活动相关的中心。原始国家是指一种脱离了血缘关系而按政治和疆域分界的等级制政体，对内运用权力来维持秩序，对外实施主权。文明的概念较为抽象，总的来说是泛指一种广泛和世代延续的文化现象。沃斯(L. Wirth)曾给早期城市下过一个定义："不同社会成员所组成的一种相对较大，密集的永久性居址。"其中"不同社会成员"的含义应指阶级差异而非民族身份不同。特里格(B. Trigger)写道："城市常被定义为一种实施与大小村落联系的种种机能的人口聚居中心。"惠特利(P. Whcatlcy)指出，城市化(urbanism)是一个最变化多端的术语，它常常是指某一特定时间

里代表人口移动中心轨迹的较大和较集中的居址所拥有的特征,并体现了以"城市"为特点的生活方式。他还指出,在城市起源后的5 000年中,它们显示了极其多样的形式并且相互之间差异极大。实际上没有理由可以将古今所有城市归入逻辑和定义上统一的范畴。对社会工作者来说,要定义城市的性质和基本特征是不会有结果的①。

2.1.3 关于城市的起源的几个学说

人类是一种群生群居性的生物。在已有的考古挖掘中,我们发现的古人类遗迹都体现出明确的集体居留传统。无论是原始岩洞还是利用各种材料营造的巢穴、地窖、房屋,都成为温情脉脉的集体居留地,人们在这里相互关爱,相互照顾,分工合作,繁衍生息,共同创造了人类得以延续和承继的物质文化条件。或许这些群落最初是游动不定的:原始人类被迫受自然条件的驱赶而迁徙流动,寻觅安身之所;或是根据季节的变化,因采集、狩猎的需要而风餐露宿,不断变更居所。然而,随着人类对自然规律的认识加深,随着人类抵御自然风险能力的加强,集体居留地逐渐安定下来,壮大起来,并发展成类似村落式的永久性聚居地。那么,这些永久性聚居地是如何发展成城市的?城市最早出现在什么时候?人们究竟是出于怎样的需求和动机,萌生了要居留在城市这样一个处所的欲念?将这些质疑归结起来,即我们试图要探讨的问题:什么是城市起源的原动力?②

经济学领域则将商品经济视为城市起源的基本动因,即先有"市",后有"城"。恩格斯在《家庭、私有制和国家的起源》一书中提出,由于社会生产力和生产关系的发展,原始社会后期的人类历史上出现了三次大的产业分工:一是游牧部落从野蛮人群中分离出来;二是手工业与农业的分离;三是商人阶级的出现。社会分工机制不仅促进了商品交换的发展,构建了所有制结构,划分了阶级,而且从地理上来看,直接导致了城市的出现。因为在以社会分工为基础的商品社会中,人类迫切需要一种集聚性的空间形式,也即城市,起到降低成本(包括交易成本、协作成本、保护私有财产的成本等)和实现规模效益的作用。

传播学角度看,柴尔德在《城市革命》中曾提出,鉴别城市文明是否到来有十项标准:大型居住区、财富集中、大规模公共建筑、出版物、表演艺术、科学知识、对外贸易、从事非生产劳动的专业人员、阶级社会、以居住区而不是以亲属关系为基础的政治组织。由此可见,尽管古代城市与现代城市的形态差异巨大,然而其内核特质却是在产生之初即已定型了。集会、祭祀与集市这三种以传播活动为根基的颇具影像感的古代社会交往形态,分别展现了原始社会在政治、文化和经济三个侧面的风貌——它们的综合体则唯有用"城市"这一概念来涵盖不可。由此可见,无论从社会发展的任何角度来看,传播活动均以其不可替代的交流功能而为城市起源提供了本初动力机制。

---

① 陈淳.城市起源之研究[J].文物季刊,1998(2).

② 张艳红.传播:城市起源的原动力[J].东南传播,2009(10).以下观点也来自于此文。

在人类学视野中，城市的产生无疑是一种人类社会进化过程。依照已有的考古发现，世界上最早的城市遗址是位于约旦河注入死海北岸的古里乔，距今已有 9 000 年的历史。大约在 5 000 多年前，首先在美索不达米亚地区，稍后在埃及、印度河流域、中国华北等地区，城市伴随着人类文明的诞生而出现，成为一种稳定的、区别于农村社会的集体居住群落。英国考古学家柴尔德(V. Gordon Childe)于 1950 年发表论文《城市革命》，将这种远古城市从无到有的现象称为“城市革命”(Urban Revolution)，并视之为人类文明诞生的标志。究竟是城市催生了人类文明，还是人类文明孕育了城市？我们有理由质疑柴尔德“城市在先，文明在后”的观点，但是纵观世界各地传统文明发展的历程，城市与文明的共生互生性是不容否定的。与文字、国家、社会秩序等文明要素一样，城市是人类社会进化的成果。

从社会学角度出发来思考，城市是人类高级情感需求的产物。刘易斯·芒福德(Lewis Mumford)认为，城市的起源与人类的原始宗教情感有关，城市的萌芽早于原始村庄出现之时，甚至早于人类习惯于定居之前。原始人类不仅为自然界的风雨雷电所震慑，也对生育、死亡和梦境等现象存在着难以解释的忧虑和恐惧，普遍形成了原始的宗教情感。人们敬重死去的同类，同时也困惑和畏惧于他们在自己梦境中反复出现，因此早在旧石器时代不安定的游动生涯里，就已经开始将死去的人安葬在固定的地方，形成了“死人城市”，并时常回到这些地点来举行祭祀活动，表达对祖先的怀念，祈求祖先的庇护。坟墓与自然界的山峰、岩石、大树、河流等，都成为人们顶礼膜拜的目标。人们汇聚到这些固定的地点举行祭祀活动，表达对美好生活的向往和追求，获得了超越其他一切生物所及的精神刺激。“人类最早的礼仪性汇聚地点，即各方人口朝觐的目标，就是城市发展最初的胚胎。”

虽然人类文明的发展史也是城市的发展史，世界各地城市的起源由于受到各种经济的、政治的、宗教的动力混合在一起，关于城市的定义和特征没有一个统一的说法，对于城市的起源也就说法不一。有学者对目前城市社会学对城市起源的研究做了归纳，主要有以下几种观点①：

军事防御说。在古代，“城”指的是四周的城墙，“市”是商品交易的地方。军事防御说认为，原始社会中经常发生部落之间的战争，为了维护和巩固统治、加强权力，抵御侵略，也为了保障部落成员的安全和部落财产的安全，在居住地筑墙建城，这样便出现早期的城廓。

宗教起源说。刘易斯·芒福德认为，人类永久性聚落的三个起源形式中至少有两个(墓地、圣祠)是宗教的产物，人们对死亡、未来世界等的迷惑导致了早期人类聚落的产生，这种对死去同类的敬重心理，大约比实际生活需要更有力地促使古人类寻找一个固定的

---

① 以下内容是蔡禾. 城市社会学[M]. 北京：人民出版社，2011. 内容整理而成。

聚会地点，并最终促使他们形成了连续性的聚落，这种连续性聚落在宗教的推动下进一步发展成为城市。于是，城市最初是以圣地的面貌出现的，它是控制的中心，而不是什么贸易或制造业中心。另一位理论家惠特利也强调了城市的设计和布局可能反映的是当时的宇宙观，他认为，从早期国家的神权功能来看，城市很可能被视为神祇与尘世沟通的中心。

人文主义学说。人文主义认为，人类社会中的经济建设、发展生产力都只是手段，人才是最终的目的。城市是人类文明发展的标志，是人类在发展过程中的必然选择。因此，城市产生的目的是为满足人类不断增长的物质和精神需要。涂尔干就认为，城市诞生于推动个人以恒定的方式彼此维系尽可能亲密的需求。

商业起源说。商业起源说认为商业或商品交换是城市产生的主要根源，城市的产生是源于商品交易的发展，城市最初是作为商品交易的聚居地而出现的。一些城市原先并没有城墙，没有人口定居、没有店铺和作坊，甚至没有村子，只是日起而聚、日中而市、日落而散，后来以市而聚，逐步有了居民定居，有了固定的店铺，再有了前店后作坊等，成为一定规模的城市。

生产力决定说。马克思认为，城市的产生是生产发展的结果，特别是社会分工的产物。马克思和恩格斯在《德意志意识形态》中从社会分工的角度来阐释城乡的分离和城市的出现，认为由于劳动分工使得商业劳动和农业劳动分离、农业和畜牧业分工，由于农业剩余产品的出现，产生了少量的商品交换以及因农业生产而定居的人类聚集；当手工业从农业中分离出来后，商品交换更为频繁，后来在一些交通比较方便、生产比较发达，人口比较多的地方形成了交易市场，这种交易市场逐步发展为以商业、手工业为主的农村小镇，这便是城市的雏形，随着经济的发展，这些小镇逐步形成了城市。

2.2 城市化与城市化发展的动力

2.2.1 城市化的内涵

理论界对城市化的认识不尽相同，其分歧首先表现在对城市化概念和内涵的理解差异上。综观对城市化概念的表述，主要有“城市化”、“农村城市化”、“农村城镇化”、“城镇化”、“城乡一体化”等多种提法。有的学者认为，表述城市化的概念不必囿于一定形式，因为概念本身就是不断发展的。但有的学者则提出，“城市化”的提法较之其他概念表述形式具有更广泛的认可度和更准确深刻的概括度。如城镇化只是城市化体系中的一个底层组成部分，它难以涵盖城市化的全部内容；而农村城市化则有着同义反复之嫌等。

在对城市化内涵的理解上，学者们从多个角度探讨了城市化的丰富内涵，人口学注重从人口规模的增长来研究城市化；经济学从经济结构转变，农业经济向非农经济转变的过程来研究；地理学从地域空间的角度看，由于生产力的发展，居民和产业的聚集，形成了消费领域集中化，使地域中城市性因素不断扩大，实现聚落和经济布局的空间区位再分布的过程。社会学作为一门内容十分宽泛的学科，对于城市化的定义便更为综合，关注人口规模、空间，城市经济增长、城市生活方式和社会关系等。有的学者认为，城市化的内涵体现了五大过程：城市化是人口集中的过程；城市化是人口集聚的过程；城市化是经济中心、经济发展极的形成过程；城市化是城市体系形成、发展、结构优化的过程；城市化是现代文明产生、沉淀的过程。有的学者认为，城市化的含义是以广大农村为背景的城市化，是指农村居民在城镇能够享受到城市人的特质和文化生活的方式，而城市的本来面目乃是“市场中心”，因此，衡量城市化水准就不能仅仅依靠人口比重，还应纳入城市化的质量指标，特别是反映市场化和社会分工程度的指标。另有一些学者则从一个新的分析角度直接将城市化的质量定义为社会分工和专业化水平，认为农业向工业转化只不过是分工从简单向高级发展的一个过程，分工链的加长会使得现在的工业也成为新的传统部门，因此，城市化从本质上讲就是分工和专业化成为社会发展主流阶段时所反映出来的一种现象。

对于城市化来讲，并没有一个明确的定义，社会学界却有一个普遍的认识：城市化是人的生活、行为和社会活动由农村转变为城市的过程。包括两方面内容：农村人口向城市集中，城市人口和城市数目不断增加；城市经济关系和生活方式的普及与扩大，居民的就业方式逐步城市化[①]。

2.2.2 我国城市化发展的动力机制

城市化是人的生活、行为和社会活动由农村转变为城市的过程，其进程取决于来自农村的“推力”和城市的“拉力”所形成的合力，即城市化动力决定着城市化的速度和水平。世界城市化的历史表明：在城市化的不同阶段，形成“推力”和“拉力”的主要因素不同，力量大小有别，导致了城市化的速度在其不同的发展阶段存在着较大的差异。另外，不同地域的城市化过程均会受到该地域政治、经济、文化、环境等的影响，在选择城市化发展道路、确定城市发展规划和推动城市发展的动力方面均会存在差异；城市化的动力机制随着生产力发展水平的不断变化，在不同时段、不同发展阶段的地区，其城市化动力结构也在发生着不断的变化。

在马克思和恩格斯看来，城市、城市化的决定性因素是社会分工，是社会生产力。在《德意志意识形态》中，马克思和恩格斯指出：“某一民族内部的分工，首先引起工商业劳动和农业劳动的分离。从而也引起城乡的分离和城乡利益的对立。”自 19 世纪末韦伯分析经济增长与城市之间的关系以来，众多学者把城市化动力的研究放在经济增长特别是工业化进程之上。韦伯认为城市的聚集性能创造出大于分散系统的社会经济效益，从而

---

① 蔡禾. 城市社会学讲义[M]. 北京：人民出版社，2011：74.

构成了城市化的基本动力。经济学家保罗·贝洛克从经济总量增长与城市化之间的关系，钱纳里从人均GNP与城市化水平之间的关系，库兹涅茨从产业结构高级化与城市化之间的数量关系等方面分析了城市化的动力因素。而佩鲁的增长极理论和缪尔达尔的“循环累积因果理论”，从城市增长方面指出了城市化的倾向。刘易斯—拉尼斯—费景汉模型、托达罗模型等理论模型从影响人口迁移的因素方面分析了城市化的动力。

改革开放以来，我国城市化水平快速提高，城市数量2007年年末达655个，比1978年增加462个。我国地级及以上城市已经由1978年的111个增加到2007年的287个。同时，城市规模不断扩大，大城市数量增长迅速。中国的城市，部分为伴随国家重点工程建设而繁荣起来的工业城市，部分为具备良好对外开放条件的港口城市，部分为历史文化名城。

在城市规划中，中国实行“严格控制大城市规模、合理发展中等城市、积极发展小城市”的方针。50万人口以下的中等城市和20万人口以下的小城市，在20世纪80年代后高速发展，而100万人口以上的大城市，则在其周围有计划、有重点地发展卫星城镇。

首先，工业化动力机制。工业化动力机制包含两个方面，一方面是外推理和内拉力的动力机制；另一方面是产业结构变迁演进型动力机制。外推力和内拉力的动力机制强调城市化动力产生的内力和外力。一般认为，一个国家城市化的基本动因主要有两个：一是城市工业的发展和扩张产生对劳动力的巨大需求，发达地区、尤其是城市对农村劳动力产生巨大吸引力；二是农业劳动生产率的提高，农业走上集约经营，产生大量剩余劳动力，需要在农村以外寻求出路，出现一种非农化和城市化的权宜现象，劳动力外流的动力机制是农村地区对劳动力的外推力。一般来讲，把前者称之为“内拉力”，后者称之为“推力”。

产业结构变迁演进型动力机制。农业发展给城市化提供基础动力，城市发展的基本动力是产业向城市集聚以获得聚集效益；科技的进步，必然使城市的产业结构多样化，产业结构的变化必然引起城市空间格局的变化。工业化是城市化的核心动力，是城市化的直接产生和推动力量；第三产业发展给城市化以后续动力。另外，信息化带动工业化，促进产业结构升级转换，进而推动城市化；信息化促使市场体系演进，推动着城镇体系升级；信息化带来新型城市间劳动地域分工，参与全球城市体系竞争，发展高技术产业和高技术区成为城市化的一条途径。

其次，多元化主体推动的动力机制。首先要提的是二元动力机制，指的是自上而下型和自下而上型。这也被称为：二元城市化动力。前者指国家(主要是中央政府)有计划投资建设新城以实现乡村——城市转型。后者以乡村集体或个人为投资主体，通过乡村工业化实现农村城镇化。一方面，随着经济转型，市场经济因素的介入，中国的城市化模式由过去的封闭状态转向开放系统。另一方面，以小城镇为主体，发生在农村地域，由地方政府和农民群体力量推动的城市化是一种自下而上的城市化过程，探讨了其在国家方针政策指导影响和政府、农民、外部力量共同作用下的运行机制。

有多名学者从多元主体角度来看城市化，中国城市化的动力机制可以概括为经济因素、人口因素、制度因素以及其他因素，其中经济因素又表现为工业化的推动，第三产业的发展，比较利益的驱动以及资本的基础作用，其他因素中技术因素是尤为突出和重要的。有的学者认为，中国城市化发展的四大基本动力是产业的空间集聚、产业的结构转换、城乡间和城市间的相互作用以及技术进步。产业结构的转换是城市化的动力机制，经济要素流动和集聚是城市化的生成机制，而制度安排与变迁是城市化的动力机制。

再次，政府政策动力机制。随着我国改革开放的逐步推进，社会的各项制度也处于变革之中。制度安排是我国城市化的重要动力机制。政府所提供的政策，一方面降低城市化的交易成本，节省组织成本；另一方面通过推动工业化，加速了城市化的进程。制度创新通过降低城市化的交易成本和系统风险，减少了城市化势能的损失，并且增加了农村剩余劳动力城市化决策预算约束线的纵截距和斜率，从而导致了城市化水平的快速增长和社会福利水平的大幅度提升。特别是与计划经济直接相关的户籍制度、就业制度、土地制度、行政管理制度、城镇建设和投融资体制、市镇建设的有关法律制度、人口流动制度、各种社会福利保险制度等的变革，以及市镇设置标准的下降和设市设镇模式的变化，对我国城市化的进程产生了极大的推动作用。另外，通过工业化的作用而间接地对城市化发生作用和影响，包括民间资本积累与投资的激励机制、企业制度、投融资体制、财税制度。

2.2.3　影响我国城市化发展的因素

城市可持续发展是指城市在一定的时空尺度上，在一定地域内与其外部相和谐、统一，城市内部组织结构和运行机制协调优化，以公平的原则实现城市资源和环境的管理，促进城市资源、经济、社会和环境之间协调发展的过程，是一种新的城市发展模式。其内容始终贯穿了对环境、经济、社会问题的综合思考，同时依赖于信息、技术、政策等方面的支持。这些方面的因素相互联系、相互依存，共同构成错综复杂的城市可持续发展系统。[①]

城市化的发展涉及可持续性、持久性的发展。城市可持续发展是指在一定的时空尺度上，以长期持续的城市增长及其结构变化，实现高度发展的城市化和现代化，从而既满足当代城市发展的现实需要，又满足未来城市的发展需求。1987 年，在《我们共同的未来》报告中，布伦特兰夫人将可持续发展定义为："可持续发展是指既满足当代人的需要，又不对后代人满足其需要的能力构成危害的发展。"其内涵是：健康的经济发展应建立在生态可持续能力、社会公正和人民积极参与自身发展决策的基础上。随着可持续发展战略，特别是《21 世纪议程》在全球范围内贯彻实施，我国于 1994 年制定了《中国 21 世纪议

---

① 螘群．城市可持续发展中的主要制约因素[J]．中国工程咨询，2006(9)．

程》,提出我国可持续发展城市的目标是:建设成规划布局合理,配套设施齐全,有利工作,方便生活,住区环境清洁、优美、安静,居住条件舒适的城市。[①] 影响我国城市化过程中的可持续发展的因素有以下一些:

第一,人力资本。科学技术是第一生产力,人才也是第一生产力。人力资本是劳动者的知识水平和体力水平的度量,特别是劳动者掌握知识的程度、运用知识的能力以及进行创新的能力,是生产力诸因素中最活跃最积极的因素,也是城市经济持续发展的关键。这可以从它对于经济健康持续增长、收入平等分配和人与自然关系(简称人自关系)和谐的作用中体现出来。

经济健康、持续增长是可持续发展的基础。丹尼森和美国劳工部对1948—1989年之间美国经济增长的源泉估算表明,教育和知识进步对经济增长的贡献率达到42%,超过了物质资本的贡献率(37%),若把投入生产的劳动力的数量贡献也包括进去,则人力资本的贡献率达到63%。舒尔茨等人的研究表明了人力资本对于收入分配的重要影响,国内有关研究也认为,教育等人力资本因素对于收入不平等的影响呈倒"U"形,随着国民教育程度的提高,收入不平等会经历一个先扩大后缩小的过程。人力资本的平等化功能体现在两个方面:一是人力资本的收益率要高于物质资本的收益率。二是人力资本在社会成员中的分配更加平等,它不像物质资本和金融资本可以通过积累而扩大并仍然集中于所有者手中,人力资本在任何规模上的扩大都必须内含有它在人口中的更为广泛的分配。从这个意义上说随着人力资本的积累,收入分配会趋于平等。人力资本的积累还是缓解和克服贫困的有力手段。除老弱病残者外,使一个人贫困的原因各异,但有一点是共同的,即人力资本缺乏、受教育程度低、缺乏职业技术培训等。我国城市下岗职工中不能很快转到新的工作岗位而陷入贫困者,绝大多数是文化程度不高或无一技之长的人。

人力资本能够促进人与自然关系的和谐。其一,人力资本的积累能提高自然资源的利用效率。人与自然关系和谐一是要求减少某些资源特别是不可再生资源的开发和利用;二是要求提高资源特别是不可再生资源的利用程度,这些都需要改进技术、逐步减少污染以及对自然环境的其他破坏。其二,人力资本的积累和结构的优化可以促进可持续发展意识的培养。

第二,科技发展。科学技术是第一生产力,推动社会进步和实现城市可持续发展重要手段。没有科学技术的支撑,就无从谈起人类的可持续发展。所以,实施可持续发展战略,首要的问题就必须加快科技进步,实现科学技术的持续发展。同时,在协调人与自然的关系和持续发展的问题上,科学技术促进可持续发展还必须建立在科学本身持续发展的基础上。

科技进步是富国之源。我国的城市经济增长仍然是以粗放型为主,技术水平特别是

---

① 王启仿.影响城市发展的十大因素[J].天地文化,2002(3).

产业技术还比较落后，大部分企业还不具备研究开发能力。发展科学技术，利用科技进步实现经济增长方式的转变，是影响和推动我国城市可持续发展的重要因素。

20世纪初，科技进步对城市经济总量增长的贡献为5%～20%，50年代为50%～60%，90年代为60%～80%，已表明科技进步对城市经济增长的贡献已经超过资本和劳动力的作用。调整与优化产业结构，发展高新技术产业和资本密集型产业，都需要依靠科技进步。科技进步将改变传统的城市产出方式和管理模式；它将使城市向立体空间发展，改变城市的空间结构形态；使城市建筑智能化，使城市废弃物资源化，使资源的综合利用率大大提高；改变人们的工作方式与生活方式……推动与促进城市的可持续发展。①

第三，城市污染。我国是世界上水资源最缺乏的国家之一，年水资源总量为2.8万多亿m^3，人均水量不足2 400m^3，仅为世界人均水量的1/4。同时，我国水域普遍受到了不同程度的污染，降低了水资源利用的功能。全国600多个城市中，有400多个城市供水不足，100多个严重缺水，每年缺水60多亿m^3。同时，浪费又很严重，我国工业产品用水量一般比发达国家高出5～10倍，工业用水的重复利用率发达国家一般都在70%以上，而我国只为20%～30%；此外，还面临着严重的水污染问题，近80%的城市污水未经处理就直接排入水体，已造成1/3以上的河段受到污染，90%以上的城市水域严重污染，近50%的重点城镇水源不符合饮用水标准。水资源短缺，迫使一些城市大量开采地下水，导致地下水位下降、海水入侵和城市地面沉降。城市缺水问题，特别是北方城市缺水问题的严重性，已经成为影响我国城市可持续发展的重要因素。

随着我国城市的发展和居民生活水平的提高，城市生活垃圾的产出量逐年增加，城市生活垃圾处埋率不高，大量垃圾运到郊外露天堆放，对城市环境造成严重污染，严重影响到城市的可持续发展。据对我国381个城市的调查统计，全国城市垃圾的产生量平均每年增加10%，而清运量仅占产生量的40%～50%，无害化处理率则不到5%，50%以上的垃圾堆放在城市的一些死角，甚至公共场所，97%的垃圾未经无害化处理进入环境，2/3的城市处在垃圾包围之中。大量未经处理的工业废渣和生活垃圾堆放在城郊等地，又成为严重的二次污染源。②

第四，城市人口。人口规模过小的城市，规模收益很低，而外部成本很高，经济效益较差。人口规模适度的城市可以提供良好的基础设施条件，较完善的生产、金融、信息、技术服务、市场，并且会由于企业和人口的集中而在技术、知识、信息传递、人力资本贡献等方面形成溢出效应，因而会产生较高的经济效益。在达到一定的规模后，边际收益的增加会小于边际成本的上升幅度，而使经济效益下降。城市居民从城市中享受到的社会福利与城市人口规模也表现出类似的规律。

---

① 王启仿.影响城市发展的十大因素[J].天地文化,2002(3).

② 同上.

城市是生态系统中的子系统，它不能脱离环境这一载体，城市的一切要素来源于自然，产出的废物又都排向自然。而自然资源与生态环境都有一定的承载限度，如果超越这一限度，城市就会失去发展的潜力，甚至瓦解城市存在的自然基础。随着城市人口规模的扩大，有限的空间使城市基础物质供应越来越糟，城市供应成本越来越大，众多人口的存在对城市生态环境造成了相当大的威胁。

目前我国城市人口发展的关键因素，一是人口增长过快对城市经济、社会、资源、环境带来较大压力，城市资源环境承载力受到严峻挑战。要实现城市的可持续发展，必须有一个适度的人口规模。适度的人口规模是城市系统的整体最优，是城市经济效益、社会效益和环境效益的最佳容量规模。二是城市人口素质成为社会经济发展的主要"瓶颈"。受城镇人口的低生育率影响，以及随着城市化水平的提高所带来的大量农村剩余人口，降低了整体人口文化素质。三是城市老龄化问题严重。伴随人口生育的严格控制和年龄结构的转型，人口老化问题已不可避免。我国现在已经步入了世界上老年人最多的国家，占全球老年人口总量的1/5。四是城市人口流动加速，剩余劳动力的转移与利用问题亟待引导和解决。2011年我国流动人口总数为2.3亿，占全国总人口16%以上，且呈继续增长的趋势。五是城乡就业矛盾突出，劳动力资源不能得到有效的开发和合理配置。

其中，贫困和新贫困是城市人口中影响城市发展的主要因素之一。在我国向市场经济体制转轨的过程中，由于企业改革进程加快，隐性失业状态的体制性冗员被大量排出；国民经济产业结构调整过程中结构性失业人数增加；增长方式向集约性方向转变，导致劳动要素不断为资本、技术要素所取代；经过长期发展后，卖方市场格局已被买方市场格局所取代；生产过剩导致减员；在工业化过程中农村剩余劳动力向城镇和非农产业转出；同时，分配制度向体现效率优先的原则发生转移；加上社会保障制度不完善，社会资源的分配不公，地区、行业之间的收入差距，经济机会不均等因素，使得我国城市失业人口、下岗人数不断增加，造成一部分城市居民生存和生活陷入困境，收入分配差距不断扩大，城市贫困问题逐渐由隐性转向公开。至今，我国城镇居民收入差距还处在继续扩大的时期，城市贫困问题在相当长的时期内还会继续存在，如果这种状况得不到改善，城市贫富分化现象将会加剧，将会成为影响我国城市社会稳定、影响城市可持续发展的一个重要因素。

第五，城市文化。文化是人类创造的物质财富与精神财富的总和，城市是人类文化进步的产物。城市可持续发展文化的观念，不仅应体现在物质资源与自然资源的永续利用和可持续发展上，更重要的应体现在文化知识与人类精神文明的可持续发展上。

城市文化主要以城市人口文化素质（思想道德素质、文化科技素质、社区文化、服务文化）、文态存在形式（教育、文化艺术、广播电影电视、科研与技术服务）和物态存在形式表现（住区文化、企业文化、建筑文化、道路广场交通文化、市政工用设施文化、园林生态文化），它们密切联系、相互交融，成为联结全体居民的精神纽带，形成了城市持续发展的凝聚力，给人们以感召和策动，具有吸引人才、技术、资本的独特性，它的保持和发展可以增加城市持续发展的各种社会价值、经济价值以及文化价值，降低持续发展的成本。如西湖与杭州相依为命两千余年，没有杭州就没有今天的西湖，没有西湖也没有今天的杭州。在某种程度上可以说西湖文化即杭州文化，它对杭州城市的发展起着巨大的推动作用。

良好的城市文化，有助于城市居民的向上的精神风貌，这样可以减少犯罪，从而减少安全的成本，同时还可以减少城市居民吸毒等危害自身和社会的行为，而让人把精力都转到城市的文化和经济的发展上，引导城市可持续发展。城市文化的社会价值具有广泛的外部性，城市文化的形成和发展，有利于城市自然环境的保护和发展、城市居民自身素质的提高和发展、城市创造力和创新的保持和发展，城市旅游业的保持和前进，所有这些都与可持续发展相一致。

第六，公共政策。城市可持续发展是一种全新的城市发展观，要求我们用系统、综合、辩证的观点去正确处理城市经济社会、生态环境的相互关系。由于市场机制存在外部不经济性、易受近期利益的驱动、对公共设施的忽略等缺陷，必须由城市政府倡导和督促，也必须依靠城市政府的计划调控、规划管制、财政税收、政策、制度、法律等公共干预方式来协调、推动、实现城市的可持续发展。

公共政策具有明确的规定性和明显的指导性作用。可持续发展是我国城市发展的基本战略，必须要有相应的政策体系，包括环境保护政策、经济发展政策和社会政策等，以及法律、法规作为保证和后盾，通过法规约束、政策引导和调控，确保环境与社会经济的协调发展。总之，我们必须把社会、经济与环境作为一个整体来进行规划，实行环境与发展的综合决策。

公共政策中直接关乎民生的是社会保障。社会保障制度是现代社会的安全网，它直接关系到社会的稳定，关系着每一个人的切身利益，也直接影响着社会公平与经济发展质量和整体经济效益。在从计划经济福利保障体制向市场经济社会保障体制转变的过程中，我国社会保障体制仍存在许多问题：一是社会保障覆盖面太窄。尚未建立起覆盖全体公民的社会保障制度，仅仅是对一部分特殊社会群体的特殊待遇，不少弱势群体成员(如农民工问题)依然游离在社会保障的范围之外。二是社会保障资金缺口大，基金收不抵支的问题亟待化解。三是整体缴费水平太高，加重了承担者的负担，特别容易使最需要社会保障的群体由于不堪重负而退出保障。四是现行社会保障的法制不健全，管理机构分散，政策不统一，缺乏良性的运行机制。因此，要实现社会保障的可持续发展，社会保障应在与经济发展相协调和配套的前提下，加快社会保障法制建设步伐，建立多层次的社会保障体系，保持社会保障基金来源的可持续性，完善社会保障管理体系，逐步优化社会保障运行机制。①

---

① 蝗群．城市可持续发展中的主要制约因素[J]．中国工程咨询，2006(9)．

2.3 美国现代化过程中的城市化及其问题

美国是高度城市化的国家，它早在19世纪就开始了从农村社会向城市社会的转变。工业化的启动以及国内市场的扩大使城市数量迅速增加、城市规模逐渐扩大，城市空间结构也随之发生显著变化，由最初的紧凑和密集结构向多中心分散结构发展。如今，美国的城市化又出现了一系列值得探讨的新趋势，其发展的一般规律以及特点对我国的城市化有重要的借鉴意义。

2.3.1 推动美国城市化发展的主要因素

城市化的历史并不等同于城市发展的历史。城市出现于早期社会，是商品生产和交换的产物。美国城市发展始于1609年的欧洲移民，由于地缘因素以及自然优势，早期城市主要是港口城市，集中于美国东海岸，如纽约(1625)、波士顿(1630)、查尔斯顿(1680)、费城(1682)。城市化则是近代工业化的产物，工业化促使城市手工作坊转变为工厂，城市由原来的商品集散地转变为工业生产集中地，非农人口逐渐向城市集中并最终超过农业人口，这是初步的城市化。纵观美国的城市化历程，可以将美国城市化的历史分为三个阶段，即：城市化酝酿时期(1690—1830)，城市化开始、加速及初步完成时期(1830—1920)，城市化的新阶段——郊区化时期(1920年至今)，每个阶段都具有鲜明的特征，结合各个历史阶段的特点，可以发现影响其城市化过程的一些主要因素。

(1) 城市化的工业、交通

城市化和工业化是现代社会的一对孪生兄弟，从狭义的现代化观点看来，同被视为现代化的同义词，尽管现代化不仅包括经济的现代化，还包括政治现代化、文化的现代化以及社会生活各个方面的现代化。内战后，美国的经济、社会重心由乡村向城市转移，并在半个世纪内完成了城市化。此后，城市经济及生活方式向郊区和乡村扩散、渗透，城市化向深层发展，城市和郊区、乡村间的差距不断缩小，整个国家的城市化趋于成熟。美国城市化的进程异常迅速，它在半个世纪内就完成了从农村社会向城市社会的转变。之所以如此，不能不说主要是因为经济发展和技术进步的推动。

19世纪末，美国农业经历了一场技术革命，科学技术得以普及和广泛应用。另一方面，农业机械化的广泛使用，使农业获得了长足的发展，生产率得到了很大幅度的提高。农畜产品不仅满足了城市市场的需要，而且还远销海外市场。农业部门所生产的大量廉价食物，为城市发展提供了必要的食品。同时，农业生产率的提高还解放了大量的农村劳动力，并使这些农业人口以前所未有的速度走向城市，从而有力的推动了城市化的进程。

大工业还创造了全国性的交通网络，城市沿着这些交通线从港口向内陆腹地推进，形成了全国性的城市网。内战前，美国的交通已有一定的发展，在东北部形成了水路和铁路的交通网，造就了东北部的地区性城市网。但是，中西部的交通十分落后，西部、南部则是更不待言，有的地方甚至人迹罕至，这些地区的城市化程度之低是可以想象的。内战后，美国兴起修建铁路热，大铁路向西部延伸，铁路网迅速地覆盖了整个国土。纵横交错的铁路网将城市网从东北一隅逐次拉开，向西部、南部荒野撒去。大铁路切割了广袤无垠的西部荒野，村落逐渐增多，并成长为城镇，城镇又发展为城市，全国性的城市网最终得以形成。"荒野中城市"一词反映了这一时期城市的兴起，也反映了乡村国家向城市国家的转变。

市内交通状况的改善和高层建筑的兴起促进城市扩张，这是现代城市发展的重要特征。内战前，美国城市规模一般都不大，也就是从中心向四周辐射 3 英里的范围内。[①] 城市狭小，人口不多，基本上都不超过十万人，城市规模的扩大受制于落后的市内交通。19 世纪中叶，美国城市交通工具是公共马车和在铁轨上行驶的马拉街车，这些交通工具运客较少，价格昂贵。内战后，城市交通领域进行了一系列变化。1867 年，纽约市建成了第一条高架铁路。1887 年，斯布拉在里士满把新发明的电车投入使用，从而开始了城市交通的革命。90 年代，纽约等城市出现了地铁。

被誉为"金字塔之后最大公共工程"的州际高速公路，彻底改变了美国城市的分布状态。该计划的初衷是希望通过建立城市间"无信号灯"的长途交通，使车辆能够快速进出城市来解决城市中心的交通堵塞问题，但原本为长途旅行建造的"城市外围环路"却逐渐演变为郊区的"交通干道"。

到 20 世纪初期，美国已具有高架、地面、地下并行的发达的城市交通系统。市内交通的一系列变化意味着安步当车的旧时代结束，城市开始向周围蔓延。城市交通状况的改观还使早期的商业小城向现代大都市发展。乡村和小镇的人口以及工厂纷纷向城市聚集，城市规模迅速膨胀，城区范围扩张到过去的郊区，并具有更远的边缘和郊区。这一时期的纽约、费城、波士顿等城市都经历了剧烈的扩张，比半个世纪前扩大了 5～10 倍。

19 世纪末，由于有了电梯和优质钢，城市也开始向高空垂直发展，竞相建造高层建筑成为一种时尚，高楼大厦成了现代化的一种标志。到了 20 世纪初，几十层的摩天大楼相继拔地而起，构成了"城市风光"的主体。1929 年，纽约市就有 188 幢摩天大楼，曼哈顿区则大厦林立。1906 年，小说家亨利·詹姆斯曾对纽约港做过这样的描述："无数的摩天大楼耸立在水面上，就像在昏暗中随便地把豪华的扣针往坐垫上到处插。"高层建筑使人口、工厂集中到城市狭小的范围内。[②]

总之，到 20 世纪初，美国已具备了实现全国性城市化的条件，它拥有发达的现代化大农业和大工业，拥有全国性的铁路网，拥有现代市内运输工具和高楼大厦。这一块为美国

① 李庆余. 美国的现代化道路[M]. 北京：人民出版社，1994.

② 同上.

的城市化奠定了基础，是美国城市化及其后来发展的基础要素。

(2) 人口流动和城市化

美国城市化是外激型的而不是内生型的。它是通过人口、工厂以及各种机构向城市流动，而不是通过城市人口的自然增长和工业经济的自我发展来实现的。工业化时期，人口、工厂、商业机构等向城市集中的第一个因素就是为了追求经济效益。在强烈地追求经济效益的市场机制作用下，企业必然向地理位置优越、社会经济环境有利的空间(城市)聚集。这在中小企业表现得更为明显。按现在的标准看，19 世纪的美国工商企业的规模一般都不大。小企业集中于城市，尤其是中心城市，才能互相补偿，最大限度地选择报酬较高的工作，获得廉价劳动力，工厂企业聚集城市促使乡村经济向城市经济转化。

对居民来说，聚集城市也可以从中获利。城市居民接近工厂和劳务市场，可最大限度地选择报酬较高的工作，并可以借以工作往返所需要的交通费用。同时还能充分利用城市公共设施为己服务。

人口向城市流动的最重要原因是城市所具有的凝聚力。这种凝聚力首先表现在文化生活上。工业化时期的城市已呈现出一派繁荣的景象，城市街区光怪陆离，城市生活丰富多彩。戏院是人们最喜欢光顾的地方，这里上演古今名家的剧作，它像磁铁一样把城市各个角落的人吸引到中心。20 世纪初期，电影开始出现。1905 年，电影院在美国开始出现，到 1907 年已达 5 000 多家。电影给城市生活注入了现代气息。城市还有许多娱乐公园、博物馆、运动场及俱乐部等设施，它们为城市居民提供了娱乐和消遣的场所。城市居民还热心于各种体育活动，如骑自行车、划船、打棒球等。城市酒吧则是社会下层消遣解闷的好去处，而红灯区的非法娱乐对商人、工业家又颇有吸引力。美妙的城市生活确实令人流连忘返。

城市众多的公共设施为居民带来了方便，使人们享受了现代文明。电车、地铁等快速交通工具使居民工作和居住地之间的距离缩短；室外街道宽敞，室内电灯辉煌；电话电报沟通了信息。城市生活就是如此方便而舒适。城市教育，尤其是高等教育系统实现了城市的优越性，它培养了社会发展所需要的各方面人才，为人们提供了提高自身社会地位的有效途径。

城市凝聚力主要表现为经济机会众多和物质富裕。一幢幢营业大楼拔地而起，一座座新工厂相继出现，创造了无数的经济机会，吸引了庞大的劳动大军。市中心一个个的百货商店窗明几净，商品琳琅满目，向社会显示了城市的物质富裕。

城市繁荣和物质富裕，使其居民的收入远较乡村优厚。据 1890 年的统计，城市居民平均家庭财富超过 9 000 美元，而农村家庭则为 3 250 美元，收入差距甚微悬殊。由于城市居民收入较多，其生活水准也相对较高。这对乡村居民无疑具有巨大的诱惑力。

人口向城市流动的第三个因素是社会经济结构的变化。从社会流动的角度来看，社会分为封闭型和开放型两类。在封闭型社会，人口固定在特定的地方，缺乏流动性，社会结构经久不变。这就阻碍了社会经济的发展。前工业社会就是典型的封闭型社会。由于农业自然经济的束缚，人口世世代代固定在原先的生活环境中，人口流动现象极为罕见。正是这种封闭性使前工业社会发展缓慢，城市化停滞不前。工业化使社会经济结构发生了变化，自给自足的经济为市场所取代，封闭型社会逐渐变成开放型社会。开放型社会流动性大，人口以空前的规模从一个地方流向另一个地方，从农村进入城市，从城市迁往郊区。社会流动对经济发展无疑是有利的，这是工业化和城市化不可缺少的动力。

人口向城市流动的第四个因素是美利坚民族精神。美国人很早就具有高度的流动性，这同其价值观是不可分的。美利坚民族是一个独特的民族，个人主义和平等作为其重要的价值观，在边疆拓殖和西进运动中得到进一步的发展，使美国人处于高度流动之中。工业化时期，人口大规模地向城市流动，去开拓新的领域，追求新的成功。这种精神使美国的城市化得以迅速完成。

向城市流动的人口主要是欧美移民和乡村人口。工业化城市化时期正好遇到了美国历史上的第二次移民浪潮，移民潮水般的涌入东部城市，还有一部分通过火车到达中西部和西部城市。仅 1860—1900 年，进入美国的欧美移民就有 1 400 万。这些移民与早期移民的来源有所不同。前者大多来自南欧和东欧国家，被成为新移民；后者来自西欧和北欧发达国家，被称为老移民。老移民中许多人迷恋于杰斐逊的农业思想社会的田园诗般的乡村生活，持有传统的乡村价值观，憎恶城市，驻足乡间。新移民与老移民在定居方式上有所不同。他们是为了寻找经济机会而来到美国，因而大多聚居在城市，城市给他们提供了充足的经济机会，使其得以立足。此外，城市还为他们同亲戚、朋友进行密切的接触提供了条件，并使他们保持同其母国的联系。据 1900 年的调查，外国移民构成了美国最大的 10 个城市人口的 40%，移民的第二代则构成了人口的 20%。因而，移民及其子女构成了这些城市人口的大多数，这既反映了城市移民的比重之大，也反映了移民城市化的程度之高。

乡村人口向城市聚集是人口流动城市化的另一个源泉。乡村人口也像外国移民一样，是为城市丰富多彩的经济机会所诱惑而流向城市的。1860—1910 年，美国城市人口增加了 7 倍，而乡村人口只增加了 1 倍。这从一个侧面反映了乡村人口向城市流动的程度。不仅如此，有些乡村地区因人口大量流失而出现大幅度的负增长，这种现象在东北部和中西部最为明显。东北乡村衰落是内战后的持久现象，临近繁荣的工业城市吸引了大量的青年男女，使乡村发生了被城市经济学家称为“倒流效果”现象，经济呈现衰退萎缩之势。在人口向东部城市大规模聚集的同时，西进运动仍在继续。西进运动使中西部边陲和西部荒野的定居点增多，城市随之成长起来。

美国的城市化就是在乡村人口流向城市、新城市大量兴起的过程中实现的。1870 年，美国城市人口仅占其总人口的 1/4，1910 年则达到了 1/2，1930 年达 2/3。在城市人口比例上升的同时，城市数量急剧增加。1860 年，人口在 1 万以上的城市有 100 个，而到

1910 年则猛增到 600 个；同时，人口在 10 万以上的城市则由 9 个增加到 60 个。

美国城市化的发展不是平衡的，它带有很大的地区差异性。东北部的城市化程度最高。1900 年，该地区城市人口占其总人口的 3/5。相比之下，中西部仅有 3/10，南方则有 1/10。东北部是美国的经济重心所在，陆路和水路交通发达，因而形成了全国最大的工业带。在此工业带内，城市密集，全国最重要的大城市大多集中在此，如纽约、波士顿、费城和华盛顿等。这些城市及其周围的城镇和乡村后来发展成为东北集合城市。

2.3.2 美国城市化过程带来的社会问题

(1) 社会问题产生的原因

美国城市化的发展迄今为止已有 200 年的历史。在这 200 年的历史潮流中，城市化不仅推动了工业化进程，促进农业进步与技术革新，而且还推动了国家政治制度民主化与科学文化教育事业的发展。但是由于城市间发展不平衡，城市经济发展与市政管理机制转换、转变不同步，人们的观点滞后，因而城市化也带来了许多社会问题，即城市病。城市病在城市化的不同阶段其症状与严重程度均有所不同。从发达国家来看，城市化水平达到 50%左右时，城市病最严重。而美国的城市化进程：1860 年初步城市化，1920 年基本实现城市化，其后进入高度城市化阶段。从中可以看出，1860 年到 1920 年左右正是美国城市病发病的高峰期。在这个阶段中城市病最严重，问题最突出。其原因如下三点：

首先，新旧体制转换出现断层，各种矛盾暴露无遗，且又未能妥善解决。城市化水平达到 50%时，一个传统的乡村社会基本达到现代城市水平。城市的迅速发展特别是大城市的崛起，使城市社会日益复杂化。然而旧的自由放任机制虽然基本已不适用了，但新的有效的社会控制系统还未健全起来。于是便形成了一种机制与权力的"真空"，一些职业政客——政党势力、帮派势力、大企业的代理人乘虚而入，使得城市处于城市老板及其帮派的把持下。结果造成市政管理混乱和市政建设的无政府状态，市政腐败不堪，贪污、贿赂盛行，许多问题非但不能解决反而越来越糟，越来越多，越来越难解决。

其次，在处理经济效益与生态效益、社会效益的矛盾时，往往只注重经济效益不顾及生态与社会效益，于是就出现了诸如环境污染、住房拥挤、交通运输堵塞、治安恶化与犯罪率上升等一系列社会问题。我们知道经济效益、生态效益与社会效益是互相联系、互相制约的有机整体。生态效益、社会效益需要经济实力为后盾，反之它们也会促进或阻碍经济实力的增强。然而城市化水平达到 50%以前，由于经济实力不够强大，难以顾及其他，因此会出现只追求经济效益并"以经济效益高低论成败定政绩"的现象。同时，在基本城市化阶段，这三者相辅相成关系尚未充分显露，因而也难以被人们认识，由此而产生的社会问题及其危害就更加难以预料，所以也未能把生态效益和社会效益当作重点来抓。

最后，在社会急剧变革时期，传统的法律、道德、观念与现实脱节或相互冲突，导致一些人心理失衡、行为失范。其极端表现就是：犯罪、吸毒、暴力、精神错乱等。就像当代美国学者罗伯特·默顿所指出的那样：凡是一个文化目标和达到这个目标所规定的手段之间发生脱节的地方，无准则的状况就普遍存在。当这种情况发生时，尖锐的犯罪问题和少年犯罪问题随之而起。[①]

(2) 城市化带来的社会问题的表现

正由于上述原因，近代工业化和城市化不可避免地引起了一系列社会问题。而美国1860—1920年基本城市化阶段正是这些问题集中体现时期。

第一，城市环境和基础设施问题。城市的公用事业、服务性行业远远落后于城市发展的需要，于是垃圾、污水、工业废料、废气处理以及住宅、交通、消防、保健等问题接踵而来。例如1884年的匹兹堡，“从最好的方面来说是个烟雾弥漫的阴森森的城市。从最坏的方面来说，世上再也没有什么地方比这个城市更黑暗、更污秽、更令人沮丧的了。匹兹堡位于软煤层地区的中心，从住家、商店、工厂、汽船等处冒出的一股股烟柱汇成一大片乌云，笼罩该城所在的狭窄山谷，直到太阳冲破重重乌云黑雾，显露它那黄铜色的圆脸来……城市住户和工厂燃烧的煤炭有很大一部分浓烟直冲九霄。”[②]

第二，随着生产和资本的积聚与集中，贫富悬殊日益扩大，贫民窟问题越来越成为社会问题最集中、最鲜明、最尖锐的反映。贫民窟多位于市中心区，居民主要是黑人、外来移民。在贫民窟里，不仅人口过度拥挤，房屋简陋不堪，而且公用设施及服务设施缺乏。“1890年，美国平均每套住宅居住5.45人，而纽约却高达18.52人，辛辛那提是8.87人，芝加哥是8.6人，波士顿8.52人。”1879年，纽约市的贫民窟住宅即已有2.1万个，至1900年更增至4.3万个，容纳居民高达150万，而当时整个纽约市人口尚不足400万。还有，在贫民窟集中区，卫生设施极不完备，甚至可以说根本没有。梁启超访美回忆中把城市化水平最高的纽约描述为：“天下最繁盛者莫如纽约，天下最黑暗者殆亦莫如纽约。”据调查，贫民窟的死亡率最高，仅1890年，居住在贫民窟的50万人中，死亡率就比其他地区高4倍。霍乱、伤寒、猩红热等流行性疾病四处蔓延。1910年，纽约市仅有5%的人活到60岁，1.5%的人活到70岁，有1/5的幼儿不能活到5岁。1923—1927年纽约哈莱姆贫民窟人口死亡率为42%，婴儿死亡率与肺结核死亡率最高。19世纪末从“陋巷”开始的流行性霍乱甚至威胁到了纽约的安全。此外，由于居民文化程度低乃至是文盲，绝大多数是非技术劳动力，因而就业困难，其中黑人加之遭受种族歧视，在1930年其失业率则高达50%。

第三，人口、工厂集中于城市，使城市变得拥挤不堪。纽约、芝加哥、费城等在20世纪初人口已超过百万，其他城市人口增长的势头也很猛。人口激增，城市房屋已无法满足需

---

① [美]弗·斯卡皮蒂，著. 美国社会问题[M]. 刘泰星等译. 北京：中国社会科学出版社，1986：295.

② [美]吉尔伯特·菲特，吉姆·里斯，著. 美国经济史[M]. 司徒淳，方秉铸译. 辽宁：辽宁人民出版社，1981：585.

求，致使现有的住宅十分拥挤。1910年一个公寓委员会对纽约曼哈顿东区的居住情况作过调查："所有的房间中，三分之一的住着两个人，其余三分之二则住有3人以上。城市住房拥挤，房主把老房屋租给新来者，由于年久失修，城市中出现了许多贫民窟，其居住条件令人难以忍受。城市长期奉行自由放任政策，没有长远规划，工厂区和住宅区混杂在一起。在匹兹堡，数百家工厂排出大量的废气，有'烟城'之称。大量的废铁、炉渣倒入河中，污染了城市的饮水源，严重威胁着居民的健康，城市居民的寿命低于乡下人。"20世纪20年代汽车开始涌入城市街道。当越来越多的车辆集聚于城区狭窄的地区时，只能像蜗牛一样蠕动。根据1907年纽约交通调查，当时马车的行驶速度平均为每小时11.5英里，而汽车的速度每小时只有6英里。上下班交通高峰期，人们为候车、坐车或驱车穿越城市都要花去几个小时。

第四，城市是个异质社会，城市各种族、各阶层在一定程度上处于彼此隔离的状态，这在美国被称为种族马赛克。具体地说，各种族、民族以同质形式居住在特定的街区，彼此间以拼图形式存在。贫穷的黑人和其他少数民族源源不断地涌进城市，20世纪20年代末，哈莱姆已完全黑人化了。南方黑人更是大规模地向城市流动，给城市白人居民带来巨大的压力，迫使白人以空前的速度从城市迁走。黑人大规模地向城市迁移带来严重的社会问题，引起了后来的种族骚动和20世纪60年代的"城市危机"。还有道德沦丧、犯罪猖獗。20世纪初，城市道德沦丧主要表现为酒精麻醉和红灯区的糜烂生活。与此同时，由于两性关系紊乱，离婚率剧增，单亲家庭越来越多。据人口普查的有关资料，"从1880年到1890年，全国犯罪收监率上升了50%，大部分案件都发生在城市。另据芝加哥《时报》披露，从1881年到1898年，该市杀人案件从1 266起剧增到7 480起"。

第五，市政腐败问题。市政腐败在当时各大城市中是司空见惯的现象。城市的迅速发展势必要修建公共设施、洁水设施、下水管道系统、码头和街道，也势必要大规模发展水、电、煤气和交通运输等公用事业。为此市政府也势必要颁发大量的合同、特许权、补助金等。这些争夺的目标每项都无疑是一笔宝贵的财富，而准备好投标价格的掠夺成性的投机商比比皆是。按照大多数城市的管理规章，市议会有权发放市区铁路修筑特许权，签发承包公用事业的合同以及购置城市公共设备等。于是城市老板便操纵市议会，钻没有正式且严密的法定程序的空子，大肆出售特许权和承包合同，从中收受大量贿赂，并进行房地产、公用事业、股票投机活动，牟取暴利。种种以权牟利的肮脏交易，不胜枚举。这种城市老板操纵下的市政管理体制，已成为市政腐败的温床。当时的一位著名教育家就曾尖锐指出"美国城市政府是基督教世界里最糟糕的政府——最浪费，最腐败，最无能"。[①]

第六，犯罪问题。19世纪后半期，美国的犯罪率急剧上升，而大多数案件发生在城

① Alexander B. Callow（亚历山大·卡洛）. 美国城市史：附有评论的论文集（*American Urban History: An Interpretive Reader with Commentaries*）. 纽约1973年版.

市，特别是大中城市。19 世纪 80 年代监狱囚犯增加了 50%，其中儿童占 1/5。另外据芝加哥《时报》披露，从 1881 年到 1898 年，该市杀人案从 1 266 起剧增到 7 480 起，增加了 5 倍之多。

第七，面对当时城市快速发展而产生的大量的城市问题，城市政府却没能采取相应措施予以解决。于是握有市政实权的城市“老板”与各大企业沆瀣一气、互相利用，腐败之风充斥于市政管理，市政建设弊端丛生，出现了严重的无政府状态。城市公用事业、服务性行业等远远跟不上城市发展的需要。19 世纪末，在费城和圣路易斯，其排水系统总长度仅相当于这两个城市街道总长度的一半多一点。而巴尔的摩、新奥尔良和莫比尔等城市依旧大部分靠露天排水沟排泄污水，污染问题相当严重。城市老板还利用他们对市议会的操纵，明目张胆地出售特许权和承包合同，进行房地产投机和公用事业股票投机。倘若妓院、酒吧的老板乃至某些罪犯能够给他们一笔相应的贿赂，就可为非作歹，肆意妄为。一些大企业向城市老板行贿后，不仅可逃税，甚至连永久的特许权都买得到。

2.3.3 美国城市郊区化发展趋势

郊区化是指由于大城市中心区地租昂贵、人口稠密、交通拥挤、环境恶劣，促使人口、产业从市中心向郊区迁移的一种离心分散化现象。郊区化主要包括三种外迁过程：一是人口外迁，主要是因城市中心的巨大人口压力而引发的；二是商业外迁，人口的外迁导致为城市居民提供服务的商业服务部门随之外迁；三是工业外迁，主要原因在于市中心以外的土地价格低廉，税收差异等因素也吸引企业向郊区外迁。

一般认为，现代郊区化起源于 20 世纪中叶，其实质是城市功能流向郊区，中心区的人口增长低于人口迁出的过程，是城市化发展进程中的必然现象。关于郊区化的研究主要存在两种对立的观点，一种是支持通过郊区化实现城市的“分散”发展与追求有机秩序，以霍华德(Howard)的“花园城市”、赖特(Wright)的“广亩城市”理论为代表。城市规划实践中的卫星城和新城运动就是这些思想的典型体现。另一种是反对郊区化，强调城市的集中发展、多样化与追求功能秩序，以柯布西埃(Corbusier)“集中主义”的城市建设和更新理论为代表。① 通过研究美国郊区化现象，在有效发挥郊区化作用和解决郊区化造成的问题方面借鉴美国的先进经验，对中国城市空间发展做出有效的把握和引导。

(1) 美国城市郊区化过程

美国城市化开始于 18 世纪末期，至 20 世纪 20 年代基本实现了城市化。其郊区化在“二战”之前经历了萌芽阶段和形成阶段，到“二战”之后，郊区化进程才大大加快，进入快速发展阶段。城市交通运输条件进一步改善，特别是汽车的普遍使用与高速公路网的建立，为美国城郊化的迅速发展创造了有利条件。而随着城市化出现的城市病，如犯罪率居

---

① 刘艳艳. 美国城市郊区化及对策对中国城市节约增长的启示[J]. 地理科学. 2011,7(7).

高不下、人口密度大、黑人贫民及老年人数量多、环境污染严重、居民生活费用高等，使中心城处境更加不利，加剧了人们向郊区的迁移。随着人口外迁，城市中心商业也移往郊区，郊区商业区位于公路交汇外或邻里中心，拥有的购物中心，形成郊区消费网络，该网络还包括影院、餐厅、俱乐部、运动场等娱乐设施。

到1920年，美国城市人口首次超过农村人口，随后城市扩展开始逐步转向郊区，但这一时期市中心仍承载城市的主要功能。"二战"后，联邦政府住房政策向郊区倾斜，私人小汽车和高速公路等主要技术条件逐渐成熟，郊区化进程大大加快。1970年，郊区人口超过市区人口，郊区的独立性和离心倾向显著增强，政治和经济上摆脱对中心城市的依赖，避免城市空间的过度集中，郊区化有效的缓解了聚集不经济的矛盾，为城市发展提供了新的空间，促进城市各地区的平衡发展，推动美国大都市区由单中心结构向多中心结构发展。郊区化过程还形成了规模巨大、结构复杂的都市连绵区，使美国大都市区的规模不断扩大，数量不断增加。同时也加速了人口的重新分配过程，通过郊区化的过滤机制实现人口按照种族、民族和阶级的界限重新分布，形成美国大都市区特有的人口分布模式；推动了美国中产阶级的扩大，并形成一种与城市生活方式不同的郊区生活方式和郊区文化，并成为中产阶级的标准生活方式。

作为城市空间扩展的一种表现方式，郊区化是城市功能外延的产物，对美国社会经济发展产生了深远的影响。然而，纵观美国城市郊区化的整个进程，这是建立在郊区土地无限蔓延的基础上，也导致生态环境破坏、城市结构瓦解、阶层分化隔离以及社会生活被侵蚀等问题。①

(2) 美国郊区化特征②

与经济发展水平相当的西欧相比，美国城市的郊区化表现显著的不同特点，我们可以从郊区化的速度、郊区的发展模式和中心城市的命运等几个方面来考察。

首先，从郊区化的发展速度来看，美国郊区的发展起点低，速度快。美国郊区的发展之所以起点低，是因为美国的许多郊区社区或城镇是在人口郊区化的过程中创建起来的，人口基数很小，而西欧的许多郊区城镇古已有之，人口基数已经很大。所以美国郊区化的速度就显得格外迅速，早在20年代郊区的人口增长率就已超过了中心城。而直到50年代，西欧九国中心城的人口增长率仍然高于郊区，两者分别为13.21%和5.55%。到了60年代，西欧郊区人口的增长率才有大幅度提高，为10.73%，几乎与中心城的10.81%持平。

其次，从郊区的发展模式来看，美国与西欧也存在很大的差异。西欧的郊区化是在国

---

① 刘艳艳．美国城市郊区化及对策对中国城市节约增长的启示[J]．地理科学．2011,7(7)．

② 由于设计美国郊区化特征的参考文献不多，因此，本部分内容主要取自孙群郎．美国现代城市的郊区化及其特点[J]．社会科学战线，2002(6)．

土规划指导下进行的，郊区的发展有统一的规范，综合性集约化的郊区城镇是西欧郊区发展的主要模式。以英国为例，由于霍华德的花园城市思想在英国产生了很大影响，英国政府决定限制大城市蔓延性的扩展。于是，1938 年英国议会通过了一个“绿带法案”，在伦敦周围建立了一条宽 5 英里的绿色环带，禁止在环带以外建立居民社区，从而限制了伦敦的扩张。为了限制郊区的发展，政府还限制郊区到伦敦的交通流量，因此，在进入伦敦市区的郊区人口中，大约只有 8%乘坐私人汽车。1943 年，英国城镇与乡村规划部成立，该部有权控制国土的使用和对地方政府行使司法权。此后，在伦敦郊区建立了一系列集约性的卫星城，以减少伦敦的拥挤，但不允许建立蔓延式的郊区，这一做法为其他欧洲国家所效法。而美国的郊区化没有严格的总体规划，虽然 20 世纪 30 年代联邦政府也曾经提出过“绿带建镇计划”，但由于私人资本的强烈反对而成为泡影。另外虽然美国的每个郊区都有自己的规划，郊区居民区和商业、工业用地是分开的，但这种规划规模太小，被称为“零零碎碎”的规划，不能有力地控制郊区的蔓延。不仅如此，战后美国还大力修筑高速公路，加速了市郊之间的通勤，还实行了鼓励居民到郊区定居的住宅抵押保险制度和补贴制度，因此，美国的郊区化在战后呈爆炸式或蔓延式的膨胀，住宅和人口密度很低。这种郊区化模式被称为“美国模式”。

再次，美国和西欧国家中心城的命运不同。美国城市在郊区化的过程中流失了大量的就业机会和中上阶层，税收基础受到严重削弱，而穷人和少数民族却不断向中心城汇集，福利负担加重，财政开支捉襟见肘，城市设施不断老化，因此中心城日益呈现出衰败的迹象。战后欧洲城市虽然也出现了郊区化现象，但由于郊区化速度缓慢，而且城郊没有出现穷人和富人在市郊布局上的分异，人口分布比较均匀，所以中心城并未表现出衰败的迹象。之所以出现这种差别，还与欧美文化传统有密切的关系。欧洲城市有一个悠久的规划传统，每个城市的发展都有严格的规划，个人利益要服从集体利益，局部利益要服从整体利益。而在美国则个人主义盛行，当中心城生活恶化时，人们在力所能及的情况下便一走了之，再也不关心中心城的命运，任凭城市衰败。美国还存在一种根深蒂固的反城市文化传统，而欧洲人则认为文明是城市的产物，欧洲每一个大城市几乎都是一个文化中心，有着深厚的文化底蕴和强大的魅力，人们不可能让一个象征着本民族文化的大城市衰落下去。所以，欧洲的许多城市虽然在“二战”中被摧毁却能复兴，而美国城市虽然在和平的环境中发展却如同遭受了战争的浩劫。从政策角度来讲，美国政府对城市发展向来持自由放任政策，不仅如此，战后美国的住宅政策、免税政策和高速公路建设等还对美国郊区的蔓延起了推波助澜的作用。另外，欧美地方政府体制的差别也导致了各自城市的不同命运。欧洲城市政府的权限较大，有权控制其周围乡村的发展，可以拒绝向其提供某些基础设施，如燃气、电力、排水和供水系统等，从而可以控制郊区的蔓延。而美国情况恰恰相反，中心城与周围的自治市是平等的政府机构，因而中心城无权干涉其他自治市的事务，它们之间要协调发展，就需要相互配合。而在郊区化高度发展和大都市区政治巴尔干化的情况下，协调发展谈何容易！所以，美国城市无法掌握自己的命运，无法控制郊区的发展和维护自身的地位，因而在郊区化过度发展的过程中出现了衰落的迹象。

总之，自 20 世纪 20 年代以来，美国城市郊区化的速度开始加快，而战后与五六十年代呈爆炸式发展，到 70 年代初，美国基本成为一个郊区化的国家，同时，郊区人口的异质性不断增强。在人口郊区化的同时，美国的制造业、商业、服务业乃至办公业也迅速向郊区转移，到 80 年代初期，美国郊区的就业已经将近占全国总就业的一半，而在某些大都市区，郊区就业已经超过中心城市。因此，郊区表现出越来越明显的城市性特征。与经济发展水平相当的西欧国家相比，美国的郊区化表现出明显的不同特点。

(3) 郊区化发展带来的边缘城市

郊区化是美国社会的主导生活方式之一，在 90 年代约半数的美国人居住于郊区。80 年代以后，美国郊区化的一个新趋势是在扩散中又有相对集聚，城市结构由单中心向多中心转变。这些位于郊区的新兴中心不仅仅是传统的居住中心，而且已经演变为商业中心、就业中心，从而成为城市学者研究的热点之一。一时间新概念层出不穷：外围城市(Outer City)、卫星城市(Satellite City)、新城市(NewCity, Neocity)、郊区城市(Suburban City)、城市边缘(Urban Fringe)、技术郊区(Technoburbs)及边缘城市(Edge City)。其中最为引人注目的是边缘城市。边缘城市的观点是《华盛顿邮报》(*Washington Post*)记者 Joel Garreau 于 1991 年在他的《边缘城市》一书中所提出的。Garreau 认为，边缘城市是美国城市发展的新形式，是位于原中心城市周围郊区新发展起来的商业、就业与居住中心，而这些中心在 30 年前还是农田、村庄或纯粹的居住用地。这些新的中心具备了典型的城市功能：居住、就业、交通及游憩等，但建筑的密度比中心城市低。Garreau 认为，边缘城市代表了 20 世纪美国城市发展的“第三次浪潮”。“第一次浪潮”是五六十年代的人口居住郊区化；“第二次浪潮”是 70 年代以后以超级市场为代表的商业郊区化；“第三次浪潮”则是就业岗位的全面郊区化。因而，边缘城市是人口、商业及就业等多种因素综合作用的结果。[①] 而边缘城市的特征包括：建筑低层、低密度，以第三产业为主体的专业化产业结构，人口的多样化、隔离化，行政上无主体，空间上无界限。

Garreau 提出边缘城市的概念以后，引起社会各界的不同反响。在对边缘城市的评价上，各学科从各自的角度对它进行褒贬不一。无论如何，边缘城市是美国社会的一种客观存在，它是人口郊区化、产业信息化、交通小汽车化等多因素综合作用的结果，是当今许多美国人的自然选择，是城市空间重组和功能重构的产物。它反映了城市由单中心向多中心结构转变的趋势，是在扩散中的重新集聚。无论是优是劣，它是一个重要的社会动向。

---

① 孙一飞，马润潮. 边缘城市：美国城市发展的新趋势[J]. 国际城市规划，2009 增刊.

在我国，城市是由行政界定。我国关于城市没有单独界定，却一直提起的是“城镇”。城镇，是以非农业活动为主的人口集中点。对于城市化来讲，并没有一个明确的定义，社会学界却有一个普遍的认识：城市化是人的生活、行为和社会活动由农村转变为城市的过程。城市化是人的生活、行为和社会活动由农村转变为城市的过程，其进程取决于来自农村的“推力”和城市的“拉力”所形成的合力，即城市化动力决定着城市化的速度和水平。

城市可持续发展是指城市在一定的时空尺度上，在一定地域内与其外部相和谐、统一，城市内部组织结构和运行机制协调优化，以公平的原则实现城市资源和环境的管理，促进城市资源、经济、社会和环境之间协调发展的过程，是一种新的城市发展模式。其内容始终贯穿了对环境、经济、社会问题的综合思考，同时依赖于信息、技术、政策等方面的支持。这些方面的因素相互联系、相互依存，共同构成错综复杂的城市可持续发展系统。

1. 刘易斯・芒福德著. 城市发展史——起源、演变和前景[M]. 宋峻岭、倪文彦译. 北京：中国建筑工业出版社，2005：427-579.
2. 曲凌雁. 城市人文主义的星期、发展、衰落与复兴[J]. 城市问题，2002(4).
3. 韩俊. 失地农民的就业和社会保障[J]. 科学咨询(决策管理)，2005(7).
4. 王春光. 农村流动人口的“半城市化”问题研究[J]. 社会学研究，2006(5).
5. Phillips, P. C. B, Perron, P., “Testing for a unit root in time se-ries regressions”, Biometrica, 1988: 335-346.

城市动力(City Power)　起源(Origin)　城市化(Urbanization)
郊区化(Suburbanization)　动力机制(Driving Mechanism)
边缘城市(the Edge of City)　礼俗社会(Gemeinschaft)
法理社会(Legal Society)　异质性(Heterogeneity)　匿名性(Anonymity)

1. 城市的起源和发展历程。
2. 我国城市发展的动力因素。

3. 城市起源学说有哪些。

4. 美国现代化过程中的城市化对我国的启示。

5. 比较美国和我国的郊区化有何区别。

6. 我国城市发展的趋势如何。

"城市化"与"城镇化"①

按照我国的城市规划法,城市是指国家按行政建制设立的直辖市、市、镇。而人们一般认为的城镇也是指各级城市和建制镇。这样,城市和城镇的概念似乎等同了。如此而来,解决这一分歧的关键就在于澄清"城市"和"城镇"这两个词汇的确切含义。曹荣林先生在论述我国人口城镇化统计指标问题时所提出的观点可以给我们有益的启示,他认为"城市"和"城镇"是两个既有区别又有联系的不同概念,都有广义和狭义之分,城市化和城镇化概念亦如此。狭义的城市化指有建制的市,扩大一些也可以包括与县级市同一层次的县城,广义的城市还包括建制镇。狭义的城镇与广义的城市相一致,而广义的城镇还应包括乡政府驻地的集镇(简称乡集镇)。曹先生的结论是,包括乡集镇在内的广义城镇化更适合我国这个人口大国的国情。杨新房、任丽君等人的观点与此类似,他们认为"城镇化"与"城市化"的提法并没有本质上的区别,但"城镇化"的提法,从含义上讲更符合我国的实际。因为我国要转移的农村人口数量巨大,仅靠大中城市吸收有较大难度,因此必须走一条大中城市和小城镇协调发展的城镇化道路。

陈祥生也从"城市"和"镇"的概念入手,对"城市化"与"城镇化"做出了区分。他认为从广义上说,城市化所指的"城市"既包括已设立的市及近 10 年撤县建市的市区,也包括县城及中心镇。而"城镇化中"的"镇",不仅包括县府所在地和中心镇,也包括所有的建制镇及乡镇管辖的小集镇。但一些新设立的建制镇、镇政府所在地大多数比较小,一般只有百来户人家,且很大一部分是农村户口,名为建制镇,其实也是小集镇。由此,他认为"城市化"与"城镇化"的内涵是不尽相同的,后者包含了上述中心镇以外的建制镇和小集镇的并入和发展,而前者则没有。

但是也有人从另外的角度考虑,对上述观点持保留态度,如陈为邦先生就提出"城镇化"与"城市化"在本质上是一样的,为了同国际接轨,他赞同使用"城市化"这个词。谢扬虽然认为"城镇化"可能更为全面,但他从"城镇"这一概念的内涵在中国的发展演变出发,也认为"城镇化"与"城市化"的提法在本质上已没有区别。此外,王梦奎也持有类似的观

① 周恭伟,刘志军.城市化称谓分歧述论[J].人口与经济,2009(5).

点，认为城市化和城镇化的实质都是指大量农业人口向非农产业和城镇转移。

从上述的比较来看，笔者赞同曹荣林等人的观点，认为使用“城镇化”这种提法将更为符合我国当前的国情。但考虑到历史上的使用惯例，我们也认为谢扬、王梦奎等学者提出的观点不无道理，我们可以不回避“城市化”的提法，因为只要从广义上来使用和理解，就不会与“城镇化”的称谓发生实质性的差异。

【思考题】

(1) “城市”和“城镇”的区别和联系如何？

(2) 以你熟悉的某个小城镇为例，考察其城市化发展过程及趋势。

第 3 章 城市文化

【本章提要】

本章通过对文化、城市文化等概念的解析，使读者辨别文化在不同学科的解释，城市文化和乡村文化的区别，以及不同城市文化间存在的冲突和融合，并指出其必然趋势是走向共存。在城市文化方面的实际体现，就涉及城市文化资本的建构和发展，以及树立良好的城市形象和对城市的营销。而对于中国，了解中国的城市文化建设的现状和存在的问题，有助于城市文化的良性发展。

3.1 城市文化概述

文化，是人类创造的物质财富和精神财富的总和，是一个国家、民族、城市的灵魂，是推动社会发展的强大动力。对于任何城市而言，文化都是其最具个性的非物质文化遗产，并且是孕育于城市之中的精华，是城市的灵魂。城市文化伴随着城市的发展而应运而生，并滋养着城市的发展与壮大。

3.1.1 文化

(1) 文化的含义

文化可以看作是一个关于描绘人类生活和活动的概念，是指人类在实践活动中所创造和使用的一切物质的、精神的、制度的等形式的事物。文化是一个抽象而广泛的概念，对它进行一个精确和严格的界定并非一件容易的事情。古往今来，许多社会学家、历史学家、人类学家、语言学家都从不同各自的学科下过定义。据统计，有关“文化”的定义有200 多种。

“人类学之父”爱德华·泰勒[①]认为，文化是一个复杂的整体，其中包括知识、艺术、道德、法律、风俗以及人作为社会成员之一分子通过学习所获得的任何技巧与习惯。文化的

① [英]爱德华·泰勒.原始文化[M].桂林：广西师范大学出版社，2005.

特点在于它是人类后天习得的，并为人类所共同享有。英国人类学家马凌诺斯基[①]认为，文化包含了器物、货品、房屋、船只、工具以及技术、思想、习惯及价值等，这概念包容着及调节着一切社会科学。他进一步把文化分为物质的和精神的，即所谓的已改造的环境和已变更的人类有机体两种主要成分。在泰勒的基础上，他给文化增加了物质部分的内容。

莱斯利·怀特[②]认为，文化是一个组织起来的一体化系统。我们可以在这个系统中划分出众多的亚种或层面。基于我们的目的，我们将划分出三个文化亚系统，即技术系统、社会系统和思想意识系统。其中，技术系统是由物质的、机械的、物理的和化学的仪器以及使用这些仪器的技术构成的，人类作为一种动物，依靠技术系统使自身同自然的生息之地紧密联系。社会系统由人际关系构成，这种人际关系是以个人与集体的行为方式来表现的。在该系统内有社会关系、亲缘关系、经济关系、伦理关系、政治关系、军事关系、教会关系、职业关系、娱乐关系等。思想意识形态系统由思想、信仰、知识构成，它们是以清晰的言语或其他符号形式表现的。其中包括神话与神学、传说、文学、哲学、科学、民间智慧以及普通常识。怀特并认为，上述三个亚系统从总体上构成人类文化系统。三者之间是相互贯通的，相互影响的。但是，总的来说，各个亚系统在人类文化系统中的作用并不一样。

《苏联大百科全书》(1973 年第 3 版)对“文化”的定义是：文化，是社会和人在历史上一定的发展水平，它表现为人们进行生活和活动的种种类型和形式，以及人们所创造的物质财富和精神财富。文化这个概念用来表明一定的历史时代的社会经济形态，具体社会，氏族和民族的物质和精神的发展水平(例如古代文化、社会主义文化、玛雅文化)，以及专门的活动或生活领域(劳动文化、艺术文化、生活文化)。“文化”这个术语从较狭义的意义来看，仅指人们的精神生活领域。[③]

《现代汉语词典》[④]有关文化的定义为：第一，人类在社会历史发展中所创造的物质财富和精神财富的总和，特指精神财富，如文学、艺术、教育、科学等；第二，考古学用语，指同一个历史时期的不以分布地点为转移的遗迹、遗物的综合体。同样的工具、用具、制造技术等是同一种文化特征，如仰韶文化、龙山文化；第三，运用文字的能力及一般知识：学习文化、文化水平。

在中国，关于文化的意识可以追溯到东周。孔子曾极力推崇周朝的典章制度，在《论语·八佾》中，他说：“周监于二代，郁郁乎文哉。”此中的“文”已深含文化的意韵。然而，

---

① [英]马凌诺斯基，著.文化论[M].费孝通，译.北京：华夏出版社，2002.

② [美]莱斯利·怀特.文化的科学：人类与文明研究[M].沈原等，译.济南：山东人民出版社，1988.

③ 陈华文著.文化学概论[M].上海：上海文艺出版社，2001.

④ 中国社会科学院语言研究所词典编辑室编，现代汉语词典(修订本)[M].上海：商务印书馆，1996.

如果从词源来说，汉语"文化"一词最早出现于刘向的《说苑·指武篇》："圣人之治天下，先文德而后武力。凡武之兴，为不服也；文化不改，然后加诛。"之后，南齐王融在《三月三日曲水诗序》中写道："设神理以景俗，敷文化以柔道。"由此看来，中国最早关于"文化"的解释应该是"文治和教化"。

在长期的历史发展进程中，我们更倾向于认为，文化有广义与狭义之分。广义的文化，泛指人类在社会历史实践中所创造的物质财富和精神财富之和，特指社会意识形态。其涵括了"器物文化"、"制度文化"、"精神文化"三个层面，包含了生产资料、衣食住行、社会制度、家庭伦理、道德规范、宗教信仰、生活方式等内容。而狭义的文化指的是在意识形态领域所创造的精神财富。特指意识形态的精神文化以及与之相适应的制度和组织结构。包括宗教、信仰、风俗习惯、道德情操、学术思想、文学艺术、科学技术、各种制度等。

文化再也不是以前人们所认为的是个静止不变的、封闭的、固定的集装箱。文化实际上变成了通过媒体和国际因特网在全球进行交流的跨越分界的创造。我们现在必须把文化看作一个过程，而不是一个已经完成的产品①。

基于上述的观点，本书认为文化是人类在社会实践中所创造的、具有时间累积性的、能影响人们生活、行为、思想、道德，并能为人类所共享的各种物质财富和精神财富的总和。文化因民族、地域的不同而有所差异，但是，不同的民族、不同的地域又是以文化为载体进行交流与交往，并进而碰撞，最终，有的文化持续着原有的生命力，有的文化却吸取其他文化的精华而演化成另外一种新文化，或者完全融合到另一种文化中。

(2) 文化的分类

对文化的进一步研究，就会涉及文化的分类。有的就文化根据构成的地域差异分为本土文化和外来文化、东方文化和西方文化；有的就文化在社会中的作用不同分为主文化和亚文化；有的就文化性质不同分为高雅文化和通俗文化、城市文化与乡土文化等；有的就文化的层次不同分为精神文化、行为文化和物质文化。② 总之，文化可以表现为衣饰、事物、建筑、生产工具、生产器具等物质形态的文化，还可以表现为语言、价值、风俗、道德、法律、规范等非物质形态的文化，以及既含有物质形态又含有非物质形态的过渡性文化③。

概括地说，文化具有五个基本要素。一是精神文化要素，其中价值观念是精神文化的核心，它决定人们赞赏什么，追求什么，选择什么样的生活目标和生活方式。二是语言和符号要素，它们是文化积淀和贮存的手段，人类借助语言和符号进行沟通，只有沟通和互动才能创造文化。三是规范体系要素，它是人们行为的准则，调整着人们的各种社会关

---

① 李从军. 价值体系的历史选择[M]. 北京：人民出版社，2004.

② 饶会林. 现代城市文化与文明研究. 中国城市发展研究会 2004 课题，《城市发展研究丛书》之一：3.

③ 章友德. 城市社会学案例教程. 上海：上海大学出版社，2003：195.

系，规范着人们活动的方向、方法和式样。四是社会关系和社会组织要素，社会关系既是文化的一部分，又是创造文化的基础，社会组织是实现社会关系的实体。五是物质产品要素，经过人类改造的自然环境和由人类创造出来的一切物品，都是文化的有形部分，凝聚着人的观念、需求和能力。[①] 根据文化的内部结构可以将文化分为四个层次类型：物态文化、制度文化、行为文化和心态文化。

物态文化层是指人类在长期改造客观世界的活动中所形成的一切物质生产活动及其产品的总和，是文化中可以具体感知的、摸得着的、看得见的东西，是具有物质实体的文化事物。物态文化是由物化的知识力量构成的，是文化诸要素中最基础的内容。物态文化是人类的第一需要，直接体现了文化的性质、文明程度的高低。

制度文化层是指人类为了自身生存、社会发展的需要而在社会实践中所形成的各种社会行为规范，是人类在物质生产过程中所结成的各种社会关系的总和。包括社会经济制度、婚姻制度、家庭制度、政治法律制度、家族、民族、国家、经济、政治、宗教社团、教育、科技、艺术组织等。制度文化一方面构成了人类行为的习惯和规范；另一方面也制约或主导了精神文化与物质文化的变迁。制度文化由三个层面构成：一是传统、习惯、经验与知识积累形成的制度文化的基本层面；二是由理性设计和建构的制度文化的高级层面；三是包括机构、组织、设备等的实施机制层面。

行为文化层是指人际交往中约定俗成的以礼俗、民俗、风俗等形态表现出来的行为模式，或者是人类在生活、工作中所贡献的，有价值的，促进文明、文化以及人类社会发展的经验及创造性活动，具有鲜明的民族、地域特色。

心态文化层是指人类在社会意识活动中孕育出来的价值观念、审美情趣、思维方式等主观因素，相当于通常所说的精神文化、社会意识等概念。这是文化的核心部分。心态文化层可分为社会心理和社会意识形态两个层次。社会心理是人类在日常生活中所呈现出来的精神状态以及思想面貌，是尚未经过理论加工和艺术升华的流行的大众心态，比如人类的要求、愿望以及情绪等。社会意识形态指的是经过系统加工的社会意识，往往经由文化专家的理论归纳、逻辑整理、艺术完善、并以著作、艺术作品等物化形态固定下来并跨时空传播。

(3) 文化的特征

文化作为人类社会一个不可或缺的因素，文化具有以下重要特点[②]：文化来源于社会实践，并随着社会实践的变化发展而变化发展，具有动态性和时空特点；文化是人类为适应、利用、改造客观环境为自身谋利益的能动性创造。文化既对人类行为具有指导作用，又对客观世界具有反作用；由艺术、知识和观念所构成的精神文化是一切文化的母体，其

---

① 单霁翔. 关于“城市”、“文化”与“城市文化”的思考[J]. 文艺研究，2007(5).

② 饶会林. 现代城市文化与文明研究. 中国城市发展研究会 2004 课题，《城市发展研究丛书》之一：3.

中观念文化具有决定性作用；社会的组织、制度和行为是社会文化的能动载体，是推动社会前进的基本条件；文化创造物质文明和精神文明。作为社会学研究的文化其具有如下特征：

超理性和超个人性。人不只是简单地模仿他人，而是从教导他们的人那里学习到有关他们所生存其中的世界的知识，这一过程是通过语言实现的[①]。文化是人类后天学习得来和创造的，不能通过生理遗传。文化决定着人类的生理满足方式，并决定着这些需求如何得到满足。文化寓蕴于人类的生存活动中，同时，也是前人生存活动的结果。

大众性。文化的大众性指的是文化作为一种精神力量，通过一系列的社会宣传，对人们的意识、心理产生潜移默化的作用，并在人们的政治、经济、生活等方面表现出来的一种特性[②]。文化是一系列共有的概念、价值观和行为准则，是使个人行为能力为集体所接受的共同标准。文化与社会紧密联系，没有社会就不会存在文化，然而，却存在没有文化的社会。在同一社会内部，文化具有不一致性。比如，在任何社会中，男性的文化和女性的文化就不一样。另外，不同的年龄、职业、阶级等之间也存在着亚文化的差异。

复合性。文化是一个巨大的复合体。英国功能学派的人类学家马凌诺斯基、拉德克利夫·布朗认为，每一种文化都不是孤立的，而是以一个统一的不可分割的社会整体而存在的，只有把文化作为一个社会体系来研究，才能看出它在不同社会结构中的地位和功能。

象征性。人类在生产劳动和社会生活实践中自由地创造出了以语言为代表的象征符体系，从而摆脱了自然和生物学意义上的束缚。这些象征符体系一旦形成，便具有相对的独立性，并作为一种能动的力量作用于社会。文化的意义要远远超出文化现象所直接表现的那个窄小而具体的范围，总是具有更为广泛而深刻的意义。

传递性。文化是一种架构，包括种种内隐或外显的行为模式，一经产生，就会被他人模仿和利用，并通过符号系统发生纵向和横向的传递过程。文化是一种累积的东西，是由传递而普遍遗留下来。

变迁性与文化堕落。由于自然条件的变化，不同文化之间的接触和交流以及重大的技术发明、发现和创造，使得文化总是处于不断的变迁之中。促使文化产生变迁主要有两个原因：一是内部的，由社会内部的变化而引起的；二是外部的，由自然环境的变化及社会文化环境的变化而引起，诸如迁徙、与其他民族的接触、政治制度的改变等。

在研究文化变迁的特性时，美国社会学家威廉·奥格本[③]提出了"文化堕距(Culture

---

① [美]乔尔·M.卡伦，李·加思·维吉伦特，著.社会学的意蕴(第8版)[M].张惠强，译.北京：中国人民大学出版社，2011.

② 袁德主编.社区文化论[M].北京：中国社会出版社，2010.

③ [美]威廉·费尔丁·奥格本，著.社会变迁：关于文化和先天的本质.王晓毅，等，译.杭州：浙江人民出版社，2012.

lag)”理论。该理论认为，由相互依赖的各个部分所组成的文化在发生变迁时，各部分变迁的速度是不一致的，总是物质文化先于非物质文化发生变迁，而就非物质文化的变迁而言，一般又总是制度首先变迁或变迁速度较快，其次是风俗、民德的变迁，最后才是价值观念的变迁。

3.1.2 城市文化

(1) 城市与文化的关系

城市作为人类生活聚集的形态，伴随着文明的演进而发展。城市是文化的摇篮，是人类文化的容器，是文化的舞台，是社会财富的集中地，又是文明的生成地和文化土壤，也是人类思想文化的创新地。文化是历史的积淀，文化无所不在，城市本身就是一件杰出的文化产品。城市是文化的中心，都市人类学认为，城市文化作为人类文化发展的高级形式，是文化的产物，比原始文化具有更甚的丰富性，我们应该用文化的角度来看城市。城市是文化的体现，是文化在地理景观中产生的最清晰、最集中、最有意义的印记。城市从本质上讲是人类进行贸易和文化交流的催生物，是人口密集的政治和军事上的集成物，是市民集聚生活、进行活动、表达理念、传承文明的共同空间，是活生生的生命体相互依存、创意创业的动态平台。城市是人类的伟大创造，是人类社会进入文明时代的鲜明标志。① 城市观察家认为，城市是一个以人为主体的创造物，城市的个性是一个历史的产物和文化的凝结，一旦形成便永远难更改；城市就像一个人，有自身的外貌形象和性格内涵，而具有特殊文化品格和精神气质的城市，无疑是最具有吸引力而叫人难忘的。一个城市只有在历史和文化的传统上不断塑造和美化自己，激发活力，才会有真正的魅力。而独特的民俗风情是最具有低于色彩的元素，也是展现城市个性的重要环节；文化是一个城市的脊梁，悠久的历史文化将会让一座城市呈现出与众不同的性格②。

西方社会学家阿·霍雷说：“在文明史的曲折发展过程中，城市曾起过，并至今依然在起着重要作用。确实，城市和文明是同一事物的两个不同侧面。”③所以，城市本身就是文化。“城市”与“文化”的联姻，是历史发展的必然，也是历史进步的必然产物。人造城市，城市造人。人与城市相依造就了城市文化。城市文化极具复杂性，国内外的学者大多选择并明确城市文化的具体所指对象，以达到其学术研究的目的。关于城市文化的定义，主要存在两种不同的思维，第一，从文化的定义进行推理演绎；第二，根据城市本身的特征入手进行定义。

---

① 陈柳钦. 城市文化：城市发展的内驱力[J]. 学习论坛，2011(1).

② 中国城市活力研究组. 北京的性格. 北京：中国经济出版社，2005.

③ 王保舍，罗正齐. 中国城市化的道路及其发展趋势[M]. 北京：学苑出版社，1993.

(2) 城市文化的概念

著名学者杨东平[①]通过对北京和上海文化精神的比较,认为城市文化是市民在长期的生活过程中共同创造的、具有城市特点的文化模式,是城市生活环境、生活方式和生活习俗的总和。城市文化具体包括以下五个方面:一是城市的历史传统和社会发展。城市社会的变迁是一个文化大题目,它的外在表现是城市建设和人文景观;二是城市的制度组织和社会结构。这是在制度文化层面上对城市现代化程度的观测;三是城市的文化建设和文化产品,这是按文化的狭义或常义所反映的城市文化状态;四是城市的人口构成和文化素质。这既是城市文化形成和发展最活跃的动因,也是城市文化的有机组成部分和重要指标;五是市民的生活方式和生活质量,是城市文化的深层基础。我国台湾学者张丽堂[②]在泰勒关于文化人类学"文化"概念的基础上,认为城市文化"系人类生活于都市社会组织中,所具有的知识、信仰、艺术、道德、法律、风俗,和一切都市社会所获得的任何能力及习惯"。

尽管关于城市文化的理解众说纷纭,但是,一般来说,城市文化有广义与狭义之分。其中,关于广义的城市文化是指,组成城市各个要素之间的相互作用之和,几乎涵盖整个城市人类所有的物质生产与生活方式。不仅包括众多的非物质实体,诸如科技、教育、体育、文学、艺术、社会心理、价值观念、道德、服务业的服务质量、企业管理及政府形象等,而且还包括各种各样的物质实体,比如城市建筑、园林街景、雕塑装饰、公共设施、教堂、环境卫生状况等。狭义的城市文化则指的是指导城市人类生产和生活的精神意识形态,主要包括教育、科技、语言文学、艺术等精神理念和精神产品,是城市文化的精神层面。因此,城市文化是人类进化到城市生活阶段的产物,是城市的人格化表现,是人类生活的空间化表述,体现了城市的历史文化、城市的建筑风格、城市的形态格局,反映了城市社会成员的综合素质、文明程度、价值取向、思想情操和精神风貌[③]。

依据以上对于城市文化的归纳与概括,我们为城市文化所下的定义为:在特定城市区域范围内,生活于该领域的人们通过社会实践活动所共同创造出来的、可供共享的物质财富与精神财富的总和[④]。

(3) 城市文化的特征

"古代的社区过于稳定,它墨守成规旧俗,不愿采纳新的生活方式;如果古代人类有意突破这种保守社区的孤立和封闭状态,那么对此问题能够找到的最好答案莫过于城市这一发明了。""城市是一种特殊的构造,这种构造致密紧凑,专门用来流传人类文明的

---

① 杨东平.城市季风:北京和上海的文化精神(修订本)[M].北京:新星出版社,2006.

② 张丽堂,唐学斌,等著.市政学[M].台湾:五南图书出版有限公司,1983.

③ 王兰芳,陈晓忠.略论我国城市化进程中的城市文化建设[J].魅力中国,2010(4).

④ 向德平,编著.城市社会学[M].武汉:武汉大学出版社,2002.

成果。"[①]

城市是人类文化积淀的物质形态，是在一定的地域范围内聚集了各种不同形态的文化特质的承载体。在城市发展的长河中，城市发展的历史其实就是一部文化发展的历史。城市兼收并蓄、包罗万象、不断更新的特性，促进了人类社会秩序的完善、文化的聚变和财富的积累。[②] 城市的魅力在于它的发达的社会文化。城市文化具有以下几个特征：

集中性[③]。虽然城市现象的辖地现实是模糊的，但是，相对于乡村而言，城市作为一种社会空间形态，不管在人口、物质，还是功能上都具有聚集的趋势与状态。城市文化的集中性正是源于城市本身的这种集聚性。再者，城市是人类所创造的绝大部分物质文化和非物质文化的集中地。城市不仅是人口密集的场所，而且也是产业、资金、技术和建筑物密集的场所。马克思、恩格斯指出，城市本身表明了人口、生产工具、资本、享乐和需求的集中，而在乡村里所看到的却是完全相反的情况，孤立和分散。城市文化集聚性主要表现在资源与人两方面，具体为：一是城市是文化人的"集中地"；二是城市是各种文化资源的"集中地"。在城市积聚的文化有来自不同时代的文化（古代文化与当代文化）和来自不同方向的文化（民族文化和外来文化）。这些文化不仅在城市沉积，而且在城市融合、渗透和创新。城市社会所拥有的文化设施是农村社会所无法比拟的。从形态上看来，城市集聚着大量人口，而且集中着各种资源，这些人与资源以各种组织形式散落在城市的各个区域。而这些多样化的组织并非独立存在，它们相互依存，功能互补。因此，城市发挥的特定功能不同于乡村。总之，城市以其独有的向心力使人类的财富、信息、权力乃至全部生活方式都以城市为中心进行汇集。这个集中过程使城市文化更加社会化，它的涵盖面越来越大、凝聚力越来越强，这必然带来文化在城市的聚集和繁荣，进而逐步形成多民族文化特色。

开放性和兼容性。随着城市生活质量的提高，人类对户外活动的环境要求越来越高。城市工业化进程不断继续，城市不断地吸纳着农村人口。城市文化主动或被动地与外来文化接触、沟通、碰撞与磨合，并吸纳了其中有利于城市文化自身发展与建设的成分。城市文化在茁壮成长的同时，并不排斥对于外来文化的学习与借鉴，兼收并蓄。高度发达的人类文明带来了城市文化的开放性与兼容性。因此，城市文化的开放性与兼容性其实就是城市本身发展规律所决定的。现代城市的开放性本身不可避免地涵盖了文化的开放性与兼容性。

辐射性与反辐射性。城市文化随伴着城市的聚集而产生，它使城市转而成为一个地

---

① [美]刘易斯·芒福德，著. 城市发展史：起源、演变和前景[M]. 宋俊岭，倪文彦，译. 北京：中国建筑工业出版社，2005.

② 陈柳钦. 城市文化：城市发展的内驱力[J]. 学习论坛，2011(1).

③ 蔡禾. 城市社会学讲义[M]. 北京：人民出版社，2011.

区或区域的中心。一般来说，城市文化的辐射主要有两种途径：一是城市文化由城市区域向周边农村区域辐射；二是城市由中心城市区域向城郊或周边城市辐射。然而，这种辐射并非单向的，城市文化在向自身之外的区域、传播、辐射和扩散的同时，也正吸纳着周边的"反辐射"。因为，城市无法孤立的存在，它必须依赖着周边的资源、原料、劳动力等。

法治性。乡村社会与城市社会的重要不同还体现在调整社会关系的规范的性质不同上，用滕尼斯的话讲，乡村社会是"礼俗社会"，城市社会是"法理社会"。

现代的城市社会是一个存在着大规模社会分工和交换的复杂社会，需要以正规的控制手段——法律，来进行调整。首先，现代城市社会中的经济关系，用韦伯的话讲是"理性的资本主义"。其特点是：资产所有者或市场经济的参与者特别重视对于长期利润的精细和有系统的计算，而不是通过简单的投机行为和短期行为获取暴利。这就需要社会中存在着确定性的规则来保护整个交易的长期性和稳定性。法律的功能正在于建立和保持一种可以大致确定的预期，以方便人们的相互交往。此外，在现代市场经济条件下，交换经常发生于陌生人之间，又是跨地域、跨国度、跨文化的，交易双方既无法在短期内建立起足够的信任，又无共同的习惯惯例可以依赖；这时社会习惯所起作用是有限的，只能依靠法律来约束当事人的行为。其次，现代城市社会中存在着广泛的、大规模的分工。现代社会由许多不同特征、从事不同职业、不断变动着的个人组成。社会连带性的基础不再是其成员的相似性，而是他们的差别性。由于社会分工，人们之间形成了相互依赖的关系，而现代城市社会的开放性和复杂性，又使得相互依赖的人们之间的社会交往的非直接因素不断增长，这就使得适用于调整直接交往关系的礼俗规范失去了时效，而必须以法律这样正规的控制工具来代替。①

多元性。在消费文化和时尚文化的趋同性的背后，各个城市或者城市的各个区域传统文化、社会文化的差异性仍然可见。正是这种差异性造就了城市多元文化格局。这种多元文化格局具体表现如下：一是追求地域性；二是追求创新性；三是追求本土化。

城市是一个多种文化的共存体。美国作家 A. J. 雅各布斯(A. J. Jacobs)认为："多样性是城市的天性，城市的多样性，不管是什么样的，都与一个事实有关，即城市拥有众多人口，人们的兴趣、品位、需求、感觉和偏好五花八门、千姿百态。"不同国家的城市，由于历史发展和传统文化等各种因素的影响，形成了不同的城市文化。正如美国人类学家鲁思·本尼迪克特(Ruth Benedict)所说：一种文化就如一个人，是一种或多或少一贯的思想和行为的模式，各种文化都形成了各自的特征性目的，它们并不必然为其他类型的社会所共有，各个民族的人民都遵照这些文化目的，一步步强化了自己的经验，并根据这些文化内驱力的紧迫程度，各种异质的行为也相应地愈来愈取得了融贯统一的形态。一组最混乱地结合在一起的行动，由于被吸收到一种整合完好的文化中，常常通过最不可设想的形态

---

① 张雪筠."城市性"与现代城市文化特征[J].天津大学学报(社会科学版)，2005，5(3).

转变，体现了该文化独特目标的特征。多元异质性的城市文化环境为每个市民提供了多种选择的可能，个人同其同类相分离的可能性不断发展，并且不断强化着个人共性中的个性差别。可以说，世界上的城市是千差万别的，根本的差别就在于城市文化的不同。

有序生存和持续性①。城市文化同城市的自身发展一样，具有有序生存和持续发展的特点。城市文化是从初级形态向高级形态，由初级阶段向高级阶段，连续不断地持续发展，永无穷尽。它伴随着城市的自然和社会环境的变迁而变迁，其内容的增量或减量所引起的城市文化系统结构、模式、风格的变化，称为城市文化变迁。城市文化变迁和城市社会变迁既有联系，又有区别。前者主要是城市文化教育环境现象的变化，如文化特质、文化教育模式、文化风格等的演变和发展；后者主要是城市社会环境诸种现象的变化，如城市社会关系、社会群体、社会生活演变等。一般来说，城市文化变迁受到城市社会变迁的制约，城市社会变迁又会引起城市文化的变迁，城市文化变迁主要是通过革新和文化传播来实现的。同时，从城市文化变迁中也可以看出，城市社会变迁所涉及的方方面面更为广泛，而根本点在于保持其发展的持续性。

（4）城市文化的层次

城市文化是城市发展动力——创造力的基础，是城市经济社会发展的引擎。城市的持续发展与城市文化有着非常密切的关系，城市文化具有各种社会、经济以及文化价值，同时城市文化的发展和保持有利于降低城市可持续发展的成本。若将城市文化分为四层，分别为：一是表层，即"各项基础设施，市场上流通的各色商品以及道树、草地、花卉等人工自然环境构成的城市物质文化的外壳"②。二是浅层，即"正在进行的生产、分配、交换、消费等各种活动的城市居民，他们在这些活动中创造的文化，是城市文化的浅层。其中比较突出的是生产和消费"③。三是中层，即"由城市的上层建筑所构成的城市的制度文化"④。四是深层，即"城市居民的行为方式和指导、影响、支配行动的一整套规范、准则，以及他们的价值观念和行为心理等城市的精神文化。"⑤。相似的，城市文化可以分为物质秩序或物质文化层，管理——制度文化层，生活与行为方式层，以及心理——观念层。四个层面的文化的灵魂与核心是人文价值，整个城市文化不过是由这一核心外化而构成的文化价值体系⑥。

更具体地说，按照杨东平抛开器物层面的物质生产、行业技能等不谈，可以从五个方

---

① 朱铁臻，著．城市发展学[M]．石家庄：河北教育出版社，2010．

② 梅保华．城市文化刍议[J]．城市问题．2000(1)：14-15．

③ 梅保华．城市文化刍议[J]．城市问题．2000(1)：15．

④ 同上．

⑤ 同上．

⑥ 任平．时尚与冲突——城市文化结构与功能新论．南京：东南大学出版社．2000：7．

面认识城市文化[①]：第一，城市的历史传统和社会发展。城市社会的变迁本身是一个文化的大题目，它的外在表现，是城市建设和人文景观。“城市是一本打开的书”，城市的规划、布局、生态环境、市政设施、建筑文化等所构成的人文景观，是城市的面貌和仪容，从中展开了城市的历史和现状、城市的抱负和理想、城市的光荣和骄傲，以及城市的困惑和失落。第二，城市的制度组织和社会结构。这是在制度文化层面上对城市现代化程度的观测。城市的权利结构、自主程度、决策和管理、城市的政治生活和公共生活、社会分工和专业分工、社会团体和组织程度等，反映出城市是充满活力的、高效的和有机的、以人为中心的，还是僵硬而低效、非理性的、见物不见人的两种不同的管理和制度。第三，城市的文化建设和文化产品。包括学校、学术机构、图书馆、博物馆、体育馆、公园、剧院、公共娱乐场所等文化设施的建设；文化艺术活动、新闻出版、广播电视、文化团体的建设，以及各种文化产品的数量和质量、价值和功能、风格和特色、品位和层次等。这是按文化的狭义和常义所反映的城市的文化状态。第四，城市的人口构成和文化素质。尝试人口在民族、年龄、职业、信仰、健康状况、教育程度、流动情况等方面的状态，即是城市文化形成和发展最活跃的动因，也是城市文化的有机组成部分和重要指标。第五，市民的生活方式和生活质量。城市人的风俗民情、人际关系、人格心理、行为特征、价值观念、婚姻家庭、闲暇生活，对生活的不同态度等市民的世俗生活和日常表现，是城市文化的深层基础，也是最令人感兴趣的部分。

(5) 城市文化的结构

城市文化作为一种独特的文化形态，是城市最重要的无形资产，是随着城市的产生、发展而形成的。城市文化结构是指不同文化层次的内在有机构成，是由各不相同的文化子系统或体系组建而成的。这些文化子系统或者体系所表现出来的不同层次，就是城市文化结构。这些文化的不同层次在相互的影响过程中构成了一个城市独特的文化系统，表现着一个城市的文化个性，并以独特的魅力来吸引人。城市文化的结构主要包括以下几个要素：

空间特征。城市是在特定空间范围内，集中了高密度的人口和经济而表现出的特殊区域经济区域；城市的发展是空间形态不断改变和腹地范围逐步扩大以及城市之间的联系逐渐深化，最终形成具有城市群网络特点的复杂过程。[②] 城市公共空间的形成的是与其独特的自然环境、区位条件及人文历史息息相关的，这样说来，不同城市的公共空间就具有其独一的特点，不同的城市形态就具有其独特的空间特征。因此，空间特征不可替代地成为城市第一层文化底色，使城市具有自己与生俱来、与众不同的地域特色。

时间维度。这是城市文化的第二特征，城市独特的历史背景和人文传统给城市留下

① 杨东平.城市季风.北京：东方出版社，1994：64-65.

② 姚永玲.城市管理学[M].北京：北京师范大学出版社，2008.

抹不去的文化烙印。时间维度作为城市的纵向脉络，是城市文化最忠实的记录者。冯骥才曾说过，“城市和人一样，也有记忆，因为它有完整的生命历史”。[①] 它保存着城市的记忆，见证着城市的历史，延续着城市的文明脉络。每个时代都会给城市刻下烙印，留下记忆，包括遗址、建筑、街区，以及民间艺术与市井生活。时间在历史纵向维度上展开，以点点滴滴日常生活片段，折射出城市及城市文化发展变迁的绚烂图景。

制度与规章。所谓制度，一般是指在特定社会范围内统一的、调节人与人之间社会关系的一系列习惯、道德、法律(包括宪法和各种具体法规)、戒律、规章(包括政府制定的条例)等的总和。制度与规章对城市市民的行为方式具有指导性和约束性，鞭策和激励城市市民遵纪守法、共建城市，并为城市的工作和活动提供可供遵循的依据。制度与规章直接影响着城市文化的属性、形态及发展，规定着城市文化发展的机制与走向。

物态环境。物态环境直观而立体地凸现着城市的气质、形象，是城市文化品位的显性标记和感性认知对象。城市的文化品位是城市的文化形式与价值观念的总和。美好的城市形象可以唤起市民的归属感、荣誉感和责任感。在挖掘城市文化时，不但要研究城市外貌、建筑特征以及文化遗产等能给人直观感受的文化，更重要的是研究城市的精神和特质。高品位的城市文化将有助于城市经济和各方面的发展。城市精神体现城市社会生活的方方面面，它能在广场、商场、博物馆、图书馆和居民社区中触摸到。沙里宁曾说过，让我看看你的城市，我就知道你的人民在文化上追求什么。[②]

城市文化设施、文化活动和精神文化产品。这些因素的建设或产出，是城市文化发育、发展的标识，直接从数量和质量上反映城市文化的状态。城市的文化资源、文化氛围和文化发展水平，在一定程度上体现了城市的竞争力，决定着城市的未来。因此，应该努力发展文化产业，把文化价值转变成经济价值，同时，促进文化的传播，并提高市民的文化素质。

经济发展。随着城市化的逐渐推进，城市经济在我国国民经济中的重要地位和作用日益显现。经济不断地发展，民生问题逐渐得到改善，就业岗位增加，工薪水平大幅增长，消费市场繁荣，城乡居民的消费水平相应地明显提高，居住条件大大改善，生活质量不断提高。因此，从某一种程度上来说，经济发达程度决定着人们的物质生活水平，从根本上规定和制约着城市文化发展的潜力和未来高度，也制约着人们的文化消费心理和水平。

其他的包括城市人口结构、市民素质、精神面貌、生活态度、生活方式、风俗人情、价值观念、行为特征、人格心理、婚姻家庭、闲暇生活、消费心理、饮食习惯等分别作为城市文化的一部分，也同时构建了完整的城市文化。

---

① 冯骥才.思想者独行[M].石家庄：花山文艺出版社，2005.

② 方可.当代北京旧城更新：调查、研究、探索.北京：中国建筑工业出版社，2000.

(6) 城市文化的功能

城市文化是对人类社会文明的集聚效应,是城市全面发展的推动力、城市的灵魂、城市的综合竞争力、城市形象的基础。刘易斯·芒福德在研究人类城市发展演变时,特别重视城市与人类文化的内在关系,同时,他非常重视城市的文化功能,他形象地将城市比喻为容器、传播者和流传者,把文化贮存、文化传播和交流、文化创造和发展称为城市的三项功能。

通过对城市文化缘起及发展、演变的研究,我们认为,城市文化具有以下几个功能:

首先,城市文化具有社会规范的功能。所谓的社会规范,指的是人们社会行为的规矩,社会活动的准则。它是人类为了社会共同生活的需要,在社会互动过程中衍生出来,相习成风,约定俗成,或者由人们共同制定并明确施行的。城市以其制度文化规范和制约着城市所有社会成员的行为,调整城市所有社会成员各个方面的社会行为,维护着城市的社会秩序,城市区域里的成员行为必须受既定的社会规范所约束,其越轨行为将受到制度文化的制约与制裁。因此,城市文化维护着城市的社会秩序,控制并尽量避免着城市问题的出现,从而保证城市得以健康、有序地发展。

其次,城市文化具有社会化的功能。所谓的社会化,指的是由自然人到社会人的转变过程,每个人必须经过社会化才能使外在于自己的社会行为规范、准则内化为自己的行为标准,这是社会交往的基础,并且社会化是人类特有的行为,是只有在人类社会中才能实现的。城市社会成员的社会化也就是其接受城市文化遗产,完成城市文化延续与传递的过程。城市社会成员要想适应社会生活,完成从生物到社会人的转变,就必须获取必要的知识和技能、扮演合理的社会角色,而这一系列转变的过程正是城市社会成员接受城市文化影响、认识并认同城市文化的过程。

再次,城市文化具有社会融合的功能。所谓社会融合,指的是城市社会成员以良好的价值观和道德观与周围的人接触、交往,形成融洽的环境,并以制度、法律、条约、合同等来制约社会中的每个人,进一步提升人类创造的物质文化和精神文化。由于城市的多元性与异质性,决定了城市中必然存在着多种不同的文化,而这些文化在城市文化中所处的地位是不一样的,其可分为城市主文化与亚文化。其中,为城市绝大多数成员所认可与肯定的主文化代表着绝大多数城市社会成员的利益,它引导着城市社会成员的价值观念和行为方式,维系着不同城市社会成员之间的团结,并协调及整合着不同社会群体之间的利益,从而使城市得以和谐发展。

最后,城市文化具有娱乐休闲的功能。城市文化所具有的娱乐休闲的功能主要表现为以下两方面:一是城市文化的发展推动着科技和知识水平的不断发展,使人们的知识水平不断提高;二是休闲文化以及体育健身、游园、聚会为代表的群众文化等城市文化形式极大地满足了城市居民的娱乐休闲需要。随着我国经济水平的提高,以及人们的生活和消费观念的改变,各大城市的娱乐休闲产业活动逐渐在城市中迅速展开。

3.1.3 城市文化——北京

谈及文化，首先应该在北方文化的基础上来分析。不同的地理环境形成了人们不同的物质生活的生产方式，借用马克思的观点是物质经济基础决定上层建筑，也就是“物质生活的生产方式制约着整个社会生活、政治生活和精神生活的过程”[①]。日本学者青木正儿在论及中国古代文艺思潮时曾经这样认为：中国“南方气候温暖，土地低湿，草木繁茂，山水明媚，物产丰富；北方气候寒冷、土地干燥、草木稀少、风景既不美，天然物也不多。南北相互比较：南方人民生活安逸，有空闲时间，可以远思冥索，耽于玄想，偏于感情或很容易倾向于安逸华美、游荡的生活，其文艺思思潮是浪漫的；而北方人民，每日必须为生活努力，重在力行，偏于理智，其文艺思潮则趋于现实的、质朴的一面”。[②]

北方文化是以孔孟的儒家哲学为基础，呈现出刚烈、雄浑、粗犷、苍劲的总体风格。儒家精神是现实的、富有道德教化的要素，注意客观现实的条件，追求谨严庄重，具有积极的“入世”态度，是主动的，注重男性的刚强。[③] 孔子周游列国，席不暇暖，对现实采取的是“知其不可而为之”的态度；“三军可夺帅，匹夫不可夺志也”，“发愤忘食，乐以忘忧”，不努力的人是无可救药的；体现是的是“富贵不能淫，贫贱不能移，威武不能屈”的大丈夫气概[④]。相应的对人的教育应该是人为的训练和教化。这样，北方人基于儒家哲学态度恪守礼法，循规蹈矩，讲究现实；聚族而居，落地生根，安土重迁。另外，北方人诚实，温柔敦厚，重理解，重面子，讲信用，追求亲密和谐，邻里协作，义气当先。体现在文化产品之一的文学上，多表现出阳刚之美，在绘画上，唐代以李思训为代表的北宗工笔画，表现的是笔法严谨，注重写实；在书法上，北方尚壮美，以碑取胜，总体风格是粗犷质朴，天资纵横，不修边幅而自有情趣，“落笔峻而结体庄和，行墨涩而取势排宕”；在舞蹈上，北方充满英风豪气，如公孙大娘舞剑；在民间戏曲上，北方的二人转等表现出沉雄的韵味。[⑤]

总之，虽然北方文化也有婉转之音，但是北方的文化多是粗犷的、有魄力的、刚烈的、雄壮的、动态的、男性的文化。

北京作为历史悠久的古都和传统的政治文化中心，它的文化在历史上一直表现为上下两个层面，即宫廷文化和民间文化。20世纪30年代后，则表现为京派知识分子文化和京味民间文化，后者主要表现为北京的地域文化。传统的北京被认为是“皇城”文化，有值

---

① 马克思. 政治经济学批判·序言. 马克思恩格斯选集(第二卷)[M]. 北京：人民出版社，1972：82.

② 青木正儿. 中国古代文艺思潮论[M]. 王俊瑜，译. 北京：人文书店，1922.

③ 宋聚轩. 白马秋风塞上 杏花春雨江南——略论南北文化之差异及其成因[J]. 山东师大学报(社会科学版)，1998(2)：85.

④ 同上.

⑤ 宋聚轩. 白马秋风塞上 杏花春雨江南——略论南北文化之差异及其成因[J]. 山东师大学报(社会科学版)，1998(2)：86.

得骄傲的悠久历史，有非凡的城墙和城门——中国的“城市”之谓由此产生[1]，疏落、空旷的建筑和街道布局；低矮灰暗的四合院民居中，间或露出殿宇的红墙黄瓦或寺塔的身影；厚重的皇城建筑等无不显示出古都和古城的优越性。在这个天朝大国坐北朝南的统治中心，凝聚着黄河流域发源的古老文明。巨大的官场和众多的学术机构，一代代士大夫和知识分子薪火传炬，使北京成为文人墨客的会首之地。它的现代转换，是在20世纪初帝制崩溃之后。王气默然的孤独，敦厚宽容、和平幽默的民气上升。京派知识分子文化与京味民间民俗文化相得益彰，营造着具有浓厚的人文气息。形容京派的是这样的一些语词：贵族的、高雅的、严肃的、传统的、学院派的（士大夫的）。北京人多有“天子脚下”的优越感和贵族精神，以正统感。

然而，不论是传统的还是现代的北京，历来是集中了大量的物质财富，人口密集，经济活动频繁，信息交流充分，是全国的政治、经济、文化、科技的中心。新中国对首都的第五次重建，使它集政治、军事、经济、文化、科技、交通、通信等各种中心于一身，1988年10月，北京市常住人口突破1 000万大关，提前12年实现了规划在20世纪末达到的人口规模，成为继上海之后中国第二个千万人口的特大城市。1978年以来，中国几乎所有重要的思想、文化、理论都从这里发源，所有的新锐的艺术探索和文化创造首先在这里澎湃。这是一个古老而年轻、保守而激进、大雅而大俗的城市。从全国各地源源不断吸纳优秀人才的“文化特权”，使北京成为当代中国移民化程度最高和知识分子最为集中的城市。这使得北京保持着旺盛的文化活力和创造力。森严的体制文化之外，是活泼的民间文化空间。这里汇集了众多的民办科技企业、民间教育、学术和文化机构，以及文化个体户和流浪艺术家。

3.2 城市文化的冲突和融合

自人类文化产生与发展以来，不同文化间的交流与传播就从未消失过。由于文化的符号或观念的特质，使得文化在不同领域间的传播以及促进文化间的同化与异化成为可能。文化间的这种传播与互动必然会带来文化借鉴、文化冲突、文化融合与文化共生。尽管文化的冲突实际上并非以城市为阵营，但是，由于城市是人类文明的集聚地，多元文化的对立与冲突往往集中在城市展开。因此，城市文明的历史是一个多元文化冲突，并且从而走向融合和共存的历史。

3.2.1 城市文化的传播

城市文化传播指的是，城市社会成员在社会交往实践中，把思想观念、经验技艺及其

---

① 杨东平．城市季风（第1版）．北京：东方出版社，1994：5.

他文化特质从一个城市向外辐射传播以及城市间或城市区域间的文化散布互动过程。

(1) 城市文化传播的过程

任何一种文化现象都是社会现象,它在社会交往实践中产生与发展,并得以传播。言语与文字是文化现象,同时又是文化的载体。除此以外,实物也可以传播。文化人类学家R. 林顿认为,城市文化传播过程主要包括以下几个阶段:

接触与显现阶段。所谓接触,指的是碰上,或者挨上,或者接近并发生交往或冲突。城市文化的开放性与兼容性,决定了城市社会中总有新的外来的文化元素出现。当一种或几种外来的文化元素在一个社会中显现出来,被人注意时,这是城市文化传播的开始。

选择阶段。对于显现出来的新的外来的文化元素,城市文化是否是"来者不拒",不加选择?那当然不是。城市文化的有序生存性和持续性,决定了城市文化在传播过程中,对于这些显现出来的文化元素必然要"取其精华,去其糟粕",进行批评、选择、筛选、最后决定采纳或拒绝。

采纳融合阶段。把决定采纳的文化元素融合于本民族文化中。因此,从空间维度视角来看,城市文化传播是由城市向周边扩散,根据传播途中信息递减的一般规律,离城市中心区域越远之处,越不能保持文化元素的原形。当一种文化元素传播到城市的另一个区域以后,它由于传播过程中的散佚以及采纳过程中的主观修改,已不同于原来的形态和含义。所以,城市中传播的文化只会存在相似之处,但完全相同的城市文化几乎是不可能的。

(2) 文化传播的方式与媒介

城市文化传播的方式主要有两种:一是直接的采借,即是把外来的文化元素或文化丛直接接纳过来。二是间接传播,即一种文化元素或文化丛传入一个地区,引起当地人们的思考,由此引发传入地的人创造一种新文化。这种现象也叫"刺激性传播"。

城市文化传播的媒介主要来自于人的迁移和流动,尤其是人群的迁移。首先,移民、战争、入侵和占领等是文化传播的重要途径。人们从一个城市进入另一个城市,或者从一个城市的区域进入另一个区域,将带来异质的文化,而处于强势的文化总是要把自身的文化强加给或者自觉地会影响弱势文化。其次,通商、旅游以及其他人员的流动,也是城市文化传播的重要媒介。当今的社会,交通通信技术手段极其发达,城市文化传播的媒介不断地增多,因此,城市文化传播已不仅仅局限于人的迁移和流动。城市文化传播正通过各种途径,以空前的规模与速度正在传播着,这样,必然增强城市文化间的同质性因素。

3.2.2 城市文化的冲突

城市文化冲突指的是,在城市文化传播过程中,不同城市文化系统或文化元素之间的矛盾。既表现为不同城市文化系统,即本土文化与外来文化之间的冲突,也表现为同一城市文化系统内部不同文化元素,即主文化与亚文化之间的冲突。以辩证的观点来看,文化冲突就像一把双刃剑，既使城市的发展充满机遇，又构成了严重的挑战。文化冲突并非“洪水猛兽”，文化冲突可能会改变文化的结构，改善文化的形态和内容，最终推动文化向前发展。

(1) 城市文化冲突的原因

冲突社会学学者刘易斯·科塞[①]对冲突的定义为：在由于不满意现状而联合在一起的限度内构成完全同质的群体针对有关价值、对稀有的地位的要求、权力和资源的斗争。对立双方的目的是破坏以致伤害对方。并且，他把冲突看成是促进社会融合与适应性的过程，所强调的是社会变迁是改良性的局部的社会调整，而非社会革命。

达伦道夫的辩证冲突从政治理论视角认为，社会冲突的根源在于权利的分配权，而非马克思所说的经济分配不均。而科塞的功能性冲突论则从社会学视角出发，关注非物质因素，认为人们对分配不均所表现出的失望情绪是诱因的关键。

冲突产生的原因会因文化而有所差异。Olsen[②] 认为，冲突可能是工具型的也可能是情绪型的。所谓情绪型的就是敌对仇恨情绪的发泄，而工具型冲突则是来自目标或习惯的差异。

由于城市、区域间的文化差异，不同城市文化在相互交流过程中出现不和谐难以避免，因此，文化冲突的出现是一种必然。文化冲突是在多元化城市文化的传播、接触与交流过程中，不同范式的异质文化由于差异所引发的碰撞的文化现象。城市文化冲突从某种意义上来说，是异质文化的“竞争”。随着城市经济、社会的不断发展，各种城市文化发现了自身的缺陷，以及其他城市、区域文化的优势与劣势。另外，由于不同城市之间不同的文化、不同的历史背景而带来的人们思维模式、行为规范、价值取向等多方面的差异，因此，冲突在各种文化间出现。在冲突中，城市文化，一方面捍卫着自身的文化；另一方面又对异质文化产生不同程度的认同和吸纳。因此，冲突成了城市文化传播的必然。

(2) 城市文化冲突的主要特征

城市文化冲突具有普遍性。城市文化是具有开放性与多元性，因此，它是开放性与多元性的集合体。在城市文化的传播过程中，当异质文化进行交流与传播时，因为文化中的个性分歧，因此，冲突是不可避免的。文化传播是普遍的文化现象，因此，在城市文化传播过程中产生的文化冲突也具有普遍性。

城市文化冲突具有时代性。城市文化是城市社会成员在长期的社会实践中创造的文化成果。随着城市社会成员的新陈代谢与世代继替，以及城市的不断变迁，城市文化因此也处于不断发展、创新与改造的过程中，这一过程实质上也是新旧文化更替吐纳的过程。

城市文化冲突具有民族性。文化的民族性对于本民族来说是根，是文化的脊梁，是文

---

① [美]科塞，著. 社会会冲突的功能. 孙立平，译. 北京：华夏出版社，1989.

② Olsen . M. *The Process of Social Organization*[M]. New York: Holt, Rinehart, and Winston, 1978.

化的价值所在，是文化能够发挥积极作用的基础和前提。在多民族的社会中，一个城市既有代表多数民族成员个性的城市民族主文化，也有代表少数民族成员个性的城市民族亚文化。

城市文化冲突具有区域性。处于流动状态的社会成员代表着其所在区域特定的城市文化或社区文化，这些成员在交往互动中会因文化的异质而发生冲突。城市冲突从某些方面来说，可以完善社会契约，扩大人的生存机会；可以防止社会系统僵化，促进社会整合；可以增强社会组织的适应性等。

3.2.3　城市文化的融合

城市文化融合指的是，城市文化在传播过程中不同城市文化系统或者不同城市文化元素之间通过相互接触、交流进而相互吸收、渗透，融为一体的过程。即是原来的相对稳定的城市文化体系随之消失或者改变其形貌，从而产生出一种新的城市文化体系或城市文化子系统的过程。

文化融合主要包括三个过程：

(1) 接触

随着工业化以及城市化进程的不断推进，每个城市都不可能局限于自己的狭隘的空间结构里求得独立发展，它需要与外界的频繁接触，因此，异质的城外文化元素或者域外文化元素随之进入城市。于是，这样两种或者两种以上的城市文化元素由传播进而频繁接触，因而，接触是文化融合的前提。不同城市文化元素互相接触或冲突，最终将导致一方或双方体系改变。随着城市区域的扩大，城市经济的相互关联性越来越紧密，在城巿、区域间实现文化的接触与共享已成为城市社会生存和发展的必须。

(2) 撞击和筛选

不同质的文化元素在接触中，由于每种城市文化元素都具有顽强地表现自己，并排斥异质城市文化元素的特性，就像异质文化的进入，在某种程度上侵蚀着本土文化，因此，两种城市文化元素接触后或者会产生冲突，发生撞击。在冲突与撞击过程中，城市文化遵循着强者生存的原则，进行社会选择，选优汰劣。而强势文化在传播过程中表现出对它的拥有者而言在政治上、经济上对受众在吸引力处于相对优势地位，具有强大的兼容性、包容性，即是强势城市文化入侵弱势城市文化或者直接取代之。但是，并非所有强势文化都是先进文化或者优秀文化。

(3) 整合

与原来不同的两个城市文化体系中选取的城市文化元素，经过调整、适应，并融为一体，形成一种新的城市文化体系。这是城市文化冲突的结果，这是城市文化的新陈代谢，这是城市文化对传统文化和外来文化扬弃的过程。就比如本土文化，其实质上是一个动态的变迁过程。现在所谓的外来文化，由于城市文化的传播与变迁，并进而融合，若干年后可能成为本土文化的一部分。中国历史上的游牧民族入主中原后,大多被汉民族同化,原先的异族文化转而变成了中国传统文化的一部分。佛教虽然源自印度,传入中国后经过传播与文化融合,现已成为中国传统文化的一部分。本土文化不断地与外界接触、撞击与冲突中,同时也融合着异质文化,并实现自身文化的发展。

不同文明之间的交流,过去已经多次证明是人类文明发展的里程碑。希腊学习埃及,罗马借鉴希腊,阿拉伯参照罗马帝国,中世纪的欧洲又模仿阿拉伯,而文艺复兴时期的欧洲又仿效拜占庭帝国。在许多这种交流中,作为学生的落后国家最终总是超过作为老师的先进国家。在中国外来文化交流的过程中,假若中国是学生,那么中国也会超过她的先进老师的[①]。城市文化便在城市文化交往中,继承优秀传统,关注城市文化的人文精神,突破不合理的传统成分,使城市文化实现超越,同时在其他城市文化中吸取精华,这样不断整合并创新,从而不断地完善自身文化或者形成一种独具特色的新文化。

3.2.4 城市文化冲突与融合的趋势

随着全球化与城市化的进程,不断出现的文化冲突最终体现的是一种多元文化存在的状态,而这种状态有利激发城市文化的活力,有利于促进城市文化的发展。米歇尔·迪尔[②]曾谈到民族文化混杂的城市文化,他称之为"异质城邦文化"。他认为,异质性建筑已向人们表明:在各种类型的混合、地域的打破、风俗的更易,以及对边缘习惯的借鉴与吸收的过程当中,会产生出非凡的优点与旨趣。正是由于城市文化的冲突与融合,各种文化得以共存,以文化为本质特征的现代都市获得了活力与创造力,并得到了发展。

(1) 全球文化与本土文化的共存

由于城市文化具有普遍性,各城市间或各城市区域间的文化作为实践成果是可以为全人类所借鉴的,因此,全世界便也接受了先进的科学技术,方便快捷的生活方式,但是,由于城市文化的异质性,因此,城市文化便随之而来多元性。当今的世界,随着经济、信息的日益全球化,文化的日益全球化也是一种趋势。

城市本土文化指的是,一个城市的生活特色、风俗习惯、情感素质、审美方式、思想内容、语言思维等心理结构在文化中的综合体现。它在城市社会成员的意识或潜意识中表现,支配着城市社会成员的日常生活。同时,城市本土文化又通过民族文化的价值观念、历史传统、城市社会成员的行为方式、意识和精神体现出来。

由于经济以及社会的全球化趋势,而作为城市,它要不断地发展与扩大,因此,必须融入全球化中,而作为城市发展的产物的文化也必定烙上全球化的印记。城市文化的交往可以全球化,但是,文化本身不能"全球化"。由于各个城市的历史形成过程是不同的,其

① [英]罗素.一个自由人的崇拜[M].长春:时代文艺出版社,1998.

② [美]米歇尔·迪尔.后现代都市状况[M].李小科,等.译.上海:上海教育出版社,2004.

文化底蕴也不同。如果每个城市都仅仅是修复几幢古建筑，建造几处微缩的景点和古街市，恢复或发掘几个历史上的古迹，就会使城市彼此趋于雷同，“千城一面”，并从而丧失其独特的个性。因此，随着世界经济全球化的进一步发展，各国的文化交流将日益频繁，虽然本土文化被不同程度地消解，但是，我们无法“闭关锁国”，因为伴随着本土文化的消解，本土文化又以一种受全球文化影响的统一的文化形态呈现给人们，所以，应该尊重不同质的文化。保持城市本土文化，有利于增加城市社会成员间的文化认同感，有利于城市精神文明的建设。因此，在全球化的趋势下，我们必须保护和弘扬本土文化。在不同的城市文化接触、交流与互动中增进理解，在差异甚至冲突的运动过程中，求同存异，共同发展，走多元化的道路。

(2) 强势文化与弱势文化的共存

强势文化由于其对受众的吸引力处于相对优势地位，因此，具有强大的兼容性、包容性、复制性和可持续性。但是，强势文化并不是一定就是先进文化，也并不一定就是优秀文化。弱势文化是依赖强者的道德期望而破格获取的文化，也是期望救主的文化。其本质是依靠和跟随。弱势文化所追求的最高价值就是破格获取，弱势文化没有自信与强者在同一个规则下公平竞争，所以，从本质上讲弱势文化是最懦弱的生存哲学。

随着经济发展的全球化，文化也相继出现了跨国、跨区传播，而“跨文化传播恐惧论”随之而来。尹韵公认为，在汉语的解读中，跨有超越、跨骑、凌驾的意思，那么跨文化传播，可以理解为谁的文化可以超越、跨骑、凌驾谁的文化吗？……如今，新的传播技术使世界各国的文化交流在范围、速度、强度、种类等方面都达到了以往历史上未曾有过的高度和规模；另一方面，西方发达国家主要是美国凭借和倚仗科技优势所给他们带来的话语霸权，大肆推销、宣扬和传播西方主流文化及其价值观念，恶意贬损和摧残发展中国家的历史和文化，力图使发展中国家的历史和文化在全球化的过程中，不是失语就是褪色，或者被边缘化[①]。因此，在城市文化传播中，我们应该避免文化凌驾、文化殖民与文化霸权，而力求在互相接触中达到相互认可与相互融合。

诚然，在人类不同文化体之间的传播过程具有一个普遍的基本规律，即是通常不是双向的对称性交换，而是强势文化体向弱势文化体的信息输出为主。但是，由于工业化以及城镇化的入侵，人口的迁移以及文化的传播，不可避免地造成强势文化与弱势文化的并存。

(3) 西方文化与东方文化的共存

西方文化以其强势的经济话语权，不断地冲击着东方古老文化。随着经济与社会的全球化，这种影响似乎越来越激烈。兴起于20世纪90年代的城市房地产市场，历经短短的十多年，可谓高潮迭起，几乎是以一路狂奔之速发展。城市房地产广告从一开始就受到

---

① 姜飞．跨文化传播的后殖民语境[M]．北京：中国人民大学出版社，2005.

西方文化的巨大影响。最初的广告中，城市地产商通过对西方建筑文化和西方生活方式的渲染来俘获城市居民芳心，西方的建筑文化似乎成为高品质的象征。城市房地产广告以西方文化形象、西方建筑文化的形容词，为城市社会成员构建了一个所谓高尚生活的审美标准，影响着人们对西方文化与西方生活方式的认知。而当"欧美风"扫过之后，市场转而出现了另一种需求，人们开始寻找失去的传统，一些汲取中国传统建筑风格的产品受到了追捧。

因此，从本质上来说，西方文化是一种个体文化，东方文化是一种整体文化。而有学者认为，整体文化与个体文化都是提高社会系统功效的重要因素，不管是东方文化，还是西方文化，都以各自的特点，获得不同人群的认可，都可以找到自己的立足空间，因此，东西方文化是互补的，是可以融合的。但是，这种互补与融合是一个极为漫长的过程。在经济全球化的过程中，东西方文化的互补与融合是必要的，同时，经济全球化也有助于推进东西方文化的互补与融合。正是由于东西方文化的互补与融合，正是城市兼收并蓄各种文化，人类世界才得以朝着和谐的方向发展。

(4) 城市文化与乡村文化的共存

我国城市现在还处于农业社会向工业社会的历史转型期，因此，城市具有新的特色，是在西方现代化已经完成、并开始向后现代转变的情况下起步的[①]，它使得原本应以历时的形态依次更替的农业文明、工业文明和后工业文明及其基本的文化精神在中国的嬗变和演进，由于中国置身于开放的世界体系之中转化为共时的存在形态，不同的文化精神同时挤压着这些寻求现代化的民族[②]。由于这种特殊的社会转型的历史方位，城市文化具有前所未有的复杂的价值构成，也面临着史无前例的文化冲突。再者，我国城市处于大力扩张的时代，农村人口不断地流向城市，成为新城市居民。虽然这些新城市居民身份和地位发生了变化，但是，随之带来的根深蒂固的文化、思维、价值的差异，使得城市文化的冲突更为复杂与剧烈。而城市化进程的加速，又需要吸纳这些农村人口，在这种两难困境中，城市文化与农村文化交流并共存。

3.3 城市文化资本和城市形象

3.3.1 城市文化资本概述

(1) 文化资本

法国当代著名的人类学家、社会学家皮埃尔·布迪厄通过对马克思资本概念进行非经济学的解读与扩展后，突破了纯政治经济学的视角，在《文化再制与社会再制》一书中首

① 常东亮，董慧. 文化冲突与城市文化活力[J]. 社科纵横，2011(4).

② 衣俊卿. 全球化的文化逻辑与中国的文化境遇[J]. 社会科学辑刊，2002(1).

次使用了文化资本的概念。他以场域作为进行社会学研究的基本单位，并将资本作为一种工具把对场域的分析扩大及整个社会，从而在一定程度上拓展了社会学的研究领域。

"资本"概念是布迪厄理念体系中的一个核心范畴，但是，他是在隐喻的意义上使用"资本"这个概念的，并没有给出一个确切的含义。他将资本分为三种不同的基本形态：一是经济资本(economic capital)，即对包括钱、财物等的经济资源的拥有；二是文化资本(culture capital)，即知识的类型、技能、教育等任何一种个人可以让其自身在社会上获得较高地位的优势，；三是社会(关系)资本(social capital)，即群体上的资源、关系、影响与扶持的网络。不同于马克思主义，布迪厄的资本概念强调了文化资本、社会(关系)资本等非物质形式的资本。在他的研究范畴中，其资本概念已不具有马克思主义理论中榨取剩余价值或驱动资本主义原始的剥削的含义，资本成了超历史的、能产生权力的资源，实际上是以一种权力的形式而存在，并且终将对个体本身以及他人的未来具有控制和支配的能力。进而，布迪厄认为，个体所能积累的资本界定了其社会轨迹，即资本界定了个体生活的可能性及机遇。

布迪厄认为，资本之间是可以相互转换的，经济资本是资本的最有效形式，是其他各种资本的根源，经济资本可以直接转换成金钱的形式，具有代际传递的特点，即从上一代传递给下一代。

在《资本的形式》一书中，布迪厄第一次完整地阐述了文化资本的基本概念。根据他的观点，作为资本形式之一的文化资本，指的是借助不同的教育行动传递的文化产品，是一种表现行动者文化上有利或不利因素的资本形态，即包括了可以赋予权力和地位的累积文化知识的一种社会关系。文化资本、社会资本并不具有经济资本的基本特征，并不是真正意义上的资本，而只是在某种程度上表现出了与经济资本的相似性。文化资本包括三种基本形态：一是身体形态，即文化能力，以精神和身体的持久性的形式；二是客观形态，即以文化商品的形式(图片、书籍、词典、工具、机器等)；三是制度形态，以一种客观化的形式，这一形式必须被区别对待(如学术资格、学位证书)，因为这种形式赋予文化资本一种完全是原始性的资产，而文化资本正是受到了这笔财产的庇护。他并认为，在一定的条件下，文化资本是可以转化为经济资本的，并且可以通过教育证书的形式予以制度化。因此，文化资本在本质上是人类劳动成果的一种积累。

通过与其他资本的对比后，布迪厄认为，文化资本具有其独特的特征：一是增殖性。从某种程度上来看，文化资本的增殖等于经济资本和社会资本的增殖，因为经济资本和社会资本的增殖是以文化资本的运作作为支撑的，缺少了文化资本的运作，就无法把资本和劳动有机统一，也就难以实现增殖。二是与主体的不可分割性。文化资本是转化成为个人组成部分的外部财富，是转换成习性的外部财富。其需要主体投入精力、时间，身体力所能及才能最终获得。它不能转让或者借贷，是主体自身不可分割的组成部分。三是不可继承性。文化资本是属于人性的东西，与主体具有不可分割性，将会随着主体的灭亡而消亡。文化资本的所有者可以把文化遗产通过著作的方式传给后人,但是,后人仍需得学习才能获得,这不是一种直接的现实的继承。

(2) 城市文化资本

在中国,南京大学张鸿雁教授在布迪厄"文化资本理论"的基础上首次提出了"城市文化资本"这一概念,该概念冲破了布迪厄"文化资本理论"关于微观层面的个体文化资本,即教育和相关文化资源的限制,进而上升到宏观层面,即是城市文化资本。有别于布迪厄的"文化资本理论","城市文化资本"强调的是"城市业已存在的精神文化、物质文化、制度文化和财富的'资本性'意义",如城市自身的历史物质文化遗存,流芳千古的人物和精神价值,以及城市自身创造的一系列文化象征与文化符号等[①],该理论集中体现在社会公共财富的价值意义上。

美国著名哲学家、作家、诗人爱默生曾说过:"城市是靠记忆而存在的。"诚然,随着社会、城市的不断发展,有的城市的印迹都将为时间之流水所烟消云散,但是,有的却如烙印一般,甚或成了这个城市的符号,如埃及的金字塔、西安的兵马俑、杭州的雷峰塔等,它们记录了城市的某段历史,并"成为一种历史的象征,既是城市的财富,也是人类社会的财富,并构成城市的文化符号和'城市文化资本'的形式"。[②] 城市的记忆都依附于城市符号而存在,并因为城市符号而根深蒂固。"旧时王谢堂前燕,飞入寻常百姓家",记录了南京乌衣巷的印痕;"故人西辞黄鹤楼,烟花三月下扬州",流传着扬州的美好。

张鸿雁教授认为,每个城市都有其个性化的文化要素与内涵,而这些个性化的伟大城市是一个国家发展的文化"软实力"。它们是城市的灵魂,也是现代经济社会中城市发展的核心竞争力之一。他以林语堂《京华烟云》一书为例,揭示了个性化的"伟大文化"对人类记忆的影响。他摘录了书中的数百字,凝练出了50多个"老北京文化元素":黄琉璃瓦宫殿、紫绿琉璃瓦寺院、宽广的林荫路、长曲的胡同、繁华的街道、四合院、石榴树、金鱼缸、富人的宅第庭园、夏天的露天茶座、松柏树藤椅子、茶馆儿、热腾腾的葱爆羊肉、白干儿酒、达官贵人、富商巨贾、引车卖浆者、戏院、灯笼街、古玩街、每月的庙会、什刹海的马戏团、天桥儿的戏棚子、街巷叫卖声、串街串巷的剃头理发匠的钢叉振动声、卖冰镇酸梅汤的一双小铜盘子的敲振声、旗装的满洲女人、雍和宫的喇嘛、数来宝、唱莲花落的乞丐、玩儿票唱戏的和京戏迷……所有的这些个性化元素,还原了近代老北京城市街区的历史,让我们如同身临其境。由此可见,个性化的城市文化元素在整个城市发展过程中的重要性,它是城市发展的生命力。只有这些个性化元素与内涵的存在,城市才得以继续前行。城市正是

---

① 张鸿雁.城市形象与城市文化资本论——中外城市形象比较的社会学研究[M].南京:东南大学出版社,2002.

② 同上.

依凭这些要素才得以创造现代的伟大。而所有的这些终将转化成“城市文化资本”,从而推动城市的持续发展。

张鸿雁教授并且认为,“城市文化资本”随着市场经济关系的深化其意义越来越重要,并在更多的层面上展现着文化资本的功能。正如杭州灵隐寺与北京故宫所具有的“文化垄断性资源”功能一样,自身产生着无限的、与时俱增的价值与人文意义。

“城市文化资本”与经济资本的一个属性差异是,“城市文化资本”是人类精神与物质文化的一种新意涵,是人类发展的一种精神支柱,是人类社会进化的文化“动力因”。“城市文化资本”在更重要的意义上集中体现着人类文明的进程,集中体现着人类精神的本质。①

(3) 城市文化资本是城市永续发展的“动力因”

城市文化资本是一个城市所拥有的各种形态的象征资本,在一定条件下,可以成为交换价值并转化为经济资本。刘易斯·芒福德指出:“用象征性符号贮存事物的方法发展之后,城市作为容器的能力自然就极大地增强了:这不仅较其他任何形式的社区都更多地聚集了人口和机构、制度,它保存和留传文化的数量还超过了一个个人靠脑记口传所能担负的数量。这种为着在时间或空间上扩大社区边界的浓缩作用和贮存作用,便是城市所发挥的独特功能之一。”②

城市文化资本以海纳百川的胸襟包容了各种形式的财富,并以文化价值积累的形式表现出来。这种不断的积累最终将引起物品和服务等的不断流动与增殖。从而,城市文化资本成为城市永续发展的新“动力因”,成为城市价值增长的传承密码。根据张鸿雁教授的观点,这种动力作用体现在很多方面。

首先,城市的作用在于改造人类。美国著名人类学家、社会学家罗伯特·雷德菲尔德曾经说过:“缔造和改造人类自身,正是城市的主要功能之一,在任何一个时代中,相应的城市时期都产生了多种多样的新角色和同样丰富多彩的新潜力。这些东西带来了法律规范、举止风度、道德标准、服装、建筑等各方面的相应变化,而这些变化最后又将城市转变成一个活的整体。”汉娜·阿伦特曾说过,“积极的生活,亦即处于积极行动状态的人类生活,总是植根于人与人造物的世界之中,这个世界是永远不可能脱离或彻底超越的。人与物构成了人的每一项活动的环境,离开了这样的一个场所,人的活动便无着落;反过来,离开了人类的活动这个环境,即我们诞生于其间的世界,同样也无由存在”。③ 因此,城市离不开人类的活动,城市在改造人类的同时,其实质上也在改造着其自身,它们在某种程

---

① 张鸿雁.城市形象与城市文化资本论——中外城市形象比较的社会学研究[M].南京:东南大学出版社,2002.

② [美]刘易斯·芒福德,著.城市发展史——起源、演变和前景[M].倪文彦,等译.北京:中国建筑工业出版社,1989.

③ 汪辉,陈燕谷,主编.文化线性公共性[M].北京:三联书店,1998.

度上处于一种互相改造的过程中。

其次,世界范围内的"城市文化资本"的建构也是解决人类危机的一种途径。当今社会,城市拥挤不堪且缺失无序,而"城市文化资本"运作十分关注城市交通环境的改善,从而促进城市进入信息流、物流、人流和资金流的高级化状态,以方便人们的出行以及整体的社会流通的快捷,最终为人们的"行"、沟通、互动、交往方式及消费方式方面创造良好的条件。从根本上来说,城市交通的建设就是在降低城市中人类的生活时间成本。事实证明,越是发达的社会,个人的时间成本越高,商务成本也越高,而降低时间成本、降低商务成本是一个城市现代化程度的指标。城市人的交通方式和交往方式在城市交通变化中产生新的结构性变迁,如人际交往半径增大,就业区间扩大,交往中花费在交通中的时间也同时在减少。①

最后,"城市文化资本"运作就是把城市建设成"创造性文化产业的地点",也是改变城市空间环境和创造城市形象,进而达到城市改善空间环境与生活质量的目的。前史的人类工业化进程曾为人类制造了一场噩梦,那是一场非人性的人类文化灾难。从历史发展的角度来看,虽然这个过程有其存在的必然性,但是,其带给人类发展的灾难性结果是难以估量的。"城市文化资本"运作的过程,就是试图在全新意义上解放人类的城市生活本身,用一种智慧型的生产模式,取代落后的生活方式和生产方式,使人类和地球能够长久和谐共处。而这直接获益的是城市人居环境的美化和生活质量的提高。目前,全世界范围的城市都在朝着生态城市的方向发展,使城市更适合人居,更适合人的生存,使人与自然和谐相处。②

3.3.2 城市文化资本与城市形象

(1) 城市文化定位与城市形象的塑造

城市文化是城市发展的内驱力,是人类文化中的一种特殊形态,指的是一个城市发展历史过程中所创造的所有物质文明与精神文明的积累与沉淀。荷兰国际集团中国投资有限公司首席执行官胡旭成认为,历史文化名城的文化产业首先要解决好城市的文化定位问题。"你的城市一旦定位好了,就可能影响你几十年、一百年。"因此,我们的城市发展要求鲜明的文化符号,要求融合历史文化从而赋予城市功能以最高的价值。正如美国建筑大师沙里文曾说过:"根据你的房子就能知道你这个人,根据城市的面貌就知道这里城市居民的文化追求。"

曾经也有人说过:"有灵魂的生命才是有活力的,有完善的城市文化体系的城市才会是有生命力的。"城市形象不仅仅在于城市表象的简单展现,更在于提炼与蕴含一种内在

---

① 张鸿雁."城市文化资本"与"伟大文化"的建构[J].中国名城.

② 同上.

的文化。因此，从某种意义上来说，城市文化定位与城市形象塑造是相辅相成的。

首先，城市文化定位是城市形象塑造的基础。城市形象作为一种外在的表象，彰显着城市的精神、气质和品位，是城市最真实、最直观的表情，影响人们的心理感受。城市文化形象的特质蕴含于城市源远流长的历史文脉中，并构筑了城市历史文脉。而文化是城市名片的核心价值，没有城市文化，城市名片也就丧失了就内在的生命力。因此，我们应该从城市文化定位中树立城市形象，使城市历史传承、城市标志、人文积淀、市民气质、生态环境等要素融为一体，使城市形象不仅是鲜活的，而且是洋溢着内在生命力。由此说来，城市文化定位是树立城市形象的基础。这种定位是对城市形象的综合评价以及选择方式，是一种价值准则，它培育了城市的气质，确立了城市的品位，赋予城市形象以深刻的内涵。

其次，城市文化定位是塑造城市形象的核心。芬兰著名建筑师伊里尔·沙里宁在其 1942 年所撰写的《城市，它的生长、衰退和将来》一书中指出，今天趋向衰败的城市，需要有一个以合理的城市规划原则为基础的革命性的演变，使城市有良好的结构，以利于健康发展。他说："让我看看你的城市，我就能够说出这个城市的居民在文化上追求的是什么。"城市形象凝聚的是独特的社会文化环境，是具有个性特色的文化内涵。凡所世界上形象良好的城市都有其演进的文化、传承的精神和延续的历史。它们浸透着这座城市的历史，记录着城市曾经的辉煌，折射着城市的精神。如世界浪漫之都巴黎、世界音乐之乡维也纳、世界最自由和最安全的城市香港等，这些城市的文化定位赋予城市形象以美好的品质，并使其具有特殊的文化品格和精神气质。因此，城市文化定位是塑造城市形象的核心，它凝聚着城市的灵魂，引导着市民的思维。

最后，城市文化定位是传播城市形象的关键。城市形象中最富有吸引力、最能展示自己内涵魅力与精神实质的是城市的文化特质，城市形象建设的根本在于城市文化建设。从城市文化定位的角度去传播城市形象，会使人们对城市具有准确的理性理解和感性认识，凝聚公众注意力，提升市民层次，增加外地公众对城市的兴趣和向往，进而予以城市形象无穷的魅力。如哈尔滨冰雕节、潍坊风筝节、青岛啤酒节等，在积极传播城市形象的同时，展示了城市风格，增添城市魅力。因此，城市文化定位是传播城市形象的关键，城市形象对内创造城市凝聚力，对外创造城市辐射力，进而又促进城市文化的可持续发展。①

(2) 城市形象塑造中的空间文化的社会意义

1974 年，法国哲学家列斐伏尔《空间的生产》的出版，改变了原有的"空间"定义，其不再是局限于几何学与传统地理学的物质概念，而是关乎一个社会关系的重组与社会秩序实践性的建构过程；是一个动态的、矛盾的异质性实践过程。他使用"空间实践——空间的表征——表征的空间"的"回溯式进步"来强调社会——历史——空间三者之间的辩证

---

① 臧毅，徐小龙．城市文化与塑造形象[J]．作家杂志．2010(1)．

统一关系。而福柯则侧重于空间与身体、权力和知识的关系，希望借助空间来重新解决权力与知识之间的关系。

王志弘[①]认为，空间一开始就是社会的空间，是社会的一个切面，跨越社会的所有领域，是社会存在与运作的展现和结果，以及中介，我们无法想象一个没有空间而能存在的社会。詹姆逊在1984年的《后现代主义，或晚期资本主义的文化逻辑》一文中，从文化的层面切入到后现代社会的空间议题，将空间议题置于批评理论架构之中以回应资本主义的不断发展和变化。而爱德华·索雅则致力于整合不同的空间论述以形成具有一般意义的后现代空间理论，提出了第三空间认识论。他试图用不同的方式来思考空间的意义，并且认为，空间性概念是空间与社会互为辩证的空间。综上，无论是哪种空间认识论，都是从社会的角度出发，来分析城市社会空间。

基于城市社会空间理论的基础上，城市形象作为一种空间表现形式，其不只是表征，而且具有一种空间社会意义与时代意义。"空间从城市社会存在的意义上，空间作为社会人的附属物与城市人的生存质量是相关的，同时，城市空间的安排、变化、流动，是城市社会的一种秩序，这种秩序是在对人的某种空间限定中完成的。所有的城市形象要素都占有空间，城市空间是所有正在成长的要素(包括个人和组织)想要获取的有价值的生态'位势'，空间和空间的行为一定要加以规范，这就是一种塑造。"[②]因此，从此种意义来说，城市形象塑造是在一定的城市空间内进行的，从而又规范和调整着城市空间。

而在实际生活中，每个城市都具有其天然的"位势"，使得其区别于另外的城市。正如鲁道夫·阿恩海姆所说的："只有让'部分'保持某种程度的自我独立，才展示出'部分'的真正特征。一个'部分'越是自我完善，它的某些特征就越易于参与到'整体'之中。当然，各个'部分'能够与'整体'结合为一体的程度是各不相同的，没有这样一种多样性，任何有机的'整体'(尤其是艺术品)都会成为令人乏味的东西。"[③]而这些"部分"成了城市形象塑造的关键，也并赋予了城市空间文化以强烈的社会意义，即是融合自然存在与人为创造，使其和谐共生，最终体现人与自然的和谐。

(3) 城市形象塑造中贯穿的人本主义追求

城市能否成为诗意的生活环境，文化成为主要因素。古希腊哲学家亚里士多德曾说过："人们来到城市是为了生活。人们居住城市是为了生活得更好。"因此，在塑造城市的过程中追求人本主义，充分地把城市文化资本价值最大化，是城市发展的最终目标。

人本主义规划思想是城市规划理论中的重要组成部分，其起源可以追溯到古希腊时

---

① 王志弘. 流动、空间与社会[M]. 台北：田园城市文化事业有限公司，1998.

② 张鸿雁. 城市形象与城市文化资本论——中外城市形象比较的社会学研究[M]. 南京：东南大学出版社，2002.

③ [美]鲁道夫·阿恩海姆，著. 艺术与视知觉[M]. 滕守尧，等，译. 成都：四川人民出版社，1998.

期。古希腊是欧洲文明的摇篮，其文化深深地影响了欧洲的建筑史和城市史。古希腊的城市是以村镇包围的城邦，其中以雅典和斯巴达为代表。

在古希腊，人们多信奉神教，而且古希腊神代表的是幻想的人，是永生不死的人，因此，古希腊文化中孕育着人本的思想。其对于城市的定义为，“一个为着自身的美好生活而保持得很小规模的社区”。在这些社区中，人们怀着一个共同的目标，即追求美好的、正义的生活。因此，古希腊的城市规划和建设最突出的特征就是追求人的尺度、人的感受以及同自然环境相协调。

到了文艺复兴时期，古罗马的维特鲁威的《建筑十书》遗稿多次谈到了人本主义的规划思想。这个时期出现了各种理想城市的布局形态，城市建设活动突破了中世纪城市宗教内容的束缚，形成了一批像意大利的威尼斯、佛罗伦萨等这样生机勃勃而又完美精致的城市。

1898 年，英国社会活动家霍华德在其书《明日——一条通向改革的和平之路》中，提出了著名的“田园城市”理论。他认为，“城市和乡村必须成婚，这种愉快的结合将迸发出新的希望、新的生活、新的文明”。[①] 他期望利用社会城市来取代旧的、充满弊病的大城市，为此，他构建了“田园城市”模型，为居于其中的居民提供便利而舒适的生活。

苏格兰生物学家、社会学家盖迪斯从人类生态学的角度出发，提出了人本主义城市规划思想。他认为，城市规划不仅是地点规划或工作规划。如想取得成功，必须是人的规划；城市的演变和人的演变必须同步进行；大城市并不就是把政府宫殿放在放射大道的顶点上炫耀，真正的城市，不论大小，是由市政大厅中的市民来管理他们自己，并且表达出指导他们生活的精神理想。[②] 由此可见，他高度重视人本理念与精神文化要素在城市中的作用。

进入 20 世纪，人本主义规划思想巅峰的使者芒福德从历史的角度来研究分析城市，试图找出城市发展的正确途径。他在其经典著作《城市发展史——起源、演变和前景》一书中写道：我们必须使城市恢复母亲般的养育生命的功能，独立自主的活动，共生共栖的联合，这些很久以来都被遗忘或被抵制了。因为城市应当是一个爱的器官，而城市最好的经济模式应当是关怀人和陶冶人。[③] 芒福德独特精辟的见解，为我们深层次理解城市、建设城市提供了很好的理论基础，为始终坚持正确的发展方向确立了标准——以人为本，这便是芒福德城市理论的精髓所在。

而张鸿雁在《城市形象与城市文化资本论——中外城市形象比较的社会学研究》一书

---

① 曹康. 西方城市规划思想研究. 南京：南京大学，2005.

② 金经元. 近现代西方人本主义城市规划思想家[M]. 霍华德，盖迪斯，芒福德. 北京：中国城市出版社，1998.

③ [美]刘易斯·芒福德，著. 城市发展史——起源、演变和前景[M]. 倪文彦，等，译. 北京：中国建筑工业出版社，1989.

中指出，城市形象塑造的人本主义是城市社会心理归宿的文化创造。城市是社会全员享受的价值实现机体，为个人提供生存和发展空间。城市人以主人翁的姿态，对城市空间具有某种支配权。其次，城市在创造社会差异中寻找整体公平性；城市应该是人类心灵归宿的"家"，那是真正的归宿，是一个实实在在的心灵与人格上的归宿。[①]

3.3.3 城市营销——从城市文化资本提升城市形象

(1) 城市营销理论的发展及实践探索

城市营销的历史源远流长，最早可追溯到14世纪的意大利，但是，其理论系统的形成却迟了6个世纪左右，诞生于20世纪的80年代末90年代初的美国。随着全球化步伐的推进，城市活动也冲破了区域的限制，并从国内走向国际。城市间的竞争也摆脱了原来的停留于自吹自擂自身的城市产品，而是通过理性、逻辑的方式及创新的理念来制定长期的城市营销策略。

20世纪初，欧洲的一些滨海城市开始尝试城市营销，目的是促进旅游，但是，此时的城市营销实践实际上仍停留在城市推销或者城市促销阶段。到了20世纪末，拜里、艾斯沃斯与沃德、科特勒以及史密斯等人，在深入的研究城市的营销实践之后，系统提出了"城市营销(city marking)"和"场所营销(place marking)"的概念。以艾斯沃斯与沃德为代表的城市营销理论学派，他们以政治为导向，追求社会与经济功能最大化，将城市营销视作一个整体协同的过程，注重协调城市社会发展与经济增长。另外，影响较大的是科特勒、波特等人的场所营销概念，他们把经济发展作为城市营销的最终目标，城市营销所做的一切努力都是为了地区或城市的经济发展和增长。科特勒认为，城市营销的前提是将城市看作一项产品，为达到提高城市竞争力的需要，采取营销战略方法吸引现有的和潜在的目标顾客群，以促进城市财富的增长。但是，其不足之处在于，它对更广泛的社会、文化、环境和政治问题关注不够。正是由于艾斯沃斯与沃德、科特勒等城市营销理论的局限性，后来的学者突破政治、经济因素，开始将城市营销的焦点向文化转变。英国国家品牌专家西蒙安霍尔特从文化视角出发，突出强调了文化在建立国家、城市和地区品牌形象过程中的中心地位和价值基点。他认为，文化日益成为国家或地区的一个独特的营销卖点，在城市发展与地区品牌化进程中，文化可以成为一个国家或地区的摇钱树。

而在我国，对于城市营销的理论研究长期存在着一个误区，即把城市管理与城市经营混为一体。而实际上，这两者之间存在着差异。从职能上来看，城市管理是一种综合职能的体现；而城市经营是城市经济职能的要求。从资源上来看，城市管理着眼于城市内部资源要素的配置，而城市经营更多地强调城市内部资源和外部资源的整合。

---

① 张鸿雁. 城市形象与城市文化资本论——中外城市形象比较的社会学研究[M]. 南京：东南大学出版社，2002.

(2) 上海世博会——彰显城市文化资本对于城市形象的提升作用

城市是新文化的摇篮,是人类文化资本的"容器"。虽然每个城市都拥有或新的或旧的"文化资本",但是,如果仅仅置这些文化资本于"容器"中而不加处理的话,也许,也就发生不了任何变化,那么,城市终将是原来的城市,城市也许会停滞不前,甚或渐渐"老去"。因此,为了让城市出现新容颜,焕发崭新的生命力,必须进行"城市文化资本"运作。为了整合和传播城市形象,提升城市的形象,必须采取城市营销策略来经营城市、管理城市、创新城市。

纵观如今的城市营销发展,很多城市都通过城市品牌战略的发展来达到提升和传播城市的目的,尤其是通过大型活动,又称重大事件或者大型节事活动。城市品牌作为城市营销理论的衍生品,指的是城市消费者对城市独特个性的一种综合印象和心理感知,由城市名称、标识、标志景点、文化、精神等要素或者要素组合来综合体现,以便于与其他城市相区别。

因此,就城市品牌而言,举办大型活动是一种十分有效的品牌传播策略,通过大型活动本身的品牌效应扩大城市的影响力,提高公众对城市的知名度、认知度、认同度与美誉度,进而提升城市品牌形象。以上海世博会为例,可见,城市营销过程中,城市文化资本对城市形象的提升作用。

首先,城市品牌定位有助于传播城市形象。一直以来,上海都是中国的经济强市的代名词,充满着浓厚的商业气息,品牌定位只是停留于"中国商业之都"、"中国经济中心"。随着《上海城市总体规划(1999—2020年)》的出台:"2020年,把上海初步建成国际经济、金融、贸易中心之一,基本确立上海国际经济中心城市的地位,基本建成上海国际航运中心,国家历史文化名城,并将逐步建成社会主义现代化国际大都市,国际经济、金融、贸易、航运中心之一。"由此可以看出,上海市城市品牌定位发生了变化,即"世界级大都市及世界经济中心之一"。

世博会是一项以城市为依托的大型活动,是城市竞争力的标志,蕴含着"国际化"元素。其每一届东道主城市都是世界一流的大城市,因此,其给予上海一个强化城市品牌积极联想的机会,其特殊性为上海的城市品牌带来了品牌识别。

其次,城市营销有助于改善人类生存环境。为了举办大型节事,城市的基础设施往往要升级,老城区必须进行改造,并且建造各种具有新的彰显赛事的标志性建筑。由此,城市的整体形象将得到较大提升,人居环境将得到改善,最终,提升城市品牌的美誉度。

毫不例外,为了成功举办世博会,上海对城市的基础设施、老城区、标志性建筑等进行了大规模、全方位的改造。经过新一轮基础设施建设,上海中心城道路比2008年增加了11%,并新增8条地铁线路。许多老城区以及具有标志性建筑的百年外滩,也迎来了有史以来最大规模的一次综合改造。同时,城市绿化、社区环境等方面也获得了很大的改进。最终,上海城市的整体环境焕然一新,城市形象上了一个新台阶,从而促进了上海城市品牌的建造。

世博结束后，世博园区也将被规划为“世博公园”，成为上海的新景点，并将载入上海的“史册”。而“中国馆”等特色建筑也将继续保留，成为另外一个新景点，成为上海新的标志性建筑物，成为上海城市品牌的一部分。

最后，城市品牌传播有助于提升城市形象。大型活动本身可吸引新闻媒体及公众的关注，增加城市的媒体曝光量，从而大大提高本城市的知名度、认知度。大型活动的举行使大众在一个短暂但十分集中的时段内极大地关注一个特定的地方，城市因此获得面向国际传媒推销自己精心策划的特定形象的机会。所以具备较高经济、政治、文化实力的城市通过举办世界级的大型活动开展城市营销与品牌传播，有利于让公众在活动中更好地了解、感受城市，提升城市品牌。

世博会之所以能成为推动城市发展的大型活动，很大程度上来源于它自身的知名度。举办城市会在举办过程中受到全世界的关注，从而使城市品牌取得跨越式发展。上海市有意识地通过各种世博宣传海报、广告宣传片等方式成功地“嵌入”了“上海市”本身，采用“嵌入式营销”的方法，展示了一个全新的上海城市形象，对传播和提升上海城市品牌有着十分积极的意义。由于世博会的国际性，使得上海市在海外媒体也频繁曝光，无形中也大大提高了上海城市品牌在国外的品牌渗透率，增加了上海的国际知名度。

如：上海世博的宣传海报中，除了熟悉的上海世博会标志和吉祥物“海宝”，我们还可以看到上海的市貌和标志性建筑，反映上海改革开放以来的成就，体现出上海市繁华、现代化的一面。

3.4 中国的城市文化建设

3.4.1 中国城市文化建设的内容

城市文化建设是城市发展的重要内容与动力。从本质上来说，城市文化建设是创造城市物质财富和城市精神财富的过程。城市物质财富的创造过程包括城市经济的发展和为经济发展创造条件所进行的城市环境建设等，精神财富的创造过程包括城市制度建设和城市精神文明建设。城市的物质实体中体现了文化的精神、理念和模式，而精神文化需要有物质载体或通过物质手段来表达。前者是有形的、可见的，而后者是无形的、难以直接观察到的，其成效也更难直接评估。[①] 因此，中国城市文化建设具体表现为以下几方面：

(1) 城市物质文化建设

城市物质文化是城市文化的表层结构，是作用于人们的视觉系统，是城市文化风貌最

① 蔡禾. 城市社会学讲义[M]. 北京：人民出版社，2011.

生动、最直观、最形象的呈现。它以固化形态保存下来，保持并体现着与自然环境、历史人文的紧密联系。正如城市设计泰斗凯文·林奇所指出的，城市文化的物质方面，是一个交流和沟通的媒介，展现着明确的与不明确的符号，这些符号告诉我们其所有权。社会地位、所属的团体、隐性功能、货物与服务、举止，还有许多其他的有趣或有用的信息。城市的任何一种具体的物质现象，都可以使人感受到不同的城市文化韵味，体现不同城市的性格。总之，不同城市的物质文化体现了不同时期、不同地域的不同的文化价值观念或宗教价值观念。[①] 城市物质文化展示了城市的智慧水平与精神状态，奠定整个城市的文化基本格局和文化风格基调。

城市物质文化建设指的是经过城市社会成员改造的自然环境和由其所创造的一切物质设施，是对于形成城市社会文化的精神层面具有较大作用的物质条件和物质设施。从这个意义上来说，城市物质文化建设包括公益文化建设、城市环境文化建设、城市商业文化建设。这些有助于城市社会成员获得文化服务，有利于他们交流与沟通。这些物质文化的出现与形成，既体现了城市社会成员的价值观念，同时也是城市社会成员的智慧结晶。城市物质文化不仅是城市社会成员开展正常生活的必要前提，而且也是城市社会有序发展的保障。

(2) 城市精神文明建设

城市精神文化是城市文化结构中的深层部分，是城市文化的灵魂和核心，是城市的精神象征和精神文化现象。它包括一个城市的理念、观念、心态、信仰、艺术、道德、法律和习俗等。不同时代积淀下来的精神文化特质常常以信仰、理念和风俗等不同的形式展示该城市的生活、人情、风貌，体现不同城市间的文化差异性。城市的精神文化决定着城市的发展，体现着城市的时代精神和风貌。

根据城市文化的不同表现形式，可以将城市精神文明建设概括为三个方面：

首先，城市文化产业的发展。城市文化产业是拉动现代城市经济发展的重要动力。它是第三产业的重要组成部分，以日益显现的经济价值成为新的经济增长点，是提高第三产业的重要途径。因此，在城市文化的发展建设过程中，城市要充分利用有利的各种资源，进一步解放思想，科学规划文化形态布局，促进多元资本参与城市文化建设，大力发展城市文化产业。

其次，城市社会成员素质的培养。城市社会成员的素质是城市文化建设的根本任务。而城市社会成员的素质培养既依赖于教育，又离不开管理。如今，城市教育尚存薄弱环节，结果，在城市文化建设中，未能建立起完整的城市社会成员教育体系，广大城市社会成员因此缺乏市民意识和社区成员意识，进而缺乏对城市和所在社会的关怀意识、参与意识、维护意识、建设意识，在公共生活中欠缺公德意识，出现不文明的行为方式。

---

① 张丽泮．论城市文化结构与品位提升[J]．怀化学院学报，2009(7)．

因此，在城市文化建设过程中，我们一定要培养城市社会成员的素质，注重对人的关怀与尊重。

最后，城市行为文化建设。[①] 文化是重要的人的行为，人的行为在城市文化中创造并承载着城市特有的文化信息，它使经济等功利追求和文化意义发生了最为直接的关联，体现着巨大的创造价值并培育着城市的活力。因此，城市文化建设必须重视打造人的行为文化。

(3) 城市制度文化建设

城市制度文化是城市文化的中层结构，是城市文化的制度化、规范化的表现形式，城市文化的变迁必然通过各种制度的变迁表现出来。城市的制度文化以物质文化为基础，但主要满足于城市居民的更深层次的需求。陈立旭[②]认为，城市最主要的是家庭制度、经济制度和政治制度。在现代城市中，家庭的演变过程在很大程度上反映了从乡村到城市文化以及城市社会和文化自身的变迁轨迹。另外，在城市的制度文化中，经济制度是极为重要的内容。一方面，经济制度是城市文化的重要表现形式；另一方面，城市文化又是城市经济制度的重要塑造力量。此外，政治制度既是城市社会文化形态的建构，同时也在建构城市的社会文化形态，不仅可以展示一座城市的文化性格，而且也能在一定程度上折射出一个时代、一个社会的精神特征。总之，不仅不同的城市文化会使不同的城市呈现不同的政治制度风格，而且城市文化的变迁也必然伴随着作为城市文化组成部分的城市政治制度的变迁。

城市制度文化建设是城市文化的骨架，是城市社会个人和组织行为的制度规范，在一定程度上约束着城市社会成员个体和组织行为，也是统治阶级利益的反映。在城市社会生活中，城市制度文化实际上起到了在隐性领域惩恶扬善的文化导向功能。它积极引导着城市社会成员的行为，是城市社会整合不可或缺的文化要素，是城市社会成员在交往实践中合理处理个人间、个人与群体间关系的规则，是其他一切文化存在和发展的基石。城市制度文化建设包括各城市所共有的普遍性制度、不同城市所特有的地方性法规、城市习俗、惯例等非正式制度的传承和发展。城市制度文化是明文建立的城市社会规范，城市社会中的每一个体都必须遵从。

3.4.2 中国城市文化建设现实困境

中国城市文化建设的现实困境，首先是缺乏统一的认识。就城市文化建设的价值取向来说，向来存在着两种分歧，一是"西化论"；一是"传统论"。由于缺乏统一的认识，有些城市追求西化的城市文化建设模式，喜欢做面子工程，强调外在形态，要比较好看、能够

---

① 张永刚，马继明. 云南城市文化建设的实践路径与风格理念[J]. 思想战线，2011(1).

② 陈立旭. 都市文化与都市精神——中外城市文化比较[M]. 南京：东南大学出版社，2002.

提升城市形象的设计，甚至放弃本城市传统特色，而照抄照搬、模仿、复制西方模式。如今，在中国一些城市，我们经常可以见到一些欧洲风格的小区建筑，这些建筑，虽然外形很美观，但是，就如同东方人的脸上长出了西方人的眼睛、鼻子，看上去不伦不类，与周边环境不协调。相反地，另一些城市则过于强调中国传统城市文化建设。

就城市文化建设目标来说，也存在着两种矛盾，一是经济发展观；一是综合发展观。经济发展观过分盲目地强调经济的发展，注重城市经济效益，采取单一依赖土地经营和房地产开发来拉动经济的增长方式，任意开发城市用地，出现“造城运动”和“圈地运动”，而忽略城市文化建设，忽略非经济意义上的文化价值。而综合发展观则认为城市的发展应该是经济、文化与社会的相互协调，共同发展。

就城市文化建设的工具取向来说，存在着“人文主义”与“科学主义”之争。科学技术是第一生产力，在一定程度上体现出城市的竞争力，并决定着城市的未来。但是，同时，科学技术本来就是一把“双刃剑”，正如芒福德对于科技进步本质的深刻反思，他并深入分析了现代城市带来的弊端。因此，人文精神为城市文化建设所呼吁。

其次，城市社会成员的参与度低。城市的物质财富与精神财富的创造离不开创造主体，而创造主体除了城市社会成员，还包括城市文化建设部门、街道办事处、居委会、各社区、各企业和家庭。而我国目前的城市文化建设模式大多是政府推动型。广大城市社会成员参与积极性不高，忽视城市生存品质，文化保存意识淡薄。而且，在文化领域，一些人的价值观扭曲错位，“文化危机”问题以及伴随而来的种种不良社会现象日益严重。

再次，城市管理错位，城市管理目的是要为城市社会成员提供一个工作方便、生活舒适、环境优美、安全稳定的物质环境，而且要提供一个宁静和谐、礼让互助、精神高尚的文化环境。因此，文化意识被提上议程。而在现实生活中，一些城市在城市管理内容上重表象轻内涵，在管理途径上重人治轻法治，在管理手段上重经验轻科学，在管理效应上重近期轻长远。由于城市管理缺乏长远的战略眼光，缺乏应有的文化视野，导致了城市的问题成堆、积重难返，因而，产生了系列“城市病”以及后遗症。

再有，城市精神文化的沉沦。精神文化作为一种文化要素，在城市社会文化中占着主导地位，是城市文化的核心部分。一种健康积极的城市精神，将会使城市社会成员理解和接受城市的追求，并转化成城市社会成员的文化自觉。然而，目前一些城市沉沦于物质的追求，而置文化生态和人文精神于一边。热衷于经济的增长，而忽视了人文精神；倾向于过度的商业化和严重的趋利导向，而忽略了传统特色，以致丧失了城市的认同感。

还有，破坏城市历史记忆。城市文化是城市的灵魂，是城市历史的积累与沉淀，城市记忆是城市文化价值的重要体现。而如今，一些城市在进行旧城改造时，过于注重扩张城市外延，破坏旧城，试图拓宽旧城的道路，兴建高层建筑，以此来解决交通、环境等问题。结果，那些有着丰富人文信息的历史街区被夷为平地，那些具有浓厚传统文化特色的传统民居被无情拆毁。随着城市经济的不断发展，城市人口的不断流动，由于过度的商业化，往往忽视了对文化遗产的保护，从而破坏了这些城市的文化空间，割裂了这些城市的历史文脉，解体了城市的社区邻里，最终城市记忆因而消失。

最后，城市文化遗产保护忽视文化遗产环境保护①。在中国，似乎往往只有文物保护而没有文化保护，即，在进行文物保护工作时，只是简单地注重文物本身的保护，而根本没有考虑到文物的周边环境保护，也就是文物的生存环境保护。1964 年 5 月 31 日通过的《威尼斯宪章》指出，保护一座文物建筑，意味着要适当地保护一个环境。一座文物建筑不可以从它所见证的历史和它所产生的环境中分离开来。② 为此文物保护的概念扩大了，从个体的文物建筑扩大到历史街区、建筑群乃至一个完整的古城，强调要保护历史环境。保护历史环境是先从文物建筑周围的环境开始的。因此，我们在保护城市文化遗产的同时，要重视文化遗产环境的保护。

3.4.3 中国城市文化建设的出路

城市文化是一种具有品牌效应的无形资产，是城市持续健康发展的精神支柱和动力源泉，是城市核心竞争力的重要组成部分。城市社会要健康和谐发展，城市社会成员要生活得更美好幸福，最根本的是要让城市符合人性化生存与发展，凝聚着人文特色和人文精神。因此，城市文化建设，必须营造人才聚集、思想汇聚、文化交融、制度创新、塑造具有地域特色、浓厚的人文意识，不断提高城市的形象。城市化不仅仅是物质文化建设，更是城市文化建设。

首先，需要提高认识，统一思路。由于不同文化体系或不同文化元素间存在着共通性，因此，各城市应该具有一种开放宽容的文化心态，接受、认识城市文化发展过程中的多元化，并通过扬弃而达到城市文化的和谐健康发展。另外，辩证地看待经济、社会与文化之间的发展关系。城市的发展最直接的动力应该是经济的增长，然而，经济的增长很大程度上依赖于文化的促进。因此，城市不仅要以经济建设为中心，大力发展经济，而且，要重视社会、文化建设。把文化融入城市建设中，提高城市的文化含量，以文化意识指导经济建设，充分合理地利用城市的文化资源，营造良好的文化氛围，提高城市的文化发展水平，给城市发展以明确的方向。加强城市文化建设，实现经济文化共同发展，应该成为当今城市发展创新战略。还有，统一人文精神与科学技术，一要注重传播科学知识、加强科学研究、发展科学技术，重视人才，加大科技的投入力度，提高科技水平。二要关注人的主体性，注重人文关怀，重视人文精神的建设与回归，给城市社会成员以归属感、荣誉感和责任感。

其次，提升城市社会成员的参与积极性。各种城市社会文化活动是城市社会文化的

① 刘军昭．西安市城市文化建设存在的若干问题及反思[J]．西安石油大学学报(社会科学报)，2010(1)．

② 鲍世行．城市规划新概念新方法[M]．北京：商务印书馆，1993．

主要内容和推动城市社会文化发展的主体力量。换而言之,高频率的社会参与性城市社会文化活动不仅有利于提高城市社会文化的总体水平,而且能产生跨越城市间的社会影响。因此,为了保证城市社会文化的运行机制获得源源不断的动力源泉,为了推动城市社会文化运行的持续和文化成果的壮大,必须提升城市社会成员的参与积极性,主要可以通过以下几种途径实现:第一,加大教育力度,让城市社会成员形成一种参与城市文化建设的普遍与自觉意识,不仅让他们充分共享城市文化建设中的成果,而且让他们认识到自己既是城市文化建设的主体,也是城市文化建设的推动力量。第二,城市应加大城市文化建设的宣传力度,通过历史文化教育、科普教育等来提高城市社会成员的综合素质。第三,充分引入激励机制,政府通过奖励或资助形式对文化设施投入,对城市文化建设的认同者给予鼓励,注重对城市文化建设人才的发现、培养和激励,为城市文化建设注入源源不断的动力和活力。

再次,培养提高城市市民文化素质。城市社会成员是城市文化建设的创造者,是城市的主题,也是城市文化的载体。城市社会成员的文化素质,将直接决定着一个城市的形象。因此,需要注重培养城市社会市民的文化素质,形成良好的社会风气和精神风貌,提高城市社会成员的崇文意识,形成健康的心态和良好的行为习惯,只有这样,城市文化才能健康发展。

最后,健全城市文化建设机制。由于全球化经济带来的文化商品流动和文化形态撞击,强势文化中的文化霸权正逐渐影响世界上越来越多的地区。文化产业的发展,健全城市文化建设机制,不仅影响一个城市的文化竞争力,而且对整个国家、民族都具有举足轻重的意义。而健全城市文化建设机制主要可以从以下几个方面着手:其一,在社会主义市场经济条件下,市场机制充分发挥作用的同时,也带来了自身的缺陷。因此,城市文化建设中离不开政府的宏观调控。从这种意义上来说,政府应该确立自己在城市文化建设中合理的角色和地位,发挥着城市文化建设的保障、推动与指导作用。其二,建立有效的城市文化建设激励机制,调动社会成员的参与热情,让他们自觉参与到城市文化建设中来。其三,健全城市文化建设的法律和制度,保障城市文化建设的合理化、有序性发展。健全有效的法律、法规是延续“城市之根”的有力武器。就拿欧洲的文化来说,它们能完好地保存下来,就是因为它们具有超前意识的法律制度。因此,我们应该坚持多种建设机制相结合,实现多种建设机制的互补与结合,推动城市文化建设的进程。这既是城市和城市化发展的大势所趋,也是现实所需和希望所在。

文化,是人类创造的物质财富和精神财富的总和,是一个国家、民族、城市的灵魂,是推动社会发展的强大动力。对于任何城市而言,文化是其最具个性的非物质文化遗产,是

城市的灵魂。由于文化的符号或观念的特质，使得文化在不同领域间的传播以及促进文化间的同化与异化成为可能。文化间的这种传播与互动必然会带来文化借鉴、文化冲突、文化融合与文化共生。因此，城市文明的历史是一个多元文化冲突，并且从而走向融合和共存的历史。

"城市文化资本"融合了人类精神与物质文化，成为人类发展的精神支柱，是人类社会进化的文化"动力因"。其集中体现着人类文明的进程，集中体现着人类精神的本质。而城市形象作为城市的资源与资产，其凭借城市文化资本进行整合，并采取城市营销的方式与策略，从而达到提升城市整体形象的目的。最终，基于对于人本主义的追求，城市将是社会全体成员享受的价值实现机体、将成为人类心灵归宿的和谐"家园"。

城市文化建设是城市发展的重要内容与动力。城市文化建设具体表现为物质文化建设、精神文化建设和制度文化建设。目前，虽然城市社会、经济等获得了长足的发展，但事实上，中国在城市文化建设方面仍然面临着诸多的现实困境，因此，应该从认识、社会成员的参与积极性、市民文化素质以及城市文化建设机制等不同方面寻求解决的途径。

1. [美]R. E. 帕克等，著. 城市社会学. 宋俊岭，等，译. 北京：华夏出版社，1987：4.
2. 张永刚，马继明. 云南城市文化建设的实践路径与风格理念 [J]. 思想战线. 2011(1).
3. 陈立旭. 都市文化与都市精神——中外城市文化比较[M]. 南京：东南大学出版社，2002.
4. Olsen . M. The Process of Social Organization[M]. New York：Holt，Rinehart，and Winston，1978.

城市文化(City Culture)　　文化(Culture)
城市文化资本(City Culture Capital)　　城市文化建设(City Culture Construction)
城市形象(City Image)　　城市营销(City Marketing)

1. 城市文化区别于一般文化的特征。
2. 城市文化建设中存在哪些问题。
3. 城市文化资本的积累和发展需要哪些条件。
4. 如何树立和维持良好的城市形象。

文化、城市文化与城市主题文化辨析[①]

文化一词有东方文化和西方文化之分；西方文化在宗教层面上有基督教、犹太教等宗教形式；在历史层面上，有古巴比伦文化、古希腊文化、古罗马文化、文艺复兴文化等；在哲学层面上，有亚里士多德、苏格拉底、柏拉图等不同流派；在人文层面上，有达·芬奇、拉斐尔、米开朗琪罗文艺复兴三杰等。从大文化的层面上讲，一切生活皆文化。时装文化、饮食文化、快餐文化、茶文化、石文化、酒文化、酒吧文化、咖啡文化、休闲文化、汽车文化、足球文化、探险文化，甚至还有马桶文化、性文化和鬼文化等。

为什么很多城市都在找"文化之魂"，却极少能找到，其中一个重要原因是，文化这个概念太空泛了。

就城市文化一词而言，城市文化是针对城市全部管理活动的一种文化概念。城市文化，就其内涵和外延来讲，不完全等同于其他文化，城市文化是具有管理和规范城市活动行为的一种文化。它强调的是城市管理和规范的手段和行为尺度，通过科学的手段来管理城市和建设城市。

城市文化是一门城市管理科学，它不是单指某一特定的城市文化设施、市民的知识水平、教育程度高低等狭隘的文化现象，而是包括了举凡城市所创造的一切物质文化、制度文化和精神文化的总和及其所形成的管理系统。城市文化是一门综合管理城市的学科，是城市组织体系的基本架构和行动方略的指导系统。城市文化的构成要素有城市精神文化、物质文化、建筑文化、自然文化、管理文化、制度文化、行为文化等。它们是自然文化与社会文化的结合，是物质文化、制度文化与精神文化的统一。它们构成了城市文化管理体系的基本条件和组织架构。但这种城市文化还没有形成城市管理的有机系统，还是以松散的城市管理形态呈现在城市之中，还没有上升到城市管理系统功能的意义层面。所以，城市文化对城市管理还没有形成有机性、系统性、连续性、整合性、宏观性的指导意义。

城市文化相对于空泛的文化概念而言，对构成城市主题文化又前进了一步，但它还不具备城市的特色占有、特色垄断和特色整合。实际上，城市文化只是把空泛的文化具体到了城市活动的管理形态当中，所以，靠城市文化也很难解决城市化发展过程中的棘手问题。

【思考题】

(1) 什么是城市主题文化?

(2) 用上面知识了解上海的城市主题文化是怎样的? 通过哪些方面体现出来?

---

① 郭佳. 文化、城市文化与城市主题文化辨析，《中国文化报》，发表于2008年4月8日。

第 4 章

城市社区与治理

【本章提要】

通过本章学习,读者应该理解社区的内涵与分类,了解社区的构成要素和中西方社区建设的发展历程,并在了解"治理"与"统治"区别的基础上领会社区治理的内涵、基本原则,识记社区治理的主体与内容。

4.1 社区概述

对社区内涵、构成要素、分类、性质及其变迁的了解,是我们理解社区治理的理论基础;而中西方社区建设的发展历程是我们把握当前城市社区治理的现实基础。

4.1.1 社区的定义

"社区"对当前中国普通老百姓来说都不是个陌生的字眼,但若仔细追问"何为社区"时能解释得清楚者却寥寥无几。这实际上与"社区"概念复杂性有关,其复杂性不仅表现为社区概念的古今差异,还表现为社区概念的中西差异,以及在信息时代社区概念所获得的新的内涵。

(1) 中国传统语境中的"社"与"区"

"社区"是个外来词,在我国古代社会里,只有"社"和"区"的概念,却没有将两个字合称的"社区"的概念。

那么,在中国传统语境中"社"表示什么意思呢?据罗竹风主编的《汉语大词典》和陈宝良所著的《中国的社与会》一书中的研究,大致有以下几种解释[①]:①指称古代的土地神;②指古代祭祀土地神的坛;③指祭土地神,后来也泛指民间在社日举行的各种迎神赛会;④指古代乡村基层行政单位,其所管辖的范围大小和人口多少,依时代不同、地方不同各有变化;⑤指信仰相同、志趣相投者结合在一起的社会团体;⑥也指行业性的

---

① 罗竹风.汉语大词典(第七卷)[Z].上海:汉语大词典出版社,1991:831;陈宝良.中国的社与会[M].杭州:浙江人民出版社,1996:1-5.

团体。

“区”,在我国古代也有几种含义：①隐匿的意思；②指有一定界限的地方或范畴,即区域；③指住宅或小屋；④指畦田；⑤指区别、划分的意思；⑥指微小的,如“区区小事”中的用法；⑦用作数量词,其意义相当于“所”、“处”、“座”、“尊”等。

从上述初步的梳理中可以发现,中国传统语境中的“社”与“区”与当前对“社区”的理解还有一定的差距。罗建平则在对“社”和“区”的语源追溯的基础上,结合相应的心理原型,分析社区的本质属性,由此揭示社区原型。他认为,“社”是社神,是土地神,“神”的象征意义在于对居住地的敬仰和热爱,就像古希腊人对城邦的敬仰和热爱。在此基础上,才有活跃的社区生活,从前的社戏,今日的社交都与本土属性相联系。这就是“社”之原型中的社区含义。“区”的区域性不单是地理特征的区域,而是蕴含着资源特征的区域。因此,“社”是大地的本源,人的心性的归属地；“区”是社区政治人的实现形态,体现了社区的内在动能和主导力量。在此基础上,可以把社区理解为类似古希腊的城邦政治,一种原生态的政治。[①] 可见,我国古代的“社”与“区”的概念中,实际上已经包含了一定程度的现今“社区”的内涵。

(2) 现代社会学语境中的“社区”

社区一词源于拉丁语,意思是“共同的东西”和“亲密伙伴的关系”。作为社会学的专门术语,“社区”这个概念最早源于德国社会学家滕尼斯出版于 1887 年的“Gemeinschaft und Gesellschaft”一书。该书后来由美国学者查尔斯·罗密斯翻译成英文,书名为“Community and Society”。而中文的“社区”一词就是在 30 年代由英文“Community”转译而来。而事实上,把德文“Gemeinschaft”译成英文“Community”,再译成中文“社区”都不是十分确切的。但是,在这个词汇的两次不十分确切的转译中,却可以使我们获得怎样去把握和理解社区的本质特性的启发。[②]

滕尼斯最早提出“Gemeinschaft”这个概念,用它来表示由“本质的意志”所导致的、建立在自然情感的一致的基础上的、联系紧密的、排他的社会联系或共同生活方式,这种社会联系或共同生活方式产生关系亲密、守望相助、富有人情味的生活共同体。当时这一概念并不突出“地域性”内涵。滕尼斯本人非常欣赏这种社会共同生活形态,但他同时看到,这种形态在社会迈向工业化、城市化的进程中正在为那种由“选择的意志”所导致的、建立在外在的利益合理的基础上的、以契约、交换与计算为形式的社会联系或共同生活形态即“Gesellschaft”所取代。[③]

当“Gemeinschaft”被翻译成“Community”以后,其意义和滕尼斯的原意就有了一定

---

① 罗建平.“社区”探源[J].华东理工大学学报(社会科学版).2009(2).

② 王小章.何谓社区与社区何为[J].浙江学刊,2002(2).

③ [德]滕尼斯.共同体与社会[M].北京：商务印书馆,1999：53.

的差别。受芝加哥学派的影响,“Community”的内涵就开始具有地域性的特征。芝加哥学派的著名代表帕克(R. E. Park)在《人文生态学》一文中就把“Community”看作是:①以区域组织起来的人群;②他们程度不同地深深扎根于居住的地盘;③生活在多种多样的依赖关系之中,这种相互依存关系与其说是社会的,不如说是共生的。

而当中国学者将“Community”翻译成新创的“社区”一词时,更加突出了具体的地域性特征。费孝通在1948年发表于《社会研究》第77期的论文《二十年来之中国社区研究》中谈到“社区”一词的形成过程。“当初,Community这个介绍到中国来的时候,那时的译法是‘地方社会’,而不是‘社区’。当我们翻译滕尼斯的Community和Society两个不同概念时,感到Community不是Society,成了互相矛盾的不解之词,因此,我们感到‘地方社会’一词的不恰当。那时,我还在燕京大学读书,大家谈到如何找一个确切的概念。偶然间,我想到了‘社区’这么两个字样,最后大家沿用了,慢慢流行。这就是‘社区’一词的由来”。在费老看来,“社区是一定地域范围内的社会”。①

从“Gemeinschaft”到“Community”再到“社区”的转换表明了人们对“社区”含义理解的变化过程,而追溯回顾这个变化过程则启示我们至少应该从两个方面来理解社区的本质属性,一是它的地域性,即具有一定边界(通常以居民能经常地进行直接互动从而能相互熟识为限)的时空坐落;二是它的社会性,即人们在共同生活中存在和形成的功能上的、组织上的、心理情感上的联系。社区是存在于具有一定边界的地域中的、其成员有着各种稳定的社会和心理的联系的人类生活共同体。

自滕尼斯把“社区”这一概念引入社会学后的100多年过去了,社区研究与时俱进,成为社会学、人类学等领域的一个研究热点。人们从不同的研究角度和研究目的出发,对社区作出不同的界定,但他们对在社区中包含地域性和社会性两个基本要素上还是达成了普遍认同。

(3) 中国官方界定下的“社区”

前述主要是西方社会学界和中国早期社会学者对“社区”内涵的基本理解,而在实践领域,我国民政部门对“社区”的认识更多的是从管理体制的角度考虑的。20世纪50年代开始,许多国家的政府以及联合国都认识到,为了改善人民的生活条件,提高生活质量,不能单纯靠国家制定各种政策,在很大程度上要靠从基层做起,即由公众参与,提出自己的需要,并加以解决。这种自下而上的管理体制的基础就是社区。②

我国官方于20世纪80年代中后期开始引进“社区”概念,从最初的“社区服务”逐步发展为“社区建设”。这也带动学术界关注并深入研究这一领域的问题,“社区”也成为中国百姓日常生活里使用频率很高的词汇之一。随着社区建设的发展,城市社区中“社区”

---

① 费孝通.当前城市社区建设一些思考[J].社区,2005(13).

② 姜芃.社区在西方:历史、理论与现状[J].史学理论研究,2000(1).

的范畴,即社区建设应在何种层次、何种类型的社区中开展必须加以明确下来。

在2000年11月3日的《民政部关于在全国推进城市社区建设的意见》一文中,社区是指聚居在一定地域范围内的人们所组成的社会生活共同体。目前,城市社区的范围一般是指经过社区体制改革后作了规模调整的居民委员会辖区。根据多数城市社区体制改革的实践看,大多数社区居民委员会辖区的规模为1 000～1 500户。当然,这里所说的社区实际上是一个类行政的区划概念(但社区本身并不是行政区划概念),除有市民居住外,还有机关、企事业单位等机构驻在其中,并非单纯的居民区。据此,唐忠新结合我国现阶段社会的特点,特别是城市社区发展的特点,把我国基层社区划分为基层自然社区和基层法定社区两大类。基层自然社区的主要表现形式有居住生活单元、居住小区、居住区,包括传统的居民大院、里巷等。基层法定社区是指在自然社区的基础上出于社会管理的需要而设置的,具有明确的社区边界和法定的社区组织管理机构。① 基层自然社区是基层法定社区的自然基础。我国城市的居民委员会辖区共同体大都是在基层自然社区的基础上形成的。有时候,一个基层法定社区(类行政区)内可以包含几个不同的基层自然社区。

就实践来看,目前的社区建设大多以"基层法定社区"作为操作单位。在当前的语境中,确定社区实体首选的标准是地域明显,至于成员归属感的强弱则是次要的。换言之,地域的基础是预先规定的,而社会心理的基础是要靠以后培育的。应该说,民政部将"社区"定位于城市社区居民委员会辖区,能够完整、贴切地体现社区特征,即地域性和社会性。居委会辖区共同体是城市最基层的单位,与人们的日常生活联系最为密切。如果将社区的范围界定到街道办事处辖区一级,范围过大,人与人之间缺乏实质性交往,有违社区的本质。需要特别说明的是,强调社区作为居民社会生活共同体、强调社区居民对共同体的归属感与认同感,对社区建设来说十分重要。只有正视社区的这一特性,并充分利用这一特性,才能充分挖掘社区内部资源,形成社区的良性治理,促进社区的健康发展。社区建设的目标,就是立足于地域性和社会性这两个社区的本质特性,通过各种硬件与软件的建设来促成和改善这样一种人类生活的共同体。②

(4) e时代的"虚拟社区"

虚拟社区的雏形,在万维网发明以前就出现了,实际可追溯到1984年Brand和Brilliant创建的The Well(Whole Earth Lectronic Link,全球电子讨论链),主要用来实现"虚拟邻里关系"的交互式讨论和协商,1990年Well引进Cyberspace的名称,虚拟社区开始进入世人的视野。随着互联网的出现,虚拟社区迅速发展。从最初的电子公告版到新闻组,从网上聊天室到在虚拟社区服务器上构建自己的主页,一大群素昧平生的人由趣味相投而经常在线聚会,"匿名"的乐趣和摆脱空间限制的信息交往自由,使众多参与者在这

---

① 唐忠新.构建和谐社区[M].北京:中国社会出版社,2006:6-7.

② 关信平.公共性、福利性服务与我国城市社区建设[J].东南学术,2002(6).

个网络上构筑交流个人经验、分享兴趣的虚拟社区。随着虚拟社区的成熟，人们开始大规模地在网上集结、传文件、讨论和聊天，使用者因此获得了真正社会交往意义上的网络传播的乐趣。

虚拟社区是信息技术发展之后形成的崭新的人类生存空间，它与传统的实在社区(real community)相对应的，它也具有实在社区的基本要素——一定的活动区域、一定数量固定的人群(网民)、频繁的互动、共同的社会心理基础。虚拟社区与实在社区最大的差异是在地域空间的界定上。实在社区通常强调地域环境的影响，其社区形态都存在于一定的地理空间中。社区实际上是居住在同一地域内的人们形成的地域性共同体。虚拟社区则没有物理意义上的地域边界，虚拟社区的非空间组织形态以及成员的身体缺场(body absence)，使其成员可能散布于各地，即一个个体可以超越空间的障碍生活在好几个虚拟社区里。由此看来，虚拟社区无疑更强调作为“共同体”的社会心理基础而不关注其地域属性。

e时代虚拟社区的出现显然对工业时代理解的社区观念提出了挑战，迫使我们重新思考社区的含义。虚拟社区使网络空间内的人际交往超越了地理界限的限制，因而可以说它是一个无物理边界的社区，具有很大程度的开放性。在虚拟社区里具有共同兴趣和爱好的人们经过频繁的互动形成了共同的文化心理意识和对社区的归属感和凝聚力，我们正在这个意义上说虚拟社区就是“隐形共同体”。虚拟社区的出现，解构了人们对社区是关于地域性生活共同体的统一认识。昔日滕尼斯悲叹城市的兴起破坏了传统的有机结合，如今互联网为本质意志和“Gemeinschaft”的回归带来了新曙光。

4.1.2 社区的构成要素

社区作为具有地域性的生活共同体，必须具备几个基本的构成要素。尽管学者们对社区的构成要素有不同的认识，但从社会学角度看，社区的构成要素包括：地域性，公共联系纽带，持续的、亲密的首属关系，归属感和一套社区成员公认的行为规范和秩序。[①]

首先，社区是一个规模较小的地域性居住单位，也就是我们通常所说的邻里社区。每一个居住在城市的人，都拥有自己居住与生活的熟悉、关系紧密、情感认同、心有所属的邻里社区。这种情感是人们在社区的小天地里彼此经常接触，逐渐生发出来的。邻里社区的人们彼此了解、相互影响、相互扶助，使他们形成心理上、情感上的依恋和亲密的互动关系。这正是任何新居住区在短时间内所缺乏的，也是在大中城市以及行政性的区、街道地域范围内所不具备的。

其次，社区是具有一定时间持续性和地域性连带的社会组织单位。从城市来讲，社区是构成城市社会的具有地域性连带的社会组织单位，这一点可能不会有异议。但我们往

① 李培林，李强，马戎. 社会学与中国社会[M]. 北京：社会科学文献出版社，2008：135-136.

往忽略的是，社区概念背后所隐含的时间持续性问题。社区的基本要素确定了它具有人际的亲密联系和居民自主的组织联系纽带，而这一切关系的形成却需要时间。一个社区的形成，并不仅仅意味着一组建筑群的落成，更重要的是看居住其间的居民是否形成了紧密的互动关系，是否形成了正式、非正式组织以及对小区生活的自主程度和参与程度。

再次，社区意味着一种结构、一种意识和一种秩序。社区意味着一种结构，从大的方面说，它从某种角度揭示了城市社会的内部结构。以北京为例，四合院、单位大院、大型多功能生活小区等不同形式的社区，标示出不同时期城市内在的结构性差异。20 世纪的中国社区，基本上以行政组织管理为主，社区是行政组织系统最基础性的一个环节。而进入 21 世纪以后的中国社区，将逐步趋向于民主自治管理，社区将逐步转变为市民参政议政的中介桥梁。

社区是一种共同意识，是指人们基于某种理念去创建社区的过程。比如新型多功能社区是基于一种市场理念，以服务居民、满足居民需求为前提，以"以人为本"为口号，更多地吸引住户。而四合院文化，则更多地基于邻里互助、等级有序的家族文化和管理理念。

社区是一种秩序，意味着社区在一段时间内形成了自己独特的行为规范、公共道德准则、互动模式和处理问题的方式。它要求每个成员必须有意识地克制自我，服从规范和秩序，以合法的形式解决问题、保护自身权益。这一点在判断一个小区是否为成熟社区时极为重要。不同时期社区内部的秩序是不同的。传统社区突出行政等级秩序，而新型社区则突出居民自主管理、民主自治、相互协商的公共秩序。

最后，社区是一套完整的组织网络系统。一个社区必然有表达居民共同需要、共同利益的社会组织。社会组织是维系社区成员、安排和推动社区生活的重要手段。社区组织可以是正式的，也可以是非正式的。可以是政治、经济、文化、福利等在政府注册管理的正式机构，也可以是家庭、邻里等以血缘地缘为纽带所连接的初级组织，还可以是一些松散型的社会团体，如各种各样的兴趣爱好团体等。在西方国家，社区是自治性质的共同体，社区的非正式组织发育较成熟，在推进社区发展、实现社区目标中发挥着重要作用。在我国，社区的社会组织还处于必须精心培育、扶持的发展过程中。

4.1.3　社区的类型

社区类型是指一定分类标准下社区所显示的社会属性。这种社会属性使社区显示出各自的特点。分类是认识社区的基础。社区分类是社区研究的重要内容。可以从不同的角度来对社区进行划分。按社区的空间特征可以将社区分成：(1)法定社区，如城市各区、街道所辖地域等；(2)自然社区，如村落、集镇等；(3)专能社区，如大学城、军营区、矿区等。按社区内部组织形式可以将社区分成：(1)整体社区，如一个独立的城市、行政村；(2)局部社区，如城市的街区等。按社区规模大小可以将社区分成：小村庄(100～150 人)、村庄(150～1 000 人)、镇(1 000～2 500 人)、小城市(2 500～25 000 人)、中等城市

(25 000～100 000 人)、大城市(10 万～80 万人)、特大城市(80 万人以上)、大都市带(至少几百万人)、世界性都市带(近千万人以上)。

最常见的关于社区的分类是将社会分成农村社区和城市社区。本书也着重介绍这两种社区类型的区别。[①]

(1) 农村社区

农村社区是指以农业为基本经济活动形式下的地区性社会,它具有人口较为稀少,社会交往和流动频率低,经济活动比较简单,传统习俗惯性较大,家庭和血缘群体作用明显等特征。

一些学者对农村社区进行了详细的描述。雷德菲尔德认为,农村社区人口很少,以不超出人们都能认识为原则,由于文化和自然上的孤立,且具有同质的特征,农村社区中的人们具有高度的认同意识。在经济上,它与外界无联系、工艺技术简单,分工的基础是性别和年龄。家庭是基本的生产单位,人们之间相互帮助。发生在此类社区中的相互帮助是很自然的事情、也是家庭和社区对于人们行为的基本要求。人们接受既定的生存环境和生存条件,认为一切都是理所当然的。基于传统,人们的互动是自然的和人格化的,稳定和可预期性是农村社会的基本特征。简言之,农村社区具有如下特征:①传统主义;②仪式主义;③持续教育;④单一的标准化和可预期性的社会角色;⑤小规模的人口;⑥民俗和民德是行为的依据。

费孝通则从乡土中国来理解农村社区。受雷德菲尔德的影响,费孝通于 20 世纪 40 年代中期出版《乡土中国》一书对中国农村社会作了如下概括:①礼治秩序;②没有陌生人的社会;③无为政治;④中国的家是一个事业组织;⑤男女之间不必求同,生活上加以隔离;⑥社会范围是一根根私人联系构成的网络;⑦从自己推出去和自己发生社会关系的那一群人里所发生的一轮轮波纹的差序;⑧乡土社会中的文盲。费孝通对于传统中国农村社会结构揭示得最深刻的是他提出了"差序格局"的概念。差序格局犹如将一颗石子投入水中后激起的同心圆扩散圈。离中心越远,圈变得越大越薄。同理,在乡土中国,每一个人都把自己当作圆心,以差序方式来建构与他人的关系。通常距圆心越近,道德性和工具性责任越重,别人的重要性取决于他们与自己关系的密切程度。[②] 差序格局是一个具有文化特质的概念,它揭示了人类组织的重要原理。虽然说,在中国传统农村里,人们似乎较为重视其与家人和亲属的道德或情感关系,但这并不意味着在家庭关系与亲属关系中不存在工具性或经济方面的考虑。

桑德斯认为,农村社区是一个地区内居民与其制度所保持的结合形式,在此地区居民或散居农场,或集居村镇,而且以乡村为其活动中心。中国台湾社会学家杨懋春则认为,

---

① 参见丁元竹. 社区的基本理论与方法[M]. 北京:北京师范大学出版社,2009.

② 费孝通. 乡土中国[M]. 江苏:江苏文艺出版社,2007.

农村社区是生活在一特定地方上的一群人，有其共同的归属意识，并透过组织与制度共享或同参一些共同兴趣或共同利益之活动。

从上可以概括，农村社区的特点如下：①一群以农业为生的人，在一特定地域中生产和生活；②他们有着共同的文化和社会价值；③他们在自己的社会结构中参与他们的社会生活；④社会组织和社会度简单；⑤含有情感因素的共同意识，即有共同的归属感，以别于其他群体。对于传统意义上的农村来说，这种界定有其有效性。中国由于城市化加速，使农村的社区结构发生了巨大的变化，并表现出了中国特色。

（2）城市社区

城市社区是指以工商业为基本经济活动形式的地区性社会，它具有人口较为稠密、社会交往和流动频率高、经济活动比较复杂、传统习俗惯性较小、家族和血缘群体作用不明显等特征。

城市社区的社会结构复杂，主要表现在：城市内部有着不同类型的社会组织，包括以及由此所产生的不同的社会制度。同时，都市内部的社会分化程度高，从职业的种类上看，职业种类众多，收入差别大，消费层次也不同。巨大的城市内部会形成不同职业和收入阶层的居住区。

城市人的时效观念较强，注重时间和效益，其原因是城市的信息量大，可选择的机会多，人们从事的事务和活动也较多、较复杂。由于注重实际，人际关系上重理性而轻情感。人们之间存在较多的隔膜。德国社会学家齐美尔在其著作《大都会与精神生活》中，阐述了现代社会与传统社区之间存在巨大差别的原因。它将现代社会中人们的心理特点归纳为：理性、极强的时间观念、个人主义、对他人的漠然态度等，并且指出理解这种与传统社区不同的心理状态的关键是要认识到货币经济的作用。人际关系的功利化往往伴随着对他人的漠不关心，而金钱变成了所有价值的共同衡量物，所以大都市中一切都围绕金钱而动。

由于社会的异质性较大以及人们的文化层次高于农村，城市人能够容忍各种不同类型的行为模式和观念。生活在都市中的人们不必为自己的不同于别人的行为而感到有内心的压力。一些在农村中发挥着重要作用的次级社会组织，如家庭、邻里在都市中并不发挥重要作用，尤其由于单元住宅和高层单元住宅的发展，人们之间来往较少，邻里之间不相识的情况比比皆是，即使认识，也很少有情感上的交流。人们除了在工作中发生各种交往的接触外，城市中存在着各种社会团体、社会组织和社会活动，人们总是以自己某一方面的特征参与这些组织和活动并建立联系，但仅仅是某一方面的联系。美国学者沃斯在其论文《作为生活方式的城市化》中，用人口的数量、居住密度和异质性这三个变量解释现代社会与传统社区之间的区别。认为以城市为标志的现代社会的本质特点是异质性，人们的行为出现了不同于传统社区的特点，如人际关系的淡化，追求自我的个人化，这必然使得原有的首属关系与社会秩序被打乱，造成“社会失范”或“社会解组”现象。

城市社区是一种在人口密度、社会分工、社会分化及组织制度上都较复杂的社区类型。它是人类生活进化的较高级的层次。具体来说,它有如下特点:①异质性,这种异质性的含义是广泛的,包括文化、规范、制度、行为和人们的观念;②相互依赖,科层组织发达。③依赖于形式化的社会控制

4.2 中外城市社区建设

在了解了社区的内涵、构成要素与分类之后,有必要了解一下中西方的社区建设。社区建设最先出现于欧美。工业化和城市化改变了传统社会中那种亲密和谐及相互认同的人际关系,取而代之的是冷漠、孤独和无助以及部分贫困人口的出现。最早的社区建设针对于此提出了复兴社区,以解决工业化和城市化带来的一系列城市社会中的问题。[①] 社区建设是解决各种社会矛盾和应对各种社会问题的出发点。作为实现社会管理和社会控制的最有效的手段,这一领域的研究依托并着眼于以社区建设和发展来谋求社会的发展,将社区的发展置于社会发展目标之中日益成为人类共识,并形成新的世界趋势。[②]

4.2.1 西方社区建设的兴起与发展

(1) 西方社区建设的兴起

国外社区建设可追溯到18～19世纪的福利救助活动和各种慈善活动,也包括各种民间自发的社区援助行为。早期的社区福利和社区救助主要出现在英国、法国、德国等欧洲国家。英国的《济贫法》开启了社会救助的先河。

16世纪末17世纪初英国的封建社会开始解体,资本主义生产关系依托新兴的毛纺工业迅猛发展,资本原始积累的过程造成大批的农民丧失土地、流入城市。与此同时,由于宗教改革,英王室剥夺了大量教会财产,原教会土地上被赶走的农民纷纷涌入城市,城市的无业者与贫民骤增,社会动荡不安。为缓解社会矛盾,维持国家稳定,英国女王伊丽莎白1572年下令开征"济贫税",兴办"教养院",以收容流民,并于1601年正式颁行世界上第一部《济贫法》。《济贫法》规定:以社区为单位,对无亲属照顾的贫民实行有条件的救济。《济贫法》初步建立了社会救济制度与救济工作方法,对以后世界各国社会救济法规的建立产生了重要影响。1788年,德国实行《汉堡福利制度》,鼓励社区成员参加本社区社会福利工作,以此倡导社区内部成员自我服务、志愿服务。英国的《济贫法》和德国的《汉堡福利制度》,使社会救助工作制度化、科学化,开启了以社会救助为目标的社区建设。

19世纪中后期,英美等发达资本主义国家先后成立了慈善组织以及各种类型的社会

① 何彪,吴晓萍.西方城市社区建设历程及其启示[J].城市问题,2001(3).

② 潘泽泉.社区建设与发展话语的实践逻辑与新趋势[J].中共天津市委党校学报,2009(5).

福利设施与机构，同时，资本主义政府开始介入国家福利制度，参与到社区建设中来，并在推进福利计划时大量引进社区组织的原则和工作方法。1869 年，英国出现了第一个慈善组织，其目的在于协调社区、救助穷人。英国慈善组织协会先在伦敦成立一个慈善管理中心，再把全市分为若干区，每个区设一个专门的分支机构，在机构里再设一个志愿委员会，负责对贫困个人及家庭进行调查、登记和实施救济分配等工作。这种制度一定程度上克服了早期社会上各慈善组织之间相互缺乏联系而出现的重复浪费现象，使对社区居民的救助和帮扶更加有序化。而后，这一协会形式被介绍到美国，现在美国各地的家庭服务所就是由当时这些慈善组织协会发展而来的。

到 20 世纪初，在英、法、美等欧美国家，出现了一场更具广泛性的"睦邻运动"和"社区福利中心"运动。社区睦邻运动首先由教会及一些慈善组织、基金会发起，让社会工作者广泛、深入地参与社区生活，充分调动和利用社区内各种社会资源，组织和教育居民改善环境，培养居民自助与互助的精神。社区睦邻运动的方法、所提倡的服务精神和取得的成就，无疑给当时面临种种社会问题而束手无策的世界各国开启了一条可行之路，因而在短期内迅速传遍欧洲大部分国家，东南亚及日本等国也竞相效仿。

20 世纪二三十年代，城市化推动了社区建设的兴起。20 世纪的欧洲发达国家正经历着一场大规模的城市改造运动。在城市化过程中，由于中产阶级迁往郊区，内城剩下的是失修的学校、破烂的公共住房以及大多靠政府福利生活的居民，不仅缺乏基本的医疗等生活设施，而且犯罪率高。面对内城环境污染、住房匮乏、交通拥挤等问题以及潜在的社会不稳定因素，为了使城市社区的结构不致离析，社区功能不致减失，许多社会学家及社会工作人员开始把复兴社区意识、推动社区建设，看成是矫正当时的社会痼疾和其他许多弊端的重要解毒剂。由于这些问题都是发生在城市社区内部，需通过发展社区内部机制加以解决，因而完善的社区机制、良好的社区设施成为解决社区问题的重要保证条件。有关社区服务、管理方面的工作开始实现专业化，城市管理层与基层政权也开始支持和参与到社区建设中来，出现了一批具有专业特色的社区建设的案例，如美国 30 年代著名的防止青少年犯罪的"芝加哥计划"、为市民参与提供服务的"辛纳西社区组织实验计划"等。可以说，30 年代是西方政府介入社区建设的第一次高潮，社区服务和社区管理在 19 世纪出现的时候，只是由志愿服务者、社会改革家以及民间慈善组织等自发组成的松散服务体系，这种自发、民间的社区服务体系和运作机制在二三十年代经济大危机的冲击下显得力不从心。与此同时，理论思潮也开始转向，凯恩斯主义成为指导政府行为的重要改良主义思潮，这样就出现了政府主动通过法律、各种社会政策以及经济援助等方式介入社区建设现象。

(2) 西方城市社区建设的发展历程

可以说，社区建设起源于早期的社会福利救助活动、各种慈善活动、民间的自发的社区援助行为等，但社区建设的进一步推广则出现在第二次世界大战以后。其发展共经历了四个阶段：

第一个阶段主要是第二次世界大战以后，在联合国的推动下，社区建设开始成为一项世界性的运动。“二战”后，西方许多发达国家普遍面临着城市失业、贫困、社会秩序恶化、经济发展缓慢等一系列问题，要解决这些问题仅仅依靠政府的力量远远不够，于是一种运用社区民间资源、发展社区自助力量的构想应运而生。1948 年，联合国提出了“以社区为基础的社会发展”，告诫居民依靠政府不是主要的，而是要加强社区居民的自助力量。1951 年，联合国经济社会理事会通过 390D 号议案，倡议开展“社区发展运动”，力图通过开发各种社区资源、发展社区自助力量、建立“社区福利中心”，特别是要推进发展中国家的经济和社会发展。但是，在方案实施过程中，原来设想的福利社区中心并不能解决经济落后地区的社会问题，更不能实现经济发展和社会进步的目的，随后总结得出只有开展全面的地方建设运动，以基层社区为单位，由政府有关机构同社区内部的民间团体、合作组织、互助组织等通力合作，发动社区居民自发地投身于社区建设，才能加快落后地区的经济和社会发展。于是，联合国修改了 390D 号决议案，以“社区发展计划”代替了原来的“社区福利中心计划”。社区发展的目的是动员和教育社区居民积极参与社区和国家建设，充分发挥其创造性，与政府一起大力改变贫穷落后状况，以促进经济的增长和社会的全面进步。

第二个阶段是在 20 世纪六七十年代，社区建设在世界各地得到进一步推广，社区发展已经成为世界范围内的区域社会发展策略和模式，社区建设被理解为是解决各种社会矛盾和应对各种社会问题的出发点，并成为实现社会管理和社会控制的最有效的手段。五六十年代可以说是社区发展繁荣的重要时期，由于第二次世界大战后，亚洲、非洲以及中南美洲国家都面临艰巨的国家重建工作，即使作为发达国家的美国也面临恢复国内居民生活的需要，但囿于政府资源的不足，这些国家都采取动员地方居民实施社区发展计划。如美国在一些城市成立了社会发展部，并成立社区组织委员会，大力推行城市社区建设，项目主要包括社会福利、医疗卫生、治疗和预防犯罪等。1966 年，针对非洲一些殖民地国家发展社区的实际情况，在英国剑桥召开的非洲行政官员会议重新对“社区发展”进行了定义，即社区发展是通过整个社区的积极参与和首创精神，旨在提高整个社区生活质量的运动。这样，社区发展成为世界范围内的区域社会发展策略和模式。20 世纪 70 年代，亚洲“四小龙”的工业化起飞，城市快速发展，人们之间的隔绝日益严重，于是当时的港英政府提出社区发展计划，要建立“相互关怀和负责的社区”，并把社区建设具体化为三个方面的工作：社区发展、社区参与和提高居民的地区意识。

第三阶段在 20 世纪 80 年代，社区建设的议题发生了新的变化，社区发展面临的问题不仅只是依靠社区力量与资源补救缺陷，更重要的是通过社区实现地方社会的整合。社区成为推动公民广泛参与、进行旨在促进社会整合的多方行动的活动场域，社区建设开始将社区规划、社区照顾、社区参与等原本相互分离的活动融合在一起，呈现出社区整合发展的趋势。20 世纪 70 年代，随着交通和通信信息的现代化，地球变成了一个村落，基层社区的地域概念和人口数量对社会的发展意义不大，世界各国对社区发展的兴趣减弱。

这样,西方人认为传统社区衰落并消亡了。到了 80 年代,许多社会学家重新意识到工业社会给现代都市带来的危机,呼吁要复兴社区、强化社区功能,以解决工业化带来的一系列城市社会中的新问题,西方的社区建设在这种背景下又得以推广。社区整合发展的趋势还表现在发展模式的变化,即从早期的政府、社区作为社区发展的主要力量到政府、社区、非政府组织、公众、志愿者、私人部门等多元力量参与的发展模式。最后,社区发展的整合趋势还表现在由原来单一模式发展为复合模式的应用,体现在社区各成分的规模和联系的范围在逐渐扩大、社会成分的日益差异、各组织单位之间的依赖性越来越强,在社区发展方面出现了多组织协作,在社区发展的协作区域上突破了地理与行政管辖限制等。

第四个阶段在 20 世纪 90 年代,社区建设更加强调政府与社会的互动。社区建设过程中建构起来的社区不仅仅只是一个地域社会生活共同体,同样也是一个自上而下建构起来的实施城市基层行政管理和社会控制的国家治理单元。社区成为国家用以贯彻决策实施过程、实行社会改革、实现社会控制和社会整合的基本手段和基本单位。当代著名的社会学家、英国新工党的思想领袖和"第三条道路"的主要倡导者安东尼·吉登斯(Anthony Giddens)认为,"社区这一主题是新型政治的根本所在",面对诸如"社区素质衰落、贫富差距继续扩大"等日益严重的社会问题,只有社区建设才能解决,"社区建设不但意味着重新找回已经失去的地方团结形式,它还是一种促进街道、城镇和更大范围的地方区域的社会和物质复苏的可行办法"。他还认为,只有社区建设才能真正解决"公民素质衰落"等严重的社会问题,社区建设必须"重视支持网络、自助以及社会资本的培育";"根据情况的不同,政府有时需要比较深入地干预公民社会事务,有时又必须从公民社会中退出来"。可以说,依托基层社会的崛起,通过政府的分权和授权,在基层社区中构造政府、市场和社会共同作用的现代治理格局,已经成为一种全球化的趋势,也是所有国家城市发展的共同目标。

4.2.2　中国社区建设的发展历程与实质

社区建设是个过程,它的形式、方法及内容都与当时当地的社会发展水平、社会制度和体系、文化传统和历史背景有着密切的联系。中国社区建设的发展既受西方社区建设的影响,又明显不同于西方的社区建设。

(1) 中国社区建设的发展历程

改革开放以来,经由学界的推动和基层管理的实践需求,我国由最初从探索建立社会保障制度的角度而提出的"社区"、"社区服务"概念,逐渐发展到全国性的"社区建设"、"和谐社区建设",并上升为国家战略规划的重要组成部分。回顾中国社区建设改革发展历程,我们大体将其划分为四个阶段。①

① 严振书. 转型期中国社区建设的历程、成就与趋向[J]. 成都行政学院学报,2010(2).

第一阶段：社区建设的前奏阶段

1979年，受中央领导委托，费孝通受命恢复自1957年被取消的中国社会学。在社会学恢复之初，费孝通就指出，社区研究是社会学的五脏六腑之一。在他的推动下，学界开始将社区作为一种理论和方法，从单个社区入手，研究逐渐拓展到类型分析和构建体系阶段。与此同时，由官方推动的改革，在实践层面亦不断深入。1982年，党的十二大首次提出"发展基层社会生活的群众自治"，同年全国人大五届五次会议通过新宪法，规定城市居委会和农村村委会是基层群众自治性组织。这为推进我国社区建设做了法律和政策方面的准备。1986年年初，民政部从探索建立社会保障制度的高度，明确提出了开展社区服务、完善社区服务体系的要求，从而首次将"社区"这一概念引入基层管理。随之社区服务在全国范围内展开。1989年12月，七届全国人大第十一次会议通过《中华人民共和国城市居民委员会组织法》明确规定了"居民委员会应当开展便民利民的社区服务活动"，从而确定了居委会社区服务的职能。1993年8月，党中央、国务院14个部委联合下发了《关于加快发展社区服务业的意见》，提出要"加快建立、健全社会保障体系和社会化服务体系，推动社区服务业全面、快速地发展"。1995年12月，民政部制定了《全国社区服务示范城区标准》，随之在全国推行。经过多年的实践，社区服务取得了一系列的成果，一是兴建了一大批社区服务网点和社区服务设施，在一定程度上满足了城市居民对基本生活服务的需求；二是在社区服务开展过程中，提高了人们对社区的认识，使社区意识通过社区服务得到了提高；三是形成和培养了一批专兼职社区服务人员，包括志愿者队伍，从而为社区建设的进一步发展打下了坚实的基础。

第二阶段：社区建设的"点实验"阶段

20世纪90年代初期，随着改革的深化和社区服务的发展，社区工作的其他方面内容也迅速展开，社区服务的概念已经包容不了全方位的社区工作。学术界和政府有关部门借鉴国外"社区发展"的概念，结合中国实际提出了"社区建设"的概念。所谓社区建设，是指在党和政府的领导下，依靠社区力量，利用社区资源，强化社区功能，解决社区问题，促进社区政治、经济、文化、环境协调和健康发展，不断提高社区成员生活水平和生活质量的过程。1991年5月，民政部领导指出社区工作除了社区服务外，还有社区文化、社区医疗、社区康复、社区教育等内容，首次提出基层组织要抓好"社区建设"。随之，民政部确立天津市河北区、杭州市下城区为全国社区建设试点单位，开展社区建设"点实验"工作；并于1991—1992年间，先后召集了三次全国性的社区建设理论研讨会，听取各界对社区建设的意见和建议。在此基础上，1998年九届全国人大一次会议通过国务院机构改革方案，批准在民政部基层政权建设司的基础上组建民政部基层政权和社区建设司，具体负责"指导社区服务管理工作，推进社区建设"。1999年，民政部选择26个城区为城市社区建设实验区，遍布全国19个省(区、市)。同时，全国还有20多个省(区、市)确定了近100个省(市)级社区建设实验区。为保证各实验区工作的顺利开展，民政部结合各地实践经验，制定了《全国社区建设实验区工作实施方案》，具体指导各实验区工作。

第三阶段：社区建设全面推进阶段

在全国社区建设"点实验"成功推进的基础上，民政部于 2000 年 10 月向党中央、国务院上报了《关于在全国推进城市社区建设的意见》(以下简称《意见》)。《意见》在阐述推进城市社区建设重大意义的基础上，明确提出了我国城市社区建设的指导思想、基本原则和主要目标，并就促进城市社区建设各项工作的开展、加强城市社区组织和队伍建设、推进城市社区建设的整体合力提出了具体的措施和要求。这个意见引起了中央领导的高度重视，中央政治局常委开会专题研究了社区建设工作，并以中共中央办公厅、国务院办公厅名义于 2000 年 11 月向全国转发。自此社区建设活动由"点实验"阶段转入全面推进阶段。2001 年 7 月，民政部发布《全国城市社区建设示范活动指导纲要》及《全国社区建设示范城基本标准》。2005 年 8 月，民政部部长李学举在全国社区建设工作会议上总结了全面推进社区建设五年来取得的进展状况：①健全组织，完善自治，初步构筑了以社区党组织为核心的社区组织体系；②转变职能，理顺关系，初步形成了社区建设新的工作运行机制；③加大投入，拓展功能，初步构筑起以社会互助为基础的社区服务体系；④优化队伍结构，提高整体素质，初步建立了一支中国特色的社区工作队伍。

第四阶段：建设和谐社区阶段

2004 年 9 月，党的十六届四中全会明确提出了构建社会主义和谐社会的战略任务。2005 年 8 月，李学举在全国社区建设工作会议上作了《建设和谐社区，为构建和谐社会奠定基础》的讲话，并提出了建设和谐社区的指导原则和主要任务。2007 年 10 月，全国"社区建设与和谐社会"研讨会上在武汉举行。2008 年 10 月，在党的十七届二中全会上，胡锦涛提出要"完善农村社会管理体制机制，加强农村社区建设，保持农村社会和谐稳定"。2009 年 3 月，温家宝总理在《政府工作报告》中提出要统筹推进城乡社区建设，促进城乡基本公共服务均等化。随后农村社区建设试点工作在全国展开。同年 11 月，发布《民政部关于进一步推进和谐社区建设工作的意见》，明确了进一步推进和谐社区建设工作的总体思路、目标要求以及当前和今后一个时期进一步推进和谐社区建设工作的主要任务。2010 年 3 月，民政部办公厅发布《关于建立全国和谐社区建设示范单位联系制度的通知》，促进各示范单位之间的交流与合作，加大对各示范单位的工作指导力度。同年 8 月，发布《关于加强和改进城市社区居民委员会建设工作的意见》，进一步完善基层群众自治制度，健全城市基层管理和服务体制。2011 年 1 月 31 日民政部发布《城乡社区服务体系建设"十二五"规划》(征求意见稿)，以适应统筹城乡经济社会发展需要，健全基层管理和服务体系，提高城乡社区自治和服务功能，保障和改善民生，促进社会和谐稳定。

(2) 中国社区建设的实质

当前，在我国城市里开展了轰轰烈烈的城市社区建设。然而，尽管人们理解社区建设在当前我国的必要性和必然性，但在实践中，许多政府领导和基层群众对社区建设的实质并不很清楚，导致在实际工作中社区建设出现一定的偏离。因此，有必要了解中国社区建设的实质。

首先，社区建设是一个复杂的经济、政治和社会过程。① 社区建设不能仅仅局限于社区搞建设，必须将社区建设置于整个社会的经济、政治、文化的发展视野下，从社会发展、社会整合模式变迁的高度来考察并开展中国的社区建设。社区建设是我国在社会转型过程中找到的修复社会机体、解决面临的社会问题的一个途径。社区建设的方向应该是针对中国社会转型背景下产生的各种特定的社会问题，比如失业下岗、家庭照顾、贫困等。

其次，社区建设是一个通过政府、居民和有关的社会组织整合社区资源、发现和解决社区问题、改善社区环境、提高生活质量的过程，是社区居民的自助措施实施的过程。② 虽然与美国不同，中国的社区建设从一开始就是由政府推动的。这种政府推动型的社区建设中存在一个突出的问题就是居民和社区组织的参与率很低。中国的社区发展还没有真正走向社区精神的培育。社区的真正本质是社区精神，即人们通过参与社区生活，形成对于自己生活和工作社区的认同。因此，我国的社区建设要利用社区组织，动员社区居民的广泛参与来解决存在于自己社区中的问题，并促进居民之间的相互了解、合作与认同，实现社区的共同归属。

要正确地理解并践行社区建设的本质，要求我们以治理的理念来引导并推动社区建设。社区治理是伴随着社区建设而兴起来的，社区治理是社区建设的重要内容和重要目标，也是社区建设的重要保证。

4.3 城市社区治理

城市社区治理作为一种新的理念与实践模式，源于“治理”在全球的兴起与发展。因此，有必要了解治理的内涵与特征，进而把握社区治理的内涵、基本原则、主体与内容。

4.3.1 治理及其与“统治”的区别

(1) 治理的基本内涵

在政府管理和政治发展中引入“治理”的概念，源自20世纪90年代初期。据俞可平考证，世界银行最早在公共管理中引入“治理”一词。该组织在1989年的一份研究报告中，首次用“治理危机”(crisis in governance)来概括当时非洲的情形。③ 自此之后，“治理”一词就频频出现在联合国各大机构的文件中，并最终被政治学界和行政管理学界所接受，

---

① 王思斌. 体制改革中的城市社区建设的理论分析[J]. 北京大学学报(哲学社会科学版)，2000(5).

② 潘泽泉. 社区建设与发展话语的实践逻辑与新趋势[J]. 中共天津市委党校学报，2009(5).

③ 俞可平. 引论：治理和善治[M]. 北京：社会科学文献出版社，2000：17.

广泛应用于与国家或地方的公共事务管理有关的理论研究和实践中，其核心理念已成为公共权力运行和公共事务处理的基本准则。

在关于治理的诸多定义中，最具代表性和权威性的当属全球治理委员会给出的定义。该委员会 1995 年发表的题为《我们的全球之家》的研究报告对治理做出了如下界定：治理是各种公共的或私人的个人和机构管理其共同事务的诸多方式的总和。它是使相互冲突的或不同的利益得以调和并且采取联合行动的持续的过程。它既包括有权迫使人们服从的正式制度和规则，也包括各种人们同意或以为符合其利益的非正式的制度安排。它包括四个基本特征：治理不是一整套规则，也不是一种活动，而是一个过程；治理过程的基础不是控制，而是协调；治理既涉及公共部门，也包括私人部门；治理不是一种正式的制度，而是持续的互动。

(2) 治理与统治的区别

"当代'治理'概念及其治理理论被作为一种阐释现代社会、政治秩序与结构变化，分析现代政治、行政权力构架，阐述公共政策体系特征的分析框架和思想体系，与传统的'统治'(governing)和'政府控制'(government)思想和观念相区别，甚至对立起来。"[①]也就是说，"治理"是不同于"统治"的，它是对统治的发展与替代。从本质上讲，统治和治理都是利用自身的权威，通过对公共权力的配置和运作，达到对公共事务实施有效管理，以支配、操纵和调控社会，维持社会正常秩序的目的，都是一种政治管理的过程。但是，统治是指国家及其执行机构政府基于社会统治和管理需要而实施的具有权威性的专门的公共管理活动，而治理不同于传统的政府统治概念。这种区别不在于权力运用的出发点和最终归宿，而在于其过程，在于其对公共权力的配置和运作方式的不同。[②] 至少可以列出两者之间的下述三点差异：

第一，行为主体的不同。统治的权威来自政府，其主体一定是社会的公共机构，即政府或者政府的代言人。治理的主体则并不必一定是公共机构，也可以是私人机构，还可以是公共机构和私人机构的合作。从这个意义上说，治理这一概念的使用范围要比统治宽泛的多，既可以是国家、地方、村镇这样的行政单位，也可以是现代化的大公司、学校乃至基层社区。

第二，权力运用的方式不同。政府统治是政府自上而下的主动性行为，通过强制性的国家权力，依靠科层制度的机构网络，发布并实施各类正式的法规政策来管理公共事务，实现公共利益。在权力行使的过程中，被管理对象完全处于被动状态。治理则是一个上下互动的管理过程，它主要通过合作、协商、建立伙伴关系等方式实施对公共事务的管理。

---

① 孙柏瑛. 当代地方治理——面向 21 世纪的挑战[M]. 北京：中国人民大学出版社，2004：19-22.

② 让・皮埃尔・戈丹. 现代的治理、昨天和今天：借重法国政府政策得以明确的几点认识[J]. 国际社会科学(中文版)，1999(2).

第三,权力配置的形式不同。所谓配置,即是指按照一定的规则对公共权力进行分配和控制。在统治状态下,公共权力是集中的,权力的中心是单一的,那就是政府。而在治理过程中,权力是分散的,权力的中心是多元的、分层次的。

可以看出,"治理"相较于"统治"是更适于整个社会的进步与发展的。治理泛指国家、公共组织、私人机构及社会个人等各种活动主体经过协商合作对公共事务进行有效管理,从而最大限度地增进公共利益。治理理论的提出对包括社区建设在内的公共管理活动有着重大的借鉴作用。

4.3.2 社区治理的内涵与基本原则

(1) 社区治理的内涵

社区治理(community governance)是指在法制化、规范化的前提下,由政府行政组织、社区党组织、社区自治组织、社区非营利性组织、辖区单位以及社区居民等多元主体共同管理社区公共事务的活动。社区治理不同于社区管理。传统的社区管理(community management)突出了社区的行政色彩,强调政府在社区中的领导地位,主要以行政手段对社区事务进行管理。而社区治理则是从治理的理论基点出发,强调在社区治理中,政府应是权力主体之一,并不是社区治理中的唯一权威,其发挥作用的方式更应该是引导和服务等新的手段,而不是行政性的强制,使社区逐步过渡为"自我教育、自我管理、自我服务、自我约束"的状态。社区治理的目标就是通过多元权力对社区治理的参与,在多元权力格局职责分明而又相互依赖的基础上促进社区的良治,最终达到发扬民主、整合资源、促进社区建设的目的。这既是政治体制改革的过程,也是发扬民主的过程,同时也是社区建设和提高居民生活质量的过程。

(2) 社区治理的基本原则

社区治理所包含的最基本的价值观念是社区居民利益的主体性和本位性。从社区公共决策及执行必须符合社区的整体利益和最大利益出发,Michael Clarke 和 John Stewart 总结了社区治理的六个原则①：第一,地方政府应当更加关注地区的整体福利；第二,地方政府在社区治理中的角色,只能根据它是否贴近社区和社区市民、是否使他们增权来评判；第三,地方政府必须承认其他公共、私人、志愿组织的贡献,其职责在于促进而不是控制这些贡献；第四,地方政府应当保证社区的全部资源被充分用于这个地区的利益；第五,为了最好地利用这些资源,地方政府需要认真考察如何才能最有效地满足居民的需要,准备以许多不同的方式实施；第六,要证明自己的领导能力,地方政府必须努力地了解、协调和平衡各种利益差异。

---

① 高泰姆·亚达马.社区治理的理论与实践模式[M].非政府组织与社区发展.田玉荣,译.北京：社会科学文献出版社,2008：12.

还有学者认为，社区治理的价值基础是民主，政治基础是自治。因此，社区治理与社区自治、公民参与有着密切的联系。社区治理既包含着社区自治的主题，也包含着公民参与的主题。一种建立在民主与自治基础上的社区治理需要遵循四大原则：第一是参与，社区各组织与居民必须直接或间接地有效参与社区事务，政府也应该致力于建立各种渠道来鼓励参与。第二是法治，治理应该是建立在公正的法律基础之上，并有高水平执法能力的组织或机构，依法自治。第三是透明，在治理过程中使各种信息和决策公开，使公民明了自己的利益与权利，并利用相关信息自主决策。基层政府也必须把相关信息以简洁明了的方式告知居民。第四是反馈，各种组织或机构必须在特定的期限内回应居民的要求与问责。[①]

4.3.3　社区治理的主体与内容

(1) 社区治理的主体：利益相关者

从上述社区治理的内涵中可见，社区治理的主体是多元化的。社区治理主体是社区利益相关者，即与社区需求和满足存在直接或间接利益关联的个人和组织的总称，包括党政组织、社区组织、社会中介组织、驻社区单位、居民等。社区利益相关者的多元性和复杂性是由社区公共事务属性所决定的。社区公共事务是公共产品的组合而不是某项公共产品，它不仅是某一家庭或某一组织的需求，而是涉及多个家庭和多个组织的共同需求，是个体需求的集合。它涉及多个行为主体之间的复杂权力关系，需要建立一种集体选择机制来解决个体需求表达与整合问题。治理社区公共事务需要社区利益相关者贡献资源、分摊成本、共享利益，这也需要建立一种平等协商机制，以实现资源倍增效应。[②]

社区治理的主体不仅包括居民，还包括各种组织。从组织的性质角度，可以将社区治理的主体分成三大类：其一是党政组织，包括各级党组织与行政组织；其二是社会组织，包括社区自治组织（居民委员会、业主委员会）、社区非营利性组织（各类非营利性的服务型、事务型组织）、社区居民文体娱乐团队、社区志愿组织等；其三是营利性组织，包括营利性的驻社区单位和其他参与社区治理的经济组织（如物业公司）。

各参与主体因为掌握资源不同，彼此之间形成一种相互依赖。比如，对于政府部门而言，由于社会事务增多，以及政府部门自身精简、力图追求企业型政府的效率和效益的需求，这就势必使政府无法再大包大揽，而是将部分权力下放给社会组织，让社区居民自身加以解决，从而获得社会组织和社区居民的合作。对于社会组织而言，要获得合法性，就必须接受政府的领导和管理，如按照《社会团体登记管理条例》或者《民办非企业单位登记管理暂行条例》等的要求在民政部门登记、注册；而要进入社区工作，特别是与街道、居委

① 董小燕. 公共领域与城市社区自治[M]. 北京：社会科学文献出版社，2010：88.

② 陈伟东，李雪萍. 社区治理主体：利益相关者[J]. 当代世界与社会主义，2004(2).

会的合作，就需要得到政府授权。而政府也需要依赖社区中的经济组织发展社区经济、创造社区居民就业机会，从而实现社区的稳定与发展。至于经济组织是否有权力进入社区，则又取决于社区居民、社会组织对于经济组织的评估，以及政府政策的准入。①

这些主体当中，政府角色最为难以定位。一方面，政府倡导社区自治，鼓励公众参与社区建设，力图尽可能少地直接干预社区事务，并鼓励社会组织参与社区管理与社区建设。另一方面，政府又希望加强对社区建设的领导，并且长期以来形成的居民对政府的依赖心理也迫使政府在过渡时期的社区建设中扮演相对积极主动的角色，政府在社区建设、社区发展过程中的主导作用始终比较突出。现实中，社区居民参与也还多局限于传统上的执行性参与，即在决策之后被动员去执行，从而形成典型的权力精英主导模式，远非一种理想的政府、社区组织、群众协商互动的治理模式。

从现实层面看，目前社区治理各主体之间的关系上还存在两个问题：一是组织功能边界问题。介入社区公共事务的各类社会组织缺乏合理的社会分工，缺乏明晰的功能边界，存在“过大的政府”、“变异的社区自治组织”、“过小的社区非营利组织和社区志愿组织”的现象。政府组织包揽太多的事务，既从事行政管理又从事公共服务；社区居委会既协助政府从事行政管理事务，又协助提供公共服务，还从事社区内部事务；不少社区非营利性组织却存在行政化问题。二是组织间权利关系问题。政府组织、社区自治组织和其他社会组织功能边界不清晰的原因是所拥有的资源和权力不对等，“过大的政府”掌握着大多数社会资源和权力，政府部门与居委会、其他社会组织所拥有的权力和资源不对等，政府部门处于强势地位，可以凭借自身对居委会和其他社会组织的财权、事权和人权的控制，转移事务。

(2) 社区治理的内容：社区公共事务

公共事务一般是指涉及社会公众的生活质量和共同利益的一系列活动，以及这些活动的实际效果。所谓社区公共事务，在宏观上，凡是按照属地原则分担到社区，以社区为单位去组织、协调、运作的公共事务，就属于社区公共事务；在微观上，社区经济、社区教育、社区卫生、社区体育、社区文化以及社会福利、社会救济是传统的社区公共事务。在当今的市场经济体制下，新独立出来的社区治安、社区服务等也属于社区公共事务。② 社区公共事务是纷繁复杂的。社区治理需要通过合作关系将政府、社区自治组织、非营利性组织、营利性组织等团结起来，整合各自的资源，形成社区内部的共同合力，以有效地解决社区公共事务问题。

社区公共事务的本质是公共物品(public goods，或称“公共产品”)。按照萨缪尔森的观点，所谓公共产品就是所有成员集体享用的集体消费品，社会全体成员可以同时享用该

---

① 冯玲，王名. 治理理论与中国城市社区建设[J]. 理论与改革，2003，(3).

② 汪大海. 外国人是如何管理社区公共事务的[J]. 社区，2005(3).

产品；而每个人对该产品的消费都不会减少其他社会成员对该产品的消费。或者说公共产品是这样一些产品，无论每个人是否愿意购买它们，它们带来的好处不可分割地散布到整个社区里。[①] 这个定义是从受益的非排他性和消费的非竞争性特征来界定公共产品的概念。因此，公共物品具有受益的非排他性和消费的非竞争性两个基本特征。然而现实生活中能够同时完全具有这两种属性的纯公共物品并不多，许多公共物品只具有两个特性中的一个或在不同程度上具有这些特性。这些介于纯公共物品和私人物品之间的物品被称为准公共物品。根据产品是否具有非竞争性和非排他性两种特性，我们可以对产品做如下分类，见表 4.1。

表 4.1　产品分类表

		排　他　性	
		有	无
竞争性	有	私人产品	公共资源
	无	俱乐部产品	纯公共产品

学者陈伟东、李雪萍曾对社区公共产品的特征、属性及分类作出了积极的、有意义的研究。他们根据社区产品的两个内在属性将社区产品分为四类：一是个人物品，即有排他性与竞争性的产品；二是收费产品，即有排他性但无竞争性的产品；三是共用资源，即无排他性但有竞争性的产品；四是集体产品，既无排他性也无竞争性的产品。[②] 二位学者还将社区产品的属性及分类作了一个清晰的表，见表 4.2。

表 4.2　社区公共产品的属性与分类

	排　他　性	非 排 他 性
竞争性	个人物品 包括：送奶、理发与美容、饭菜配送、代换煤气罐、家电维修、钟点工等	共用资源 包括：河流、湖泊、空气等
非竞争性	收费物品 包括：邮件投递、公交服务、通信网络、自来水供应和下水道服务、电力供应、天然气供应、社区养老院、青少年特长培训等	集体产品 包括：社区活动设施、街道、便民桥、垃圾处理、社区绿化、社区医疗保障与防疫、社区安全与消防、公民自由与民主、公共教育（除特长培训）、公共文化体育、楼道秩序、社区救助等

① [美]保罗·A. 萨缪尔森. 经济学[M]. 北京：北京经济学院出版社，1996.

② 陈伟东，李雪萍. 社区产品属性与供给机制[J]. 中国民政，2003(2).

事实上，社区公共产品既有纯私人物品特征，也有纯公共物品特征，属于混合物品。它们具有社区性、外部性、多样性的特征。社区公共产品的属性本身就意味着：有效供给社区公共产品需要建立多元互动的社区治理结构。① 换言之，社区公共产品的非排他性和非竞争性会促使人们产生"搭便车"(捡便宜)的行为，这也需要建立一种相互监督和相互约束机制。在社区公共产品的提供过程中，政府不可能是唯一的，市场不可能是唯一的，自治组织以及第三部门等也不可能是唯一的解决之道。公共产品的提供是一个多元主体的互动过程。只有建立在政府、市场和社会三维框架下的多中心模式，才能有效地克服单一主体供给的不足，进而才能走出社区公共产品的困境。

社区是存在于具有一定边界的地域中的、其成员有着各种稳定的社会和心理的联系的人类生活共同体。目前，城市社区的范围一般是指经过社区体制改革后作了规模调整的居民委员会辖区。社区的构成要素包括：地域性、公共联系纽带、持续和亲密的首属关系、归属感和一套社区成员公认的行为规范和秩序。中西方的社区建设虽然起步不同，发展的路径也有区别，但它们都是为解决本国各种社会问题，并着眼于以社区建设和发展来谋求社会的发展。

治理泛指国家、公共组织、私人机构及社会个人等各种活动主体经过协商合作对公共事务进行有效管理，从而最大限度地增进公共利益，它与"统治"有着本质区别。社区治理是指在法制化、规范化的前提下，由政府行政组织、社区党组织、社区自治组织、社区非营利性组织、辖区单位以及社区居民等多元主体共同管理社区公共事务的活动。社区治理应遵循参与、法治、透明、反馈等基本原则。社区治理的主体是社区利益的相关者，其客体是社区公共事务。

1. 费孝通. 当前城市社区建设一些思考[J]. 社区. 2005(13).
2. 郑杭生. 社区建设的理论与实践[M]. 北京：党建读物出版社，2009.
3. 王思斌. 体制改革中的城市社区建设的理论分析[J]. 北京大学学报(哲学社会科学版)，2000(5).
4. 唐忠新. 构建和谐社区[M]. 北京：中国社会出版社，2006.
5. Ferdinand Tonnies. Community and Civil Society. Cambridge University Press，2001.

① 陈伟东，李雪萍. 社区治理与公民社会的发育[J]. 华中师范大学学报(人文社会科学版)，2003(1).

社区(Community)　　社区建设(Community Construction)

治理(Governance)　　社区治理(Community Governance)

1. 什么是社区？社区的构成要素有哪些？
2. 发达国家的社区建设有什么特征？这对我国社区建设有何启示？
3. 什么是社区治理？社区治理的主体和内容分别是什么？

对上海社区建设的一点思考
——费孝通教授 4 月 12 日在上海大学的讲演(节选)

研究城市社区建设是我近几年给自己定的一个工作内容。我从研究乡土社会开始，到研究农村变化，后来研究小城镇，现在进入了大城市、大都市，伴随中国社会走了一条城市化的道路。我认为，如果把传统中国社会看作城市化进程中农村一端，那么到现在，我们还没有完成整个城市化过程。这个未完成不单单指人口向城市的集中的过程或者工业化的过程，还指人本身的变化过程，从农民到市民的变化过程。即使像上海这样已经形成多年的大都市，随着城市不断发展，也面临着本市和外来农民的市民化以及他们和原有市民一起的现代化问题。今天的社区建设可以看作一个城市化过程的继续，既是城市发展的继续，也是市民现代化的继续。我们需要在都市形成和演化过程以及这个过程中所生成的文化和社会遗产的背景上，探讨今天对社区建设的研究和理解。

(一)

现在的上海社区是有其历史文化基础的，在研究当前现实问题的时候不能完全离开它的历史。上海从一个沿海渔村为起点，发展成为今天的一个国际都市，有一个发展过程。根据史料，现代意义上的“上海”是从 1842 年“五口通商”开始的，是不平等条约产生的结果。一百多年来，上海从一个小镇，到今天中国最大的城市，人口其实都是从外面迁移进来的，这个趋势一直没有断过，而且迁移进来的速度越来越快。

从近代历史上看上海这个城市可分为三个时期，第一个时期是租界时期，那是老上海；第二个时期是解放后计划经济时代，国有企业是上海市的重点，从各地招进很多工人；第三个时期是改革开放之后，出现了现在新型的上海。

租界时代的上海是一个特殊的时期，上海人的基本居住格局、生活习惯、地方文化，都与这一时期有一定的联系。当时的上海已经有了现代社会所有的社会活动和服务设施，人们的行为方式和思维方式也深受现代西方工业化和市场化社会的影响，有很强的市民社会的风气。上海不同于其他城市的特点，不仅仅是有更多的洋楼，说更多的英语（洋泾浜），真正的特色是心理上和观念上的。上海的文化，所谓"海派"文化，就是上海历史的反映。

当年上海开埠，海内外四方移民带着原有文化汇集到这个小镇。第一批乡土农民在与占支配地位的、成熟的西方商业文化正面遭遇中被迅速改变了，由此形成的上海市民和市民文化的基因，一直存在于上海人的行为方式，包括社区行为方式之中。来自不同文化习俗的移民及其后裔在共同相处中逐渐演化出共同的规则，形成了较为明确的遵守规则、服从权威的意识；乡土的血缘和地缘关系因为市场和工业经济的影响而被弱化和改造了，但在大都市的生活环境中，家庭内和邻里间仍保留着守望相助的传统；由于长期处于多元并存的文化格局中，市民对差异的包容性，对新事物的开放心态和面对机会的选择能力得到加强。作为这些作用的共同结果，在上海，市民对个人自主性和独立性的需要，对人际关系的合理性、选择性乃至实用性的要求，都得到强化。具有明显不同的地域文化背景和个性的居民，在一个弄堂甚至一栋石库门之中和谐相处，是那个时期形成的市民文化重要特点之一。

第二个时期，就是解放以后。在计划经济时期上海是中国最大最重要的经济中心城市，也是计划经济搞得最彻底、最严谨、最完善的地区之一。计划经济时代的一个重要的特点，就是"单位制"的影响，几十年里上海是以工作单位作为城市基本单元组织起来的，在居民生活方面，很多居住区是属于某一个单位的，居民都是同一个单位的同事，个人自主空间不大。计划经济不仅是对物质产品的计划生产，也是对人和人的生活的计划安排。

计划经济下单位制和居住方式之间，有某种协调性。国营单位中强烈的"共有"气氛，与居民邻里之间的"共享"气氛，相辅相成，人们在观念上也倾向于"共有"的感觉。社区中的住户，彼此都很了解，有什么事，大家都要一起去解决，而不是那种"各扫自家门前雪"的分离状态，这种意识，在上海人的生活中，特别是在邻里关系中，是早就有的。在计划经济下，有时候还受到了强化，很多地方的居住条件，也客观上要求这种意识——几个家庭住在一个弄堂中，朝夕相处，不像那种独院的居住条件。这些历史是后来从事社区建设的一个客观的基础。

现在上海的发展，可以说正在经历着第三个阶段，就是改革开放和市场经济的阶段，这是上海历史上又一个大发展的时代，上海正在建成为国际大都会，并且沿着这个方向继续发展。看看这些年上海的发展，就会发现，上海社会和"上海人"都发生了很多新的变化，总的趋势越来越多样化。上海人自身的创造性已经发挥出来，同时又有很多国内其他地区的人、港澳台同胞、海外归来的人、世界其他国家的人,都纷纷来到上海,加入到上海的社会生活中,上海的社会环境发生了很大的变化。人们的观念随着发生了很多变化。上海的发展,是一个计划经济下的“大城市”向市场经济下国际化、现代化“大都会”的转变。它对上海市民和市民生活的影响特别大,也需要我们好好研究。

在这种大的背景下,我们就要考虑如何使城市基层的社区建设,跟上上海总体的发展,而且要对上海的总体发展起到保障和支持的作用。如何在社区建设中,既培养共同的社区意识,担负共同的责任,又能使人们按照自己习惯的方式,保持自己的活动空间,保持丰富多彩的生活方式,保持每个个体和家庭自己的个性?做到了这一点,就能从这种基层的层次上,保持上海作为国际大都市的多样性、创造性和活力,使得在这里生活的人感到舒适、安全、便捷、宽容而又丰富,这是上海在国际竞争中的一个重要的方面。

(二)

面对上海的历史和现状,我们的研究工作要用科学的方法去了解它们的发展过程,了解它们产生的新问题,这正是社会学当前重要的工作内容。

我们知道,市场经济起来后,产品和人都无法按照一定模式去安排了,人在市场上活动,需要自己选择,没有人能够代劳,要选择,就要求自主能力。人在市场上形成的自主性,必然会带到生活的各个层面。近几年我们还看到,随着人的流动,个人从市场获得的资源份额有了差别,不同收入人群的出现,表明社会结构发生了新的变化,社会阶层逐步形成。这一点在社区层面就表现为不同人群向不同地域的集中,由经济上自立的人员所组成的同质居民区已经出现,其数量和规模都在急剧增长,而需要外部帮助的弱势群体也呈现同样的集中趋势。不同的人群在内部必然形成不同的关系样式和组织结构,在外部必然要求不同的管理模式和服务方式。越来越多的市民经济上自立已经没有问题,他们生活上的自理能力,也将逐步形成和提高,随着业主委员会等组织走向成熟,社区公共事务的自治开始成为居民的内在要求。新型的居民群体,新的生活习惯以及市民与政府之间新的关系样式已经出现。它要求我们尽快找到新的社区管理模式和手段,以跟上城市的变化和发展。

从上海目前的情况来看,人在社区中基本上还是通过行政体系组织起来的。上海的地区行政系统,在全国范围一直算比较齐全完整的,即使在单位主导的时候也如此。改革开放以来,上海市先是为适应经济改革和城市管理的需要,将原先的“两级政府,一级管理”转变为“两级政府,两级管理”,开始行政管理体系向下伸展的过程。新体制取得成效之后,1995 年上海又进一步提出“两级政府,三级管理”的行政构架,街道由最初在单位——行政体制中的辅助地位上升为对地区范围公共事务实施全面管理的地位。街道地位的变化,意味着个人现在主要作为居民被紧密组织到了区域行政体系之中,而不是作为从业人员被单位所组织。1995 年上海市在确立“两级政府,三级管理”体制时,结合吸纳下岗国企干部,首次把居委主要岗位列为事业编制,这反映出行政因素向基层生活的渗透。随着个人生活事务不断脱离单位转移到居住区,居委会在社会事务管理上的重要性不断上升,到世纪之交,"两级政府,三级管理,四级网络"的城市行政构架最终成形。

在社区里,个人凭什么接受管理或制约,又为什么要"管闲事"?上海人是很喜欢讲"关你什么事"和"关我什么事"的。要让大家接受管,愿意管,主要还靠文化认同,在价值观、思想方法和生活方式上找到同一的感觉,共同管起来。上海人以前对不同居住区域,有"上只角"和"下只角"之分,从形式上看,就体现了以生活方式为对象的文化认同。经过这么大的变迁,传统的"上只角"或"下只角"区域,有些模糊不清了,但观念还在,心理基础还在,作为思路,今天在寻找社区认同基础时,还可以借鉴。可以把这个文化的基础再拓宽一点,内涵挖深一点,与居民的生活联系搞得更全面一点,作为生活方式的特点更鲜明一点,这样形成的社区认同,作用可以更大一点。

要落实居民自我管理,需要有相应的管理人和管理社区的方法与手段。已经达到经济自立的居民在基本生活方面,不需要依靠别人,计划经济体制下常用的权利形式也失去了用武之地。彼此平等的居民之间需要一种"同意权利"。它不具有强制性,但有约束力,约束力首先不来自外部压力,而来自因为自愿参与和自主选择而形成的内在动力。社区建设强调参与,视之为社区中人的管理和社会管理的主要方法,道理就在这里。所以,基层政府在积极动员居民参与的基础上,要及时而充分地授权给居民,增加他们参与决策的机会,尽可能把社区层面与居民直接有关的公共事务交给居民自己来决定,逐步使居民从认可具体事务上的自我决定,进到认可自我决定的方式,进到认可作出自我决定的权利,最后形成认可和尊重自我决定的习惯和制度。

(三)

我一直在思考的一个问题,就是如何根据群众的需要来开拓社区建设事业,要看到这种家家户户共同参与社区事务,但各家各户又有不同兴趣、不同要求的发展趋势,探讨如何根据这种情况采取不同的组织形式和活动方式来满足群众的要求。

社区组织的出现,是居民实际生活的需要。社区建设也不是抽象的名词,它体现了一批人所发生的地缘关系和互相合作的关系,包含着许多服务性内容。旧上海有各种组织来做服务性的工作,解放后是行政机构代办,现在发展的趋势是居民自理,研究这个过程很重要,它直接涉及社区的基本功能,关系到如何提高城市建设的"人文关怀"的水平。如果我们能针对目前的实际情况,逐步引导人们在社区层次上,一步步走向自理,扩大民主生活的基础和范围,就会从最基本的层次上促进一种具有人文精神的、优化合理的社会生活,使我们提高居民的生活质量实实在在地上一个台阶,也为中国城市建设建立一个重要的示范。

上海社区建设,离不开上海现代化、国际化这个大的背景。我们要把眼光放开,要看到国际化过程中未来的发展趋势,今天的社区建设,是面向未来的,既要考虑到上海作为中国的重要经济金融中心的地位和要求,也要考虑上海作为亚太地区主要中心城市和世界重要都市的前景。在现代化、国际化的社会条件下，人和人的关系会有一些新的特点，生活方式也会有很多不同，社会机构也会有很多调整，家庭、邻里、同事等等关系都在变化，这是一个动态的东西，怎么变，需要我们去研究。特别是像上海这种走在现代化最前沿的城市，不少新的东西已经成为人们生活的一部分，它们已经不是“未来”，逐步地变为“现在”了，是现在每天正在发生作用的东西，社会生活中有很多新的东西都是从这里面出来的，这些新东西就是影响我们社会未来的东西，我们的研究，要把这些都包括进去。

（资料来源：文汇报，2002.06.23.）

【思考题】

(1) 结合上海城市的变化，来谈谈社区的性质及其变化。
(2) 你认为在新形势下，社区工作应如何开展？
(3) 你认为应该如何去建构居民的社区认同？

第 5 章

城市社会分层和流动

【本章提要】

本章主要介绍有关社会流动和社会分层的概念、理论和现状。在介绍概念的时候，必须区分社会流动与人口移动、社会分层与阶段分层的概念有何区别，另外，国外社会流动和社会分层与中国的情况由于国情和历史不同而呈现出不一样的现象。第二节内容是关于社会流动和社会分层的理论研究，以及在中国的研究现状。在第三节内容中，详细介绍关于中国的社会结构变迁历史和现状，以及发展趋势。

5.1 社会流动和社会分层

5.1.1 社会分层、阶级分层

在讨论社会分层、社会阶层和阶级分层的区别之前有必要先认识和了解阶级和阶层的含义和区别。由于阶级与阶层的复杂性，划分阶级和阶层有多种不同的标准，阶级的划分注重生产关系特别是所有制的标准，而社会阶层的划分更多是从政治经济文化等多方面来进行的。

对于阶级，列宁准确地理解和把握了马克思恩格斯关于阶级的基本含义，给阶级下了明确的、规范性的定义。他说："所谓阶级，就是这样一些大的集团，这些集团在历史上一定的社会生产体系中所处的地位不同，同生产资料的关系(这种关系大部分是在法律上明文规定的)不同，在社会劳动组织中所起的作用不同，因而取得归自己所支配的那份社会财富的方式和多寡也不同。所谓阶级，就是这样一些集团，由于它们在一定社会经济结构中所处的地位不同，其中一个集团能够占有另一个集团的劳动。"判断阶级差别的基本标准，就是它们在社会生产中所处的地位。[①]

阶级是一个以经济属性为其本质属性，同时具有政治和思想意识属性的社会概念，阶层则主要是在具备这些社会属性的基础上，由于某一社会属性的差别、利益的差别而形成

① 李元书.社会分层与阶级分层的区别、功能和意义[J].江苏社会科学,2005(2).

的阶级中的不同层面。同一阶级的成员在一定条件下也可以根据政治态度和价值观念上的不同，划分为不同的阶层。在形成和消亡的过程中，阶级的形成要经过阶层的发展阶段和过程，即经过从阶层到阶级的演化过程，而阶级的消亡则要经历相反的过程，即从阶级到阶层的演化过程。而今天的社会分层更多的是指社会分工所形成的职能群体，由此产生的人们收入的高低、声望的高低、职业的优劣和职业地位的高低、权力的大小而排列的层次、等级。这也是近年来，我国社会学者们经常使用的阶层含义。① 社会阶层与社会阶级的重要区别表现在以下几个方面：②

研究对象：阶级的研究对象是社会集团，不仅要研究社会集团之间的关系，而且要研究其形成原因、性质、特征及发展趋势。而阶层研究的对象是社会成员，虽然社会集团是由社会成员组成，但二者存在着根本性的区别。社会集团是从团体和组织的视角定义社会群体，而社会成员则是淡化了组织的内涵；另外，阶层是在更大的范围，不仅是一个生产关系的内部，而且从人类发展的视角，来分析社会成员构成的层次。

研究视野：阶级是从社会生产关系的视野中定位社会集团及其特征。而社会阶层研究的视野是社会生产力发展条件下，社会成员的演化规律，揭示社会群体发展态势和规律。阶层主要是从社会成员构成的层级，或者从一个集团内部的视野中去定位更具体的社会成员层级。

研究思路：阶级是按阶级学说的思路对社会集团及其构成进行考察，阶层则是按社会层次的思路分析考察社会不同群体和社会成员。两种研究思路固然在一定意义上存在着某些重叠性联系，但二者又有鲜明的区别。

研究线索：阶级是一个历史范畴，在人类社会的特定时期产生，即出现了社会大分工和剩余劳动，阶级才应运而生。进入共产主义社会以后，社会阶级将和国家一同消亡。社会阶层是一个永恒的范畴，伴随着人类的产生而产生，只要人类社会存在，人类群体就会有左、中、右及层级的区分。

研究方法和依据：阶级主要集中于对社会集团经济因素的考察，使用的是经济分析的方法，把经济的差异看成是一切差异的根源，并且进而看成阶级剥削和阶级斗争，以及无产阶级革命的根源和依据；而阶层运用的方法是综合法和多元分析法，通过对社会群体的经济、政治、社会地位、文化层次及道德观念等要素，进行并列的多元化的研究。

研究的根本目的和重要意义：阶级范畴表述的重要目的和意义是提示社会集团之间利益冲突的根源和集团之间斗争的必然性，提示剥削的基础条件、秘密和方法、贫困的根源与革命的动力等；而阶层则主要从社会层次的视角进一步说明集团内部的层次性，以及阶层演化的规律性、科学性。

---

① 李元书.社会分层与阶级分层的区别、功能和意义[J].江苏社会科学，2005(2).

② 杨国斌.社会阶层论[M].北京：中国社会科学出版社，2009.

从上述解释来看，可以对社会分层和阶级分层做出区分。社会分层是指对人们在社会中的不同地位或位置的排列。主要包括收入分层、社会声望分层、权力分层、职业分层、受教育程度分层、年龄分层等。阶级分层即根据人们在社会生产体系中的地位和作用而对其在社会阶级结构中的位置的排列。

5.1.2 人口流动、人口迁移、社会流动

关于人口迁移和移民的界定，尚存在着争议。按照联合国国际人口学会组织(IUSSP)编写的《人口学词典》①(1992)中的定义，人口迁移指"人口在两个地区之间的地理流动或者空间流动"，这种流动通常会涉及永久性居住地由迁出地到迁入地的变化，人口迁移是一种永久性迁移，它不同于其他形式的、不涉及永久性居住地变化的人口移动。美国人口咨询局的《人口手册》②(2001)将迁移定义为"人们为了永久或半永久定居的目的，越过一定边界的地理移动"。

在我国，由于长期以来受户籍制度的限制，对人口迁移的界定较为复杂。在我国，对人口迁移不外乎是从三个属性来加以界定：时间属性、空间属性和目的属性。空间属性即居住地是否发生了改变；时间属性即是否属于永久性迁移，从人口学上讲，居住超过一年(或半年)就算永久性迁移；目的属性即是否以居住为目的。在我国的人口迁移研究中，还存在一个"人口流动"的概念，通常指不改变户籍的人口移动。我国目前确实存在很多不伴随户籍变更的人口流动现象，其中许多人也在迁入地居住满一年以上，按照人口迁移的三个属性，这部分人口流动应该属于迁移的范畴。但人口流动的含义不限于此，除了以居住为目的、移动时间较长的非户籍人口迁移，还包括不以居住为目的的短期人口移动，如出差、开会、旅游、探亲访友等。因此人口流动与人口迁移的概念有一部分是重叠的，这部分就是以居住为目的、离开原住地一年(或半年)以上的非户籍人口迁移。尽管存在中国特色的户籍制度，国内学者对人口迁移的界定仍然基本上与国外接轨，尽可能从人口学意义来考虑迁移的时间属性和空间属性，有的也包含目的属性，较少考虑户籍制度的限制。

人口流动是人口在短期离开后又返回原居住地的现象，一般指离家外出工作、读书、旅游、探亲和从军一段时间，未改变定居地的人口移动。人口流动不属于人口迁移，比人口迁移更为普遍和经常。流动的人口不能称为移民。当然，人口流动是把"双刃剑"。随着社会工业化、城市化进程的不断推进，必然带来劳动力的集中，造成农村人口向城镇区域集中，随之，人群的集中必然带来市场活动、商业活动与服务业的发展，相应地创造了就业机会。此外，由于农村剩余劳动力和城市吸引力的共同作用，必将促进大中城市基础设

---

① 联合国国际人口学会.人口学词典[M].北京：商务印书馆，1992.

② 美国人口咨询局，编.人口手册[M].(第四版)汤梦君，译.北京：中国人口出版社，2001.

施和房地产业的发展，促进人口向第二产业、第三产业集聚，并促进城市化的发展。从另一方面来说，大量的人口由农村流向城市，使大城市不堪重负，造成了大城市严重“超载”，给城市的管理和发展提出了严峻的挑战。随之而来的一系列诸如流动人口管理、户籍制度、城乡接合部等逐步成为我国城市管理与发展的难题。这些问题如果处理不当，甚至可能成为社会矛盾的爆发点、激发点。

而社会流动不同于物理空间上的人口流动和迁移，而是人们的具有社会意义的、地位上的变化。人们都生活于一定的社会结构之中，这是一个由社会关系网络形成的结构。人们在这个网络中占有一定的位置就表明了他的社会地位，在这个社会结构中人们位置的变化就是社会流动。在讨论社会分层的背景下，社会流动更加关注的是人们在获取财富、权力和声望等资源方面能力的变化，由于这种变化，社会流动的主体增加或减少了获得他所期望的资源的机会。社会流动不一定是人们在地理空间上的移动。人们的社会流动可能是非地理性的，比如一个人可以在同一社会结构中地位上升或下降，这在社会现实中是大量的。当然，某些在地理空间中的移动也可能带有在社会结构空间中地位变化的意义，比如，在计划经济时期农村青年农民被招工进城成为工人。但是，许多人们在地理空间中的移动并不属于社会流动。判断某种变动是否属于社会流动，关键是看当事人在社会结构中获取或占有他所期望的资源的机会是否发生了变化。

社会流动是一个社会成员或社会群体从一个社会阶级或阶层转到另一个社会阶级或阶层，从一种社会地位向另一种社会地位，从一种职业向另一种职业的转变的过程叫做社会流动。它是社会结构自我调节的机制之一。社会流动反映了个人社会位置的变化和个人社会属性的变化。正是由于社会流动，改变了自身所处的社会性资源的分布状况，也打破了社会分层之间的壁垒，使各阶层之间处于不断更新变换的过程，因而增强了社会的流动性。社会分层是一种普遍现象，每一个社会都是由各个阶级、阶层组成的分层体系。社会流动的程度与社会分层体系封闭或开放的程度密切相关。由于一个人的社会地位是多重的，所以其社会流动也是多重的。在社会流动中一般更加关注人们的职业、职位的变化，因为职业是人们的主要的社会地位的代表，它对获取经济、权力和声望资源具有更重要的意义。

5.1.3　国外社会流动和分层

从 20 世纪以来的发达国家社会结构的变迁看，社会结构两极化的趋势已大大缓和，贫富差距有所缩小，最富有的阶层与最贫穷的阶层都有向中间阶层演变的趋势。整个社会结构呈现出“橄榄形”的形状。

从收入分层看，20 世纪以来，美国最富有的 5%的阶层所占有的全部收入的比例，从 1929 年的 30%下降到 1980 年的 15%，下降了一半。而在美国分层中占 60%的中低层所占有的全部收入的比例，从 1929 年的 26%上升到 1980 年的 34%。1980 年美国富有者阶层占全部家庭6.7%，而贫困阶层仅占6.2%，其余87.1%的家庭则都是处于贫困与富裕之间的中等收入阶层。总之，从收入分层看，美国有一个庞大的中等收入层成为社会稳定的重要因素。从职业分层看，目前的西方社会也形成了与中等收入层相对应的一个中等身份地位的职业群体，它大体上由：专业技术人员、管理人员、办事员、销售人员等组成。这些人是目前西方社会的典型中间阶层。在美国、加拿大、法国等11个西方发达国家，专业技术人员、管理人员、办事员、销售人员，已占到了在业人口的半数以上。如：美国占53.5%，加拿大也占53.5%，其他西方国家也大体保持在这个水平上。①

综上所述，无论在收入分层中，还是在职业分层中，西方发达国家都形成了一个庞大的中间阶层。社会学家的研究表明，这个中间阶层赞同社会的主导价值观，在社会变迁中成为社会矛盾的缓冲阶层。研究还表明，中间阶层构成社会主体，这是第二次世界大战后，多数西方发达国家能够长期稳定发展的重要结构原因。

2004年拉美地区约有5.5亿人，其中约4.2亿人（约76%）居住在城市。因此，城市人口是拉美各国政治、经济和社会生活的主体。自20世纪80年代以来，在拉美地区的城市人口中，明显地存在着八个社会阶层。拉美地区城市社会的这种分层对社会和政治产生了极大的影响。谢文泽在《拉美城市的社会分层及社会和政治影响》一文中②采用拉美经委会的划分标准，即是否拥有资本和生产资料，是否大量控制其他劳动力，是否拥有稀缺的、高附加值的技术，是否拥有一般管理和一般技术技能，是否享受劳动法律的保护以及收入方式等，将拉美地区的城市经济人口划分为资本家、高级管理人员、高级雇员、小业主、正规脑力劳动者、正规体力劳动者、非正规劳动者及其他未分类人口八个阶层：

其中，资本家是拉美地区城市社会的第一阶层。这个阶层的成员基本上是大中型企业的所有者，拥有大量资本和生产资料，雇佣大量劳动力，利润是其主要收入来源，在政治、经济和社会生活等诸方面均居主导地位，拥有一定的特权。在拉美地区，该阶层占城市经济人口的0.9%。

第二阶层是高级管理人员，其成员基本上是大中型企业、国有企业以及政府部门的高层管理者。尽管高级管理人员不直接拥有大量资本，但他们管理着规模庞大、数量众多、组织良好的劳动力，拥有稀缺的、高附加值的技术，至少拥有一般管理或一般技术技能，受劳动法律的保护，工资和奖金是其主要收入，收入水平仅次于第一阶层。在拉美地区，该阶层占城市经济人口的1.1%。

第三阶层是高级雇员。他们受过良好的大学教育，受雇于私有企业或政府机构，身居要职，但不直接掌握大量资本，也不领导数量众多的劳动力。他们凭借自身的才能，在私有企业和政府机构获得很好的就业机会，拥有丰厚的工资收入。在拉美地区，该阶层占城

① 景跃军，张景荣. 社会分层研究与中国社会分层现状[J]. 人口学刊，1999(5).

② 谢文泽. 拉美城市的社会分层及社会和政治影响[J]. 拉丁美洲研究，2005，6(3).

市经济人口的2.0%左右。

第四阶层是自由职业者、技术人员、小型和微型企业主。小型和微型私营企业主是这个阶层的主体,因此,该阶层也可称为小业主。其特点是拥有一定数量的资金,拥有一定的管理和技术技能,少量地、非正规地雇用工人,向消费者提供低成本的产品和服务,为大中型企业加工低成本的中间产品。在拉美地区,该阶层占城市经济人口的9.4%左右。

第五、第六阶层是正规脑力劳动者和正规体力劳动者。实际上这两个阶层可统称为正规劳动者,其主要成员是在工业、服务业和农业部门就业的劳动者,能享受劳动法律和法规的保护,能享受医疗保险、失业保险以及退休金等。前者是层次较高有稳定收入的白领和技术人员;后者主要是蓝领工人,其成员是产业工人、服务业人员以及农村地区现代化程度较高的农业企业的工人。在拉美地区,这两个阶层各占城市经济人口比重的13.7%和18.7%。

第七阶层是非正规劳动者。这个阶层的成员处于劳动力市场的最低层,他们没有劳动合同的保障,享受不到劳动法律和法规的保护,没有稳定的工资收入甚至没有工资收入。他们除了出卖劳动力之外一无所有,是拉美地区较为典型的、数量庞大的无产阶级。非正规劳动者主要以三个群体构成:绝大部分在小型和微型企业处于非正规就业状态的劳动者;无报酬的家庭劳动者;无社会保障、不受法律保护的产业工人、服务业人员和农业工人。在整个拉美地区,该阶层占城市经济人口的50.6%。

第八阶层是无业者或无法分类的其他社会成员,俗称无业人员。严格地说这算不上是一个阶层,更准确地说是无业群体。该阶层占整个拉美城市经济人口的3.6%。

5.2 社会流动和社会分层的理论

5.2.1 社会流动的理论

社会流动研究的创始人是索罗金,他在1927年发表了《社会流动》这本著作,从而也开创了社会流动概念的先河。在索罗金的著作中,社会流动可以被理解为个人或社会对象或价值,被人类活动创造的或修改的任何变化,从一个位置到另一个位置的任何转变。在当今社会学界对于社会流动的定义为:人们在社会关系空间中从一个地位向另一个地位的移动。社会学中所强调的社会流动是区别于人口学所研究的"人口流动"和劳动经济学所研究的"劳动力流动",因为人口学和劳动经济学所强调的是人口迁移的空间属性,即人口从一个地区向另一个地区迁移。而在这里社会流动指的是阶层流动,是从一个社会阶层流向另一个社会阶层的变动过程。根据不同的标准,可将社会流动划分为不同的类型。社会学中最常见的划分有三种,即根据流动的向度将社会流动分为水平流动和垂直流动。水平流动是阶层内部的位置转移,垂直流动是不同阶层之间的流动。垂直流动还可分为向上流动和向下流动。除此，根据流动是否为代内，将社会流动分为代际流动和代内流动。代际流动是与上一代地位的比较，而代内流动是一个人一生中地位的升降变化，是以自己最初的位置为基础比较。根据流动的原因，又将社会流动分为结构性流动与自由流动。所谓结构性流动就是由于社会生产力的发展改变了原有的社会结构，从而产生流动；而自由流动多是由于社会成员自身的原因造成的流动，这也可以称为非结构性社会流动。社会流动的目的就是要解释个人是如何分配到不同的社会地位和社会阶层中去的，即社会分层系统是如何运作的。在学术界中，解释社会流动的理论不是很多，主要有推拉理论，帕累托的精英循环论和布劳—邓肯的地位获得模型等理论。

"推拉理论"最早可以追溯到英国经济学家和社会学家拉文斯坦在 19 世纪 80 年代提出的"迁移法则"，当时拉文斯坦已提出了这一理论的基本框架。到了 20 世纪 60 年代，英国学者李(Everetts Lee)又在此基础上提出了系统的迁移理论，也就是今天所说的研究人口流动和移民的最有影响的"推拉理论"这一理论就是认为在市场经济和人口自由流动的情况下，流出地具有社会流动的推力，而流入地是具有社会流动的拉力。正是由于这一推力和拉力促使了社会流动。用这一理论可以很好地解释当今农村社会流动的现象。

帕累托的精英循环理论可以从社会分层和社会流动的角度来解释：精英—精英流动，这一模式主要强调了个体之间的循环，另一个模式是社会底层群众—精英阶层流动，这强调的是阶层性流动。当今的社会流动就包含着精英取代和精英流动的过程。

布劳—邓肯对美国阶级结构和职业地位获得进行了开创性的研究。他们运用路径分析的方法建立了"地位获得模型"，这也称为布劳—邓肯模型，这一模型同时涵盖了个人的代内流动和代际流动。他们认为，个人职业地位的获得，受到先赋因素和自致因素的共同作用，并且先赋因素一方面对个人职业地位的获得存在直接影响；另一方面，先赋因素还作为中介变量存在，通过影响个人的自致因素间接影响个人的职业地位获得。布劳—邓肯的这一模型奠定了社会流动理论的基础。

5.2.2 社会分层的理论

西方社会分层研究来源于两种理论范式——功能论范式和冲突论范式，分别为以涂尔干、戴维斯和摩尔、帕森斯为代表的功能论分层观点以及以卡尔·马克思、马克斯·韦伯、达伦道夫为代表的冲突论分层观点。①

社会分层理论是伴随着社会学研究的不断深化而不断发展的。第二次世界大战以后，社会学的研究中心逐渐从欧洲转移到美国。最初，社会分层这一研究主题并没有引起美国社会学家的关注。20 世纪 30 年代，美国经历了历史上最为严重的经济危机，众多社会学家才开始不得不面对严格的阶级不平等这一社会现实。此后，一些人开始关注美国

---

① 侯钧生，韩克庆. 西方社会分层研究中的两种理论范式[J]. 江海学刊，2005(4).

社会社区生活中的分层问题，沃纳及其学生对于社会分层的研究就力图探求社区中人们不平等和社会流动的程度。对于美国早期分层文献的回顾发现，1945—1953 年间，至少有 333 篇关于社会分层研究的文章和著作出版。1954 年，第一本关于社会分层的教科书出版。然而，当时美国社会学界占统治地位的理论是帕森斯的结构功能主义，因此，社会分层研究也明显地被功能观点所统治，分层研究的重点主要是地位不平等问题。20 世纪 60 年代以后，冲突论者首先向功能主义理论发难，交换理论、符号互动理论的出现，标志着功能主义逐步走向衰落。这一时期的社会分层研究则更为关注社会稀缺资源的分配所带来的权力和权威的冲突问题。①

功能论的社会分层理论认为，阶层是满足社会需要的必然存在，每一个社会都会因需要整合、协调和团结而产生社会阶层；阶层反映了社会的共享价值观，提高了社会与个人的功能；经济结构不是社会中的主要结构，权力在社会中是合法分配的，工作与报酬是合理分配的；社会的阶层结构经由社会变迁而改变。冲突论的社会分层理论认为，阶层虽然是普遍存在的，但并非不可避免；竞争、冲突和征服产生社会阶层，并因此阻碍了社会和个人的功能；经济结构是社会结构中的主要结构，权力被社会中的一少部分人所控制，工作与报酬分配是不合理的；社会阶层的改变是经由革命来完成的。②

从两个理论范式出发，发展出后来的两种理论模式，分别是卡尔·马克思阶级理论和马克斯·韦伯多元社会分层理论。马克思采用一元的分层标准，即根据不同社会群体对生产资料的占有来划分阶级。“数百万家庭的经济生活条件使他们的生活方式、利益和教育程度与其他阶级的生活方式、利益和教育程度各不相同并互相敌对，就这一点而言，他们是一个阶级。”阶级理论认为，社会地位的不平等根源于社会的物质生产方式中，其实质是以财产关系为核心的生产关系。在此基础上形成了最基本的社会地位和社会不平等，即阶级地位——有产阶级和无产阶级，阶级不平等——统治阶级和被统治阶级。阶级理论主要是解释性和分析性的，它更多地是分析社会不平等产生的根本原因，其理论分析的基点在于社会成员与社会资源的关系性质，以及在此基础上产生的不同社会阶级之间的关系性质。因此，在马克思那里，阶级就是占有共同经济地位的社会群体，是否占有生产资料成为社会阶级划分的唯一指标。这一精辟论断不仅使马克思成为西方社会分层研究的第一位理论大师，而且让后来的社会分层研究者无不趋之若骛。

马克思之后，德国社会学家韦伯并非一般地讨论社会分层，而是在讨论“共同体内部的权力分配”时提出了财富（经济地位）、声望（社会地位）、权力（政治地位）“三位一体”的多元分层理论：“在经济领域存在着阶级，在社会领域存在着身份地位或声望群体，在政治领域存在着政治权力派别（即政党）。”在韦伯看来，马克思的阶级划分理论虽然一语道

---

① 侯钧生，韩克庆．西方社会分层研究中的两种理论范式[J]．江海学刊，2005(4)．

② 同上．

破了资本主义社会的阶层不平等,但在分析社会分化时过于简单,不能处理社会分层的复杂性。韦伯认为,社会阶层结构的分化体现在这三个维度的分化上,阶级、地位群体和政党都是一个共同体内部权利分配的现象。他认为,纯粹的财产占有本身仅仅是真正"阶级"形成的初级阶段。真正导致共同行为和阶级利益的,归根结底是市场状况,人们对市场机会的占有是表现个人命运的共同条件的机制。如果说"阶级"植根于经济制度中,等级就植根于社会的制度中,韦伯所描述的这种"等级"如同于我们所熟悉的传统社会中的"身份"。所谓社会分层结构,即是人们按照一定的社会区分指标对社会成员进行的区分结果。人们对各种社会分层体系的讨论,实际上包含了研究者对整体社会结构状况的基本认识和判断,是人们对影响社会行为或社会行动因素的认识和解释。

依照韦伯的理论模式发展起来的社会分层研究,包括布劳—邓肯的社会流动模式,其理论前提和预设被从现代化、工业化或产业化的角度进行了解释;社会分层的结构性意义,也为功能论和冲突论从各自的角度进行了探讨。布劳—邓肯模型或者说地位获得研究的主旨,是讨论先赋因素和自致因素对社会地位的影响。在他们看来,社会分层结构主要表现为职业结构,而某种职业地位的获得主要取决于代际之间的教育水平和职业以及本人的教育水平和素质的影响。后来的相似研究没有从根本上超出布劳—邓肯的理论模型。

与韦伯同时代的另一位社会学大师涂尔干则提出了以社会分工为基础的职业分层理论。他指出,在任何一个社会中,分工有重要位置和不重要位置的差异,社会分工体系中的各种角色、职位的配置有一定比例,而不是任意的。"如果公职人员、士兵、经纪人和牧师的人数过多,其他职业就不免会受到这种过度亢奋的损害。"因此,为解决社会失范、促进社会整合,就必须建立一个规范的职业群体体系。后来,普兰查斯的阶级理论、帕金的社会排斥理论、洛克伍德的阶级地位理论、赖特的阶级分类模型、戈德索普的阶级结构测量模型、沃纳的声望分层理论等,其基本思路也是按马克思与韦伯所开创的两种基本社会分层模式演进的,或者是对马克思的社会阶级分层进行修补与改进,或者是对韦伯的社会地位群体问题进行不断的深入分析。而起源于帕森斯,经其学生戴维斯和莫尔发展,后又经辛普森修正完善的美国功能主义分层理论中,则可以看到涂尔干职业分层理论的影子。

20 世纪六七十年代,整个社会科学,包括社会学进入一个对传统理论进行挑战和批判的时代,人们对所谓现代化和资本主义经济及社会结构重新进行反思。[①] 社会地位结构是社会结构,特别是社会分层结构的基础,同时也是社会流动或地位获得的基础。人们从重新审视经济社会结构的角度,重新审视了社会地位及其决定因素。在有关的新的社会分层理论中,新马克思主义、新结构主义、社会网理论、市场转型理论及其争论以及其他一些理论等,属于比较系统的对社会分层理论的发展。而在这些新的理论发展中,最重要

---

① 李路路.论社会分层研究[J].社会学研究,1999(1).

的是对在理论传统上占主导地位的以个人特征为导向的分层理论提出的批判。

社会分层是社会结构中最主要的现象,因而成为社会学理论的重要的传统领域之一。在社会分层理论中,卡尔·马克思和马克斯·韦伯提供了不同的,但是最基本的理论模式和分析框架,分别对社会分层的本质、决定要素、形式等做出了不同的理论解释,代表了两种在本质上不同的理论取向,今天的理论及相关研究基本上还是在这两个理论框架内发展。

近年来,中国的社会分层研究,主题丰富,但深化、拓展不够。中国的社会分层研究,不仅面临着理论本土化的困境,还面临着中西制度背景方面的差异。[①] 在理论层面上,缺乏"问题意识",理论逻辑较混乱;尚待探索、构建独立的中国社会分层的理论模型。在研究和分析方法上,亟须改进、加强统计分析技术手段。[②]

5.2.3　中国的社会流动和社会分层研究

中国的社会流动和社会分层研究一直是中国社会学中的主要内容,社会流动和社会分层互为基础和因果关系。20 世纪 90 年代以前,人们从政治思想和观念中还不完全承认分层,流动也只是受到政治约束的非自由流动,因此,90 年代以前,有关社会分层的著作和论文不是很多。而今能够检索到的相关著作和论文统计,大约 2/3 的论文和几乎所有的著作,都发表于 20 世纪 90 年代,绝大多数有关中国社会分层的实证研究也发表在该时期。

现有的关于中国社会分层的研究,几乎涵盖了国际社会学中社会分层理论发展的所有理论观点和模式,如关于阶级地位和阶级关系的研究(何建章主编,1990;陆学艺主编,1992;戴建中,1995;李春玲,1997),职业分层和收入分层的研究(李强,1993;葛延风,1994,1995;沈红,1995),地位结构观视角的研究(路风,1989,1993;孙立平等,1994;李路路、王奋宇,1992;李培林等,1992;李汉林,1993;卢汉龙,1996;李路路,1996),转型社会精英替代模式及分层机制变化的研究(李金,1994;张厚义、刘文璞,1995;戴建中,1995;李路路,1996,1998;李强,1997;宋时歌,1998),阶级阶层与利益结构的研究(黄伊凡主编,1989;冯同庆、许晓军主编,1993;李培林主编,1995;孙立平,1996;郑杭生等,1997),网络结构观视角的研究(王春光,1995;张宛丽,1996;李培林,1996),职业声望和社会地位认同的研究(于显洋,1991;蔡禾、赵钊卿,1995;卢汉龙,1996),职业流动模型以及大量有关农民流动的研究(陈婴婴,1995;李春玲,1997)。[③] 但是在这些中国社会分层中的众多研究中,很多研究停留在描述性的层次上而缺乏解释,人们叙说了一种现象,

---

① 侯钧生,韩克庆. 西方社会分层研究中的两种理论范式[J]. 江海学刊,2005(4).

② 李路路. 论社会分层研究[J]. 社会学研究,1999(1).

③ 同上.

却没有指出这种现象意味着什么。研究者常常没有将自己的特定研究置于理论发展的线索中去，或者将一个具体的研究与一个普遍的理论问题联系起来。人们叙说了一种现象，但无法去理解这种现象。在社会分层研究的理论逻辑上，人们更多地去分析没有被研究过的现象，较少考虑在理论上能够提供什么新的解释；同时，由于理论视角上的模糊，导致在一项研究中或同类研究中理论概念使用上的随意性、概念系统的不一致，甚至逻辑上的混乱。在建立理论模型方面，因为中国社会分层的系统研究毕竟时间还短；另外，中国社会目前正处于转型时期，几乎一切社会现象都处于激烈变动的过程中，对于中国的社会分层研究来说，建立独立的理论模型还有很长的路要走。

在我国的社会流动和社会分层中，通常先将流动人口因有无资本而产生分层。有资本人群是指雇人或者自雇进行各种商业活动的群体，也就是我们通常所说的个体户；无资本人群则是靠出卖智力和劳动获得报酬的打工群体。在缺乏资本的打工族中又可进一步分为白领、蓝领、粉领以及灰领。外来白领一般是靠出卖自己的知识谋生，大多从事相对体面的脑力劳动；蓝领一般是靠出卖自己的劳动力谋生，大多从事体力劳动；粉领群体一般是指从事服务业的年轻女性；而灰领则是一些没有正式职业的人群。尉建文在杭州做实证研究①将流动人口的社会分层按照资本和知识技能，可以把流动人口分为五个不同的群体，特征如下：

个体户群体：外地个体户群体主要是指拥有较少量私人资本，并把资本投入生产、流通、服务业等经营活动而且以此为生的人。主要包括两类：一是老板雇人型，自己是小业主或个体工商户，有足够资本雇用少数他人劳动和生产经营；另一种是老板自雇型，他们有足够资本可以开业经营，不雇用或很少雇用其他劳动者，自己和家人直接参与劳动。城乡接合部中的各种小商店、小餐馆、小杂货店的主人多为这种类型。

白领群体：白领群体指的是拥有一定的知识资本，一般从事脑力劳动的那部分人。他们大多来自其他省份或地区的中小城市，拥有城镇户口，受过中专以上教育。这类群体主要是在城乡接合部居住，一般从事企业技术员、营销人员、教师、医生、出租车司机、酒店管理人员、公司文员等工作。

蓝领群体：蓝领群体主要是指居住在城乡结合部缺乏资本和知识技能，主要以从事体力劳动为主的人。他们多为一般意义上的“农民工”，来自农村，吃苦耐劳，文化水平不高。这类人群主要从事加工制造业、建筑装修业、餐饮商铺等服务业、运输装卸、散工等职业。一般来说，他们在城市从事最苦、最累的工作，但工资最低。

粉领群体：粉领群体主要是指在城市中从事服务行业的年轻女性，她们中的一小部分随着自己知识和资本的增加，有可能从粉领群体转化到个体户群体。

灰领群体：主要是指在城市中没有稳定职业的人群。

---

① 尉建文.流动人口的社会分层与城市管理——以杭州市为例[J].城市，2007(12).

在涉及社会分层的问题时不得不提到贫困。随着中国经济发展起步，中等和高收入人群进一步增长，可以预见在一定时期内，收入的差距将更加显著，相对贫困人口也会增加。更重要的是，该收入差距不完全取决于个人能力差异等经济因素，社会制度和体制的急速转变将导致部分人群较其他人群更易处于弱势。社会对这部分弱势群体的忽视，不但会导致贫困的持续和代际传递，还会使社会因收入而产生潜在居住空间分割、发展机会不均等，造成情绪对立乃至仇视。中国在区域、城市之间的既有差异，以及长期对人口迁移的控制，无疑使上述问题更加复杂化。如何理解各地方的贫困问题、如何唤起不同利益相关者对贫困问题的关注、如何在公共决策和区域与城市规划中考虑到弱势群体的利益，以及在空间规划中为其创造机遇、如何倡导或引导有关政策的形成，是当前和未来规划及其他领域的工作者所面临的问题。而解决这些问题，需要对中国社会制度、经济制度及区域与城市发展历史和文化有深刻的了解。近年国内贫困研究，特别是城市贫困研究正在快速起步，相关文献逐年递增，为贫困问题的进一步研究和交流提供了可能。这些交流和学习，对于审视中国所代表的发展形态，以及在其他发展中和发达国家已有道路的基础上，创造城市管制新理念和有利于不同人群共同发展的城市发展模式，提供了有益的平台。不可否认，国内部分贫困研究尚处于政策分析和现象描述的阶段，多为针对地方的案例研究，对社会科学领域的宏观问题（例如社会制度、空间发展不平衡和贫困群体与个体等等之间的关系）的理论和实证研究还很薄弱。①

5.3　中国社会结构变迁

5.3.1　中国社会结构变迁的特点

社会结构变迁是社会分层与流动研究的重要领域。在工业化和城市化进程中，出现二元社会结构是必然现象。长期以来，城乡二元对立一直是中国社会结构的重要特征。从 20 世纪 50 年代起，我国建立了户籍制度。严格户籍管理制度，限制农村人口流入城市，限制中小城市人口流入大城市，导致了我国工业化进程中城市化进程相对滞后。在户籍制度基础上，我国通过一系列分割城乡的社会制度安排，形成了特有的城乡隔离的二元社会结构。

我国的户籍制度，建立之初存在一定的合理性。20 世纪 50 年代初期，我国城市地区出现的严重的粮食、煤炭、电力短缺，需要更为严格的办法来管理人口及其迁移。这一事实，与城市地区的高失业率一道，成为建立一个监控居住地变化系统的催化剂。

1951 年，公安部颁布了建立城市人口户籍制度的规定，试图解决失业和饥饿问题，当

① 陈果周，江评. 美国城市贫困研究进展：政策分析和实证研究[J]. 国际城市规划，2007(2).

时建立户籍制度只有统计学意义，农民进出城市并没有受到任何影响。根本性的变化是1953年开始实行的“统购统销”，首先是粮食，接着对棉花、食油、所有其他主要农作物和农产品也开始实行统购统销。1955年6月22日，国务院正式颁布了《关于建立经常的户口登记制度的指示》。文件要求，全户或个人迁入或迁出县级行政区时必须向县一级政府报告和领取迁移证。建立户口登记制度之后的两个月，1955年8月，国务院发布了《市镇粮食定量供应暂行办法》。很快，定量供应制度延伸到了棉花、布料以及许多其他农业产品。各种票证随之出现，包括了几乎一切商品。户籍与生活必需品供应挂钩，使城市户籍附带了许多新的功能。即便如此，1958年以前，人们仍然可以自由迁徙。然而，1958年1月9日，经全国人大常委会讨论通过，毛泽东签署一号主席令，颁布了新中国第一部户籍制度《中华人民共和国户口登记条例》，确立了一套较完善的户口管理制度，它包括常住、暂住、出生、死亡、迁出、迁入、变更7项人口登记制度。这个条例以法律形式严格限制农民进入城市，限制城市间人口流动。我国的户籍制度限制了城乡之间的人口流动，限制了中小城市和大城市之间人口流动，加上计划经济条件下，就业、社会福利、物质供给都是计划安排的，并且与户籍挂钩，脱离户籍人们难以生存。我国的户籍制度使城乡二元社会结构不断固化，由此引发了一系列社会问题。由此可见，我国的城乡二元经济结构并非如二元结构理论所论述的一般意义上的城乡二元结构，而是具有十分独特的二元结构。

1978年我国改革开放后，我国社会改革的一项重要举措，就是打破了城乡之间、不同地区之间劳动力流动的限制，由于长期形成的地区经济差别，发达地区经济的快速发展，城市化进程加速，市场经济改革的不断深化，就业与物质供给与户籍分离，不仅吸引了大批农民进城工作，也吸引了许多欠发达地区的劳动力转向发达地区和沿海大中城市工作，于是，城市、尤其是特大型城市的外来务工人员数量激增，成为一个庞大的特殊群体。1978年以来，伴随着市场化改革的不断深入，劳动力的产业间转移和空间迁移出现了前所未有的局面，劳动力就业结构和人口城乡分布在短时期内发生了巨大变化。自20世纪80年代后期起，由农村向城市、由内地向沿海的地区间人口流动加快了速度，开始了一场规模空前的农村人口向城市大规模迁移的过程。并且这个过程将是一个长期的社会历史现象。依据世界城市发展的一般规律，在21世纪的前二三十年里，中国将处于城市化的加速发展期，将有近五亿的农村人口转化为城市人口，这是一个世界性的历史事件。

从20世纪80年代以来，城乡二元社会结构出现了结构分化，表现为社会中的类别参数明显增加，边缘群体与边缘阶层出现，如乡镇企业职工、农民企业家、农民工等。他们的出现在城乡创造了一个广阔的中间地带，缓解了城乡之间的对立和差异，这种结构的变化模糊了城乡、工农界限，有利于社会整合。

另外，中国城乡二元社会结构也在不断发生根本性的变迁，社会结构出现了城市、农村和城市农民工三元并存的局面。据国家统计局的统计显示，截至2008年年底，中国农民工总量已达1.14亿人，约占全国农村劳动力的1/4，这些农民工已流出农村，基本脱离农业生产，但是又没有完全融入城市社会，他们在职业分布、经济收入、社会地位、价值观念以及生活方式等方面既不同于城市居民，也有别于农村中的农民。因此，将农民工归入城市或农村任何一元都不合适，他们已独立构成城市社会的一部分。流动人口在许多方面为中国城市的发展做出了自己独特的贡献：在劳动力数量求略大于供的情况下，他们从事劳动时间长，劳动强度大的"苦、脏、累、险"工种的工作，在一定程度上缓解了城市劳动力结构性短缺的矛盾；他们冲击了城市的计划福利体制，有利于劳动力资源的合理配置和有效利用，促进了劳动力市场的发育；目前有近亿名流动人口在城市里从事务工经商活动，受户籍制度的制约仍以农民身份在城市里谋生，成为"准城市人口"，这就为中国城市化水平的进一步提高打下了基础；加快了城市第三产业的发展，对城市服务业形成买方市场起了很大作用，方便了城市市民生活(这可以从春节期间市民很难买到早点这一现象中看出来)；加快了信息交流，扩大了城市的辐射力和影响力，刺激了城市消费的增长。可见，流动人口也是城市发展的主力军，他们也应是城市的主人。

流动人口中有相当一部分已由流动人口变为事实上的城市常住人口，只不过受目前户籍制度限制而无法获得合法的城市居民身份，成为不流动的"流动人口"。他们生活、工作在城市，已经深深地参与了城市的经济活动和社会生活，成为城市社会事实上的"纳税人"，成为城市经济社会活动中不可缺少的组成部分。已有的城市流动人口研究表明，当流动人口可以自主选择并有流动自由时，他们不会再返回农村，相反，他们已经形成了一个长期向城市集中的趋势。①

5.3.2 中国社会结构变迁中出现的现象

改革开放以来，我国城乡个人的收入水平不断提高，人民的生活水准有了较大的改善。但是，在收入改善的同时，收入差距正在逐步拉大。目前，社会上已出现了较大的贫富差距，并产生了一批"新富"和"新贵"，"富二代"、"官二代"，"穷二代"，"新生代农民工"等新群体层出不穷。

利益既得阶层。中国社会的市场转型具有阶段性，即从市场侵蚀到全面市场转型。在由计划经济向市场经济转化的过程中，各个社会群体参与市场经济的步骤和速度是不一致的。社会地位较低的群体最先进入市场经济中，而社会地位较高的群体进入市场经济的速度明显低于前者。这主要是经济上和价值观念上的原因。从经济上看，社会地位高的群体在原体制中享有较多利益，如果他们脱离原体制进入到新体制会丧失在原体制中的很多利益，只有到了制度变迁达到一定程度，当新体制所带来的利益越来越明显，旧体制越来越难以维持时，这些人才逐渐进入到新体制中。从价值观念上看，社会地位较高的干部、知识分子等原体制下的社会中心群体，较多地受到原体制思想体系的教育和束

① 殷京生.城市、城市发展与城市流动人口[J].天府新论，2003(1).

缚。另一方面，由于干部、知识分子等原体制下的社会中心群体在知识、信息、技术、社会关系等方面明显占有优势，所以，他们虽然较晚参与市场经济，却凭借这些优势在新体制中后来居上。

中间阶层。中间阶层是维系社会稳定的最重要的力量。在政治上，中间阶层起到中和社会矛盾的作用；在思想上，中间阶层维持稳定的占社会主导地位的意识形态；在经济上，他们是最重要的消费群体。我国社会阶层呈现金字塔结构，中下阶层过度庞大，中间阶层非常弱小，这不利于社会的稳定。因此，从维持社会稳定的角度看，有必要发展中国中间阶层。对中国中间阶层的变迁，中国人民大学社会学系李强教授认为中间阶层是代际流动的观点。他认为与西方国家相比，中国中间阶层的演变呈现出以下几个特点：第一，与西方国家相反，中国传统的中间阶层由雇用人员构成，而新生中间阶层包括了大量非雇用阶层。第二，西方国家的中间阶层的更替是一个缓慢的过程，中国的更替是迅速发生的。这样，西方社会无论新老中间阶层都由各种年轻群体构成，而中国中间阶层代际特征十分突出：老中间阶层是由40～50岁上下的同龄群体构成，新中间阶层则由25～35岁上下的年轻群体构成。第三，中国中间阶层的变迁呈现代际更替的特点，新起的年青一代取代了中老年一代占据了中间阶层的地位。传统中间阶层的衰弱表现为一个巨大的同质群体，即年龄相近的、主要由国企职工组成群体的整体性的衰弱。[①]

贫困和新贫困。城市中的贫富差异已经成为城市社会最活跃的因素之一，也是城市社会变迁最集中的焦点[②]。自20世纪70年代末改革开放以来，我国城镇人民生活水平有了很大提高。但是，随着经济体制改革的深入，激烈的经济变革和社会变迁带来了不少负面影响，部分城镇居民的贫困问题日益突出，便是其中的一个问题。以往我们统计的贫困人口，主要是指农村人口。由于长期以来对城镇居民实行的是普遍就业的政策，除了民政部门负责救济的少量“三无”（无生活来源、无劳动能力、无法定赡养人或抚养人）人员外，我国城镇贫困问题并不突出。改革开放以后，出现了新城市贫困，首先体现在城市贫困人口在构成范围上发生了重大变化。许多研究发现，20世纪90年代以来，传统的城市“三无”贫困人口所占比例已经较小，而在社会转型冲击下被无情甩出来的下岗者失业者、非正规就业群体以及困难企业的部分离退休职工，成为目前城市贫困的主体。从新城市贫困人口来源划分，主要由四个方面组成：第一是亏损企业职工和下岗职工及其家属；第二是部分企业离退休职工；第三是原有的社会救济人员；第四是各种社会无业人员和部分近年农转非失地农民。应该指出的是，流入城市的农民工中有相当一部分人处于失业和半失业状态，收入微薄，权益毫无保障，是最地道的城市贫民，他们将逐渐取代贫困职

---

① 吴善辉.中国社会分层与流动国际研讨会综述[J].中国人民大学学报，1999(6).

② 张鸿雁.侵入与接替——城市社会结构变迁新论[M].南京：东南大学出版社，2000.

工成为中国城市化进程中城市贫困人口的主体。[①]

新二元结构。新二元结构是在我国传统城乡二元结构和户籍制度基础上，城市外来务工人员，因体制因素和自身因素的交织作用，导致其在经济、社会、文化等福利获取方面与城市居民之间存在较大差距，形成社会群体分隔的社会现象。其表现形式为：虽然，外来务工人员中部分人拥有居住证，多数人持暂住证，但是与户籍相比，都只有管理和统计意义，没有相应的社会福利附加意义。近年来，政府逐步将附加在户籍之上的社会福利加以剥离，逐步扩大了外来从业人员享有社会福利权益。比如，外来从业人员子女已经享有九年义务制教育权利。但是，许多地方性福利依然与户籍挂钩，户籍人口在就业、社会保障等方面仍然享有非户籍人口所不具有的社会福利。由于外来从业人员缺乏社会网络关系和社会资本，生活条件普遍低于上海本地或有上海户籍的人。农民工是上海外来务工人员的主要群体。由于农村教育资源和教育水平低于城市，农民综合素质低于城市市民，所以农民工主要从事的都是无技术的简单劳动，工资待遇水平低，生活条件普遍比较差。同质的生活条件，基本相同的生活方式，形成了特殊城市贫困群体，成为社会分层的一个重要因素。外来务工人员在城市新的生存环境中"人生地不熟"，尤其是农民工进入城市，就失去了农村建立在传统血缘关系和地域关系基础上的社会支持网络，进而失去了其所提供的资源支持。从而更加剧二元分割的程度和持续时间。上海郊区和中心城区由于区域产业结构不同，发展功能定位不同，人口结构和社会需求与中心城区有很大差异，外来从业人员更多地集聚在上海郊区。中心城区功能改变、交通的便捷和房价飙升，大量市民人口迁入郊区，尤其是大型安置社区建设，郊区社会呈现"双重二元结构"，不同社会群体对公共服务的多元需求致使公共服务资源不足，使郊区政府公共政策制定和实施面临困难。

第二代农民工。第二代农民工不同于第一代农民工的"少小离家老大回"特点，他们渴望能在城市安家，融入城市。他们中小的不过十八九岁，大的已是而立之年，有的世界观、人生观和价值观并未完全树立起来，有的面临着婚恋、成家立业。由于九年义务教育的普及，他们多数具备初中学历，部分甚至具有高中学历，接受教育程度较高；职业期望值较高，不再如他们父辈那样只要能挣钱的活都干，工作耐受力较低，由最近几年的"民工潮"与"民工荒"问题的并存可见一斑。由于是在改革开放时期成长起来的，新生代农民工的消费观念较为开放，更容易被城市人的消费观念所影响。但新生代农民工由于自身和社会的一些因素局限，工资水平普遍并不高，导致了消费意识与消费能力的冲突。由于诸多矛盾存在，新生代农民工往往是存在自尊与自卑的双重人格特征。近年来，许多研究从各个不同方面归纳第二代农民工的特征。相关研究从不同方面提出第二代农民工的人口学特征。丁宏志(2009)通过分析人口普查数据，认为第二代农民工即将成为农民工的主

① 黄家滨.国内外新城市贫困问题研究述评[J].湛江师范学院学报，2008(4).

体。婚姻状况方面,第二代农民工大多数为未婚。受教育程度方面,第二代农民工的受教育程度明显高于老一代农民工。外出务工时间方面,第二代农民工外出务工时间较短,但是多数为跨省流动,乡土意识较为淡薄。刘传江、程建林(2008)通过抽样调查研究发现第二代农民工平均年龄较小,务农经历短。李涛(2009)则通过访谈发现第二代农民工文化程度明显提高。关于第二代农民工流动特征,罗霞、王春光(2003)的研究发现,第二代农民工对家乡的认同正在减弱。他们对乡土的认同更多是亲情认同而不是对农业生产方式。李涛(2009)也发现第二代农民工更希望通过进城务工来改变农民身份,进而成为城市人。杜书云、张广宇(2008)认为农民工之间存在代际差异,第二代农民工的外出务工以及移居城市动机较强、务农意识淡薄;而老一代农民工则更倾向于外出挣钱养家。李涛(2009)从访谈中得出第二代农民工职业变化多且快,同时更换的工作之间相关度并不大,跨领域换工作现象明显。吴红宇、谢国强(2006)的研究也发现第二代农民工换工作频率明显高于老一辈,平均更换工作时间不到一年。刘传江、程建林(2008)的研究指出用工单位招工与职业介绍所介绍是第二代农民工就业的主要途径,老一辈的通过亲友介绍等传统社会网络已经不是新一代农民工找工作的主要途径。高颖(2008)也发现新一代农民工流动性较强,挣钱不再是他们外出务工的主要目的,开阔眼界、寻求个人发展机会才是他们外出务工的最主要目的。

5.3.3 当前中国社会结构变迁的趋势

社会分层或分化是不断发生的,它们对于社会发展和政治稳定的意义视其分化所具有的性质和特点而异。在人类社会的发展中,存在着两种不同的社会分化和分层。一种是在经济停滞、经济总量和国民收入下降的情况下发生的社会分化和分层。社会成员流向的总体情况是向下的社会流动大于向上的社会流动;社会分层的总体动向是富裕的或较富裕的社会层次向中等的社会层次分化,中等的社会层次向贫困的或极贫困的社会层次分化。在这里,社会分化和分层的总体结果是“失大于得”的人多于“得大于失”的人。由于较多社会成员“失大于得”,这便造成了一个利益受损的社会大众,他们的存在就是潜在的不稳定的社会因素,随时都会引发社会的动荡。另一种是在社会经济不断发展、人民收入普遍提高的情况下发生的社会分化和分层,这时社会成员流向的总体情况是向上的社会流动大于向下的社会流动;社会分层的总体动向是贫困的社会层次向比较富裕的中间层次分化。这样,社会分化和分层的总体结果是“得大于失”的社会成员显著地多于“失大于得”的社会成员。由于大多数社会成员“得大于失”,这便会造成一个普遍受益的社会大众,他们的存在就是潜在的稳定的社会因素,对社会发展和政治稳定将产生积极的影响。[①] 中国的社会结构正处在由“金字塔形”向“橄榄形”转变的时期,这涉及不同阶层之

---

① 聂运麟. 社会的流动、分层与政治稳定[J]. 中共天津市委党校学报,2001(1).

间的融入和融合，如大多数社会成员的职业结构已从以农业为主转向以制造业、服务业、信息业为主，白领工作人员增多而蓝领工人减少，最终形成以中等收入层为主体的现代社会阶层结构。中等收入阶层为主体的社会阶层结构形成后，整个社会将处于一种相对稳定发展的状态，也可以说是进入了良性循环的发展阶段。①

融合和融入是两个彼此相关、但有差异的概念：融入是指流动者在流入地不坚持自己的语言、文化、习俗、行为举止和身份，进入到主流社会、并被主流社会所接受，暗含文化的主从关系；融合是指流动者不仅被主流社会所接受，而且其文化习俗、身份等也得到认同，并构成主流社会文化的重要来源之一，是一种更为平等的互融和渗透关系。融入是融合的基础和前提，融合是融入的更高境界；有融入并不等于融合、但没有融入也难有融合；有融合必有融入。融合是一种理想，但一旦融合了，流动者也就不再是流动者、而是主体社会的一部分了。因此，从人口流动的目的、过程和后果来看，对现阶段的成年乡—城流动人口来说，融入是一个比融合更合适的概念。

当前中国社会结构趋于各阶层的融合和阶层稳固。改革开放政策的推行，社会经济的发展，全球化和国际化的进程，打破了制度的限制，缩短了地域之间的距离，开启了新的生活机会，改变了人们的思维定式和价值判断，促成了史无前例的人口流动浪潮。虽然城乡“二元”社会经济结构和户籍制度的双重壁垒依旧存在，但二元经济体制同时也构成人口流动的驱动力之一：落后地区人群对改善生活环境的渴望及对城市生活的向往形成强大的推力，促使他们冲破制度的制约，突破重重困难的阻碍，涌入经济更发达地区。流动人口的社会经济特征及思维观念、流入地的宏观背景、社会政策与经济制度、流入地居民对待外来人口的态度和行为等多方面因素决定了流动人口在进入城镇地区后，面临着一系列的挑战和适应。适应的过程也就是融入的过程。融入是一个综合性、系统性、富有挑战性的概念，具有多个维度或多重意义。融入至少包含四个维度：经济整合(economic integration or incorporation)、文化接受(cultural acceptance)、行为调整(behavioral adaptation or ad-justment)和身份认同(identity of the mainstream society)。它们之间既存在一定的递进关系，也相互交融，互为依存。② 然而，这四类融入并非仅有简单的线性关系。它们同时开始，但进程却未必同步。其间的双向箭头表明，它们之间的依存关系和互动关系更值得关注。事实上，这四个维度谁先谁后有时难以认定，它们之间会有重叠，亦会出现不同的序次。换言之，不同人群融入的序次可以调整，用以衡量每个维度的具体指标尤其如此，尽管身份认同始终是社会融入的最高目标。维度之间的交融与渗透十分正常。流动人口的融入过程是以个人社会经济地位、行为和观念为载体体现出来的社会现象，而社会现象是复杂的；任何两个或多个社会现象之间都难有齐整划一的、单向的线

① 杨菊华.从隔离、选择融入到融合：流动人口社会融入问题的理论思考[J].人口研究，2009，1(1).

② 同上.

性因果关系。

对部分流动人口来说，在经历了初期的隔离、文化震荡后，流动人口可能透过工作环境、学校、社区认识并逐渐接受主流社会的文化和价值观，同时改变和调适自己，配合主流社会的生活方式，并在其中的某(几)个维度实现融入；另一部分人可能拥有先天的优势(如：包容开放的心态、很强的语言能力、良好的教育程度，优秀的职业技能等)，他们能在较短时间成功融入流入地的主流社会，并有能力同时保存自己的文化传统；还有一部分人可能最后也未能融入流入地的主流社会中，他们可能始终停留于某个阶段，一直过着隔离的生活。

基于上述思路，参照流动人口在经济、文化、行为、身份等方面的适应程度，本书将流动人口在流入地的社会融入结果提炼为五种模式：隔离型、多元型、融入型、选择型、融合型[①]。

隔离型：流动人口在经济整合、文化接纳、行为适应、身份认同等方面皆显现较低的取向，基本未能融入主流社会中，成为一种边缘人。比如，他们缺乏公平的就业机会、从事劳动强度大但收入水平低的工作、无缘基本的社会保障、得不到应有的职业培训、居住于品质低劣的环境中；他们依旧讲着家乡的方言，日常生活(如购物、娱乐、语言沟通)等仍主要围绕在家乡人的圈子中。当然，这并不否认或排除以下可能：他们中的一部分人部分地接纳了流入地的文化，并希望实践流入地的行为规范。然而，自身的局限、流入地的结构性制约、流入地居民有意或无意的偏见与歧视、宏观的制度与体制束缚了他们更好地融入城市主流社会，导致许多流动人口虽然在城镇生活了多年，但却依旧被当作外地人、也自认为是外地人。大部分第一代乡—城流动人口可能自始至终都属于这一类型。

多元型：流动人口在经济方面实现与流入地居民的整合，但在其他方面保持自己的特色与传统。多元文化论者赞成社会应具文化多样性并应受到保护，如流入者的语言、生活方式等。多元社会的理想是互相认同、欣赏对方的文化特色，构成各自的多元社会。但是，这是一种理想的状态；事实上，如果流入者在某些文化和行为方面未能融入主流社会的话，很难想象他们能融入主流的经济生活中。

融入型：流动人口在经济、文化、行为、身份认同四个方面基本成功地融入目的地的主流社会。它与隔离型恰恰相反，在社会融入的四个维度都显现出较高的取向。然而，如前所言，融入实际上反映了一种不平等的主从关系。由于成功融入对流动者本人、目的地、公共政策及宏观体制的要求较高，很少第一代乡—城流动人口能达到四个维度的全面融入；仅有少数人可能在某些方面(如：找到了一份稳定的工作、获得了一份像样的收入)融入了主流社会。事实上，对许多第一代流动人口来说，他们流动的主要目的之一是为第二代创造更好的融入条件。

① 杨菊华.从隔离、选择融入到融合：流动人口社会融入问题的理论思考[J].人口研究，2009，1(1).

选择型：流动人口在劳动就业、经济收入、社会福利等方面可能与当地人群并无明显二致，其行为举止也符合目的地的规范要求，但在文化方面却既接受流入地的文化，也保留自己的文化传统与特色，二者兼具，且在身份认同方面与自己的家乡更为亲近、保持着与流入地的心理距离。选择型融入属于区隔融合理论中的最高层次。本文不使用"区隔"概念的原因在于，如果流动人口"融入"到少数族裔的家乡文化体系中，则表明他们未能实现融入，而是处于隔离状态。仅有流动者有意识、有选择地在某些维度融入主流社会中、而在另外一些方面主动保持（而不是被动无奈地接受）自己的特色，才可能称之为选择融入。显然，这与多元型是有差异的。选择融入难于全面融入，它要求流动者有很强的经济背景，良好的应对环境的能力，故也不是第一代乡—城流动人口轻易就能做到的。

融合型：流动人口整合到流入地的主流经济体系中，在其他方面与流入地人群相互接纳、相互渗透、彼此适应、共同生存，达到融合的境界。因此，他们既保留自己的文化，也接纳流入地的文化；既按照流入地的规范行事，也在人际交往等方面维系家乡人的圈子；既落地生根，也不忘本失根。在这个阶段，流动人口与本地人口有着积极的互动。他们相互容忍各自不同的生活方式、语言风俗；他们也相互竞争、发生冲突，但此时的竞争和冲突就像与同族裔人群的一样；他们接纳社会上不同群族的存在，尊重不同族裔的意见、喜恶等；他们肯定流动人口的贡献，彼此团结、共同合作、我中有你、你中有我、和谐共存。但是，这个层面的融合与"多元文化论"不同，它强调的是相互渗透与交融，且流动人口的传统与文化构成是主流社会文化体系和行为的来源之一，而多元型是相互欣赏、缺乏交融。

流动人口在流入地初来乍到，社会资本缺失，经济资本贫乏，处于弱势与被动的地位，需要经过较长时间才能逐步地融入主流社会。假若流动人口未能为流入地所接纳，而被边缘化、被否定化、被异化，这将是多方面的损失：流出地丧失了一份人力资源，流入地浪费了流动人口的才能，流动者本人未能一展所长。因此，除改善流动人口自身的人力资本和适应能力外，制定有利于促进流动人口社会融入的公共政策，既可为城市流动人口构筑和谐的社会环境，促进人尽其才，也为实现健康的人口城市化及和谐社会建设起到事半功倍的功效。

作为城市管理者的政府在近年来也做了各项努力，以逐步改善甚至解决城乡二元结构的难题。

首先是，循序渐进地打破户籍壁垒。逐步弱化"户籍"概念，降低"融入门槛"设置来解决部分外来从业人员的身份转化问题，例如，可以参考有些城市按照劳动技能等标准来评定"优秀农民工"，并通过解决"优秀农民工"户籍来实现部分外来者的城市融入，随着时间推移这种"融入门槛"设置当然应进行结构调整或程度降低。逐步剥离附加在户籍之上的城市地方性福利政策，逐步推动社会福利与社会贡献挂钩，可以制定相关政策，引导外来务工人员通过社会贡献（如税收、奖励等）获得社会福利。

其次，逐步推动公共服务和福利均等化。完善社会公共服务体系，需要充分调动企业事业单位、各类社会组织和全体市民广泛参与社会公共服务，最大限度地集聚社会资源，要在协调各类社会主体利益关系的基础上，整合一切社会力量，调动一切积极因素，增加社会公共服务资源，提高社会公共服务效率。实现公共服务资源配置均等化，需要进一步加大通过社会政策导向，增加公共服务资源投入，加大对外来务工人员的公共服务资源的配置力度，逐步消除社会公共服务分配不公平现象。

再次，建立外来务工人员社会救助制度。外来务工人员相对比城市居民社会抗风险能力弱，尤其是农民工由于先天不足的因素，他们在脱离了农民土地和传统血缘关系后，社会抗风险能力比较弱。如上海在特殊群体扶助政策方面很多做法富有特色和成效，应该将其推广到外来务工人员群体。建立外来务工人员困难救助体系，实施分类救助、建立综合服务平台等，对推动上海外来务工人员的救助体系进一步完善。

最后，加大对农民工的职业技能培训。城市生活不同于农村，城市有许多公共设施，有各种各样的规则和秩序，有诸多相应的管理机构，城市居民从小就学习种种公共规则，城市中的人们被各种网络联系在一起，人们需要广泛地协作分工才能正常生活，城市越大，对这方面的要求越严格。而乡村的生活是自发的、分散的、随意的，公共设施和公共规则往往很少。许多刚进入城市的农民所以受人歧视，原因之一就在于农民对城市中各种各样的规则不适应，经常违反，给别人带来麻烦。因此，加强对进城农民工的引导和教育，增强他们在城市的生存发展能力，加快他们融入城市社会的进程。政府要有计划地组织以基本生活常识、城市规章制度、法律常识等为主要内容的引导和教育，有效提高农民工的城市适应性和现代人意识。同时采取积极措施，鼓励用人单位、各类教育培训机构和社会力量开展农民工思想道德教育、文化素质教育和职业技能培训，引导与鼓励农民工自主参加各种教育和培训。通过提高农民工素质，提升其社会经济地位，增强对城市社会的适应能力。

这一系列的措施都为推动外来务工人员社区融入。社区是市民群众生产生活的重要场所，是社会运行的基本载体，外来务工人员要增进与城市居民的交往，实现社会关系网络由内聚式团体网络向开放式团体网络的转变，增强对城市生活的适应能力。外来务工人员要积极参加社区举办的各种活动，增加与市民之间的互动。外来务工人员通过参与城市社区活动，增加与市民的交流、沟通，可以加深对城市的生活方式、文化心理、价值观念、行为习惯等的了解，更好地完成市民化转变。同时通过与市民建立联系和网络可以获得新的信息，发现新的资源，找到新的机会，积累更多的社会资本，获取更多的向上流动机会。要将长期居住的非户籍人口纳入市民管理。鼓励吸纳非户籍市民参与所在社区的社会管理，尤其是在城乡接合部，非户籍人口集聚地区，政府不仅要关心这些“市民”的生存环境，更要发挥他们的参与社会管理的主体作用。

本章在区分社会流动和人口流动、人口迁移的基础上阐述了社会流动是一个社会成员或社会群体从一个社会阶级或阶层转到另一个社会阶级或阶层,从一种社会地位向另一种社会地位,从一种职业向另一种职业的转变的过程叫做社会流动,它是社会结构自我调节的机制之一;而社会分层是一种普遍现象,每一个社会都是由各个阶级、阶层组成的分层体系,社会流动的程度与社会分层体系封闭或开放的程度密切相关。社会分层又与阶级分层有所不同,社会分层是指对人们在社会中的不同地位或位置的排列,主要包括收入分层、社会声望分层、权力分层、职业分层、受教育程度分层、年龄分层等;阶级分层即根据人们在社会生产体系中的地位和作用而对其在社会阶级结构中的位置的排列。国内外的社会分层和社会流动由于国情不同,存在很大差异。近年中国在各个阶层中出现许多新兴群体,并且我国社会结构变迁的趋势为:逐步形成公正合理开放的现代化的社会阶层结构,其结构形态将从现在的"洋葱头形"——即底层很大但中间阶层发育不起来,演变为理想状态,即两头小中间大的"橄榄形"。

由于制度、政策改革出现重大失误,经济社会发展严重不协调,公正、合理、开放的现代性社会阶层结构停止发育成长,从现在的"洋葱头形"退化为"蜡烛台形"——最底层越发庞大,自底部往上就一路孱弱始终无法壮大,中间阶层不大,头也不大——的畸形社会形态,一种瘦弱无力的社会骨架,根本无法支撑现代化发展。在社会流动的过程中,社会不断分层,不同阶层的群体相互融入和融合。

1. [美]格尔哈特·伦斯基:美国的收入分层[J].国外社会学,1992(5-6):12.
2. [德]恩格斯.家庭、私有制和国家的起源[M].北京:人民出版社,1999:167-168.
3. 许欣欣.当代中国社会结构变迁与流动[M].北京:社会科学文献出版社,2000:11。
4. P. M. Blau and O. D. Duncan. The American Occupational Structure. New York: Wiley, 1967.
5. S. M. Lipset and R. Bendix. Social Mobility in Industrial Society. Berkeley: University of California Press, 1959.

社会流动(Social mobility)

社会分层(Social Stratification)

人口迁移(Population Migration)

社会阶级(Social Class)

社会结构变迁(Change of Social Structure)

1. 简述人口流动、人口迁移以及社会流动的区别。
2. 简述社会分层和阶级分层的区别。
3. 国内外的社会流动和社会分层的情况有何不同?
4. 简述社会流动和社会分层理论渊源以及发展历程。
5. 我国的社会结构变迁历程和趋势是怎样的?

参军——制度变迁下的社会分层与个体选择性流动[①]

国家制度变迁带来社会分层机制的改变导致了不同地位获得模式的产生,但并不能仅根据社会分层机制的变化就推断出最终的地位获得结果,因为个体在面对新的机会结构时会有差异性选择。在争夺某项资源时,拥有优势的群体并不一定必然表现出相应的优势,同时,不同群体在某种地位获得上差异的缩小或者扩大也不一定反映社会真正不平等趋势的缩减或加剧。不同群体对特定地位获得总是表现出不同的兴趣。因为从中获得的回报不同,可选择性大小亦有差别。最终的地位获得往往是变动的分层机制和不同个体选择性流动共同作用的结果。本研究支持了吴晓刚的研究社会主义经济转型中所提出的"机会—流动论"及其对制度主义的批判和修正,并将两种理论视角贯穿于文章的分析中。

改革后退伍军人的境遇开始不那么令人羡慕了,体现在进入体制内单位、获得干部身份和(农村青年)获得城镇户籍各个方面发生比的下降。

改革前后参军回报的变化,为个体审视参军决定时提供了重要的依据。当然,高地位群体(管理者和党员子女及城市青年)更有主动权。改革前的高回报使得其积极地介入到参军机会的争夺中,而改革后则相应地退出了这种争夺。不过参军回报并不是唯一的依据,行动者还会结合已有的条件并考虑其他可能的选择。国家不同时期选拔人才的标准也影响着个体参军的可能性受教育程度集中体现了国家政策和个体选择性流动对最终军人地位获得的影响,当国家重视个人的知识水平时,学历越高固然越有优势,然而高学历者似乎并不被这种身份地位吸引,他们却在国家不太重视知识水平的时期表现出较大的积极性。

---

① 汪建华.参军:制度变迁下的社会分层与个体选择性流动[J].社会,2011年3月第31卷.

入伍期间的地位获得模式展现了一个令人惊讶的趋势，即低地位群体在获得党员地位方面反而有更大的优势，这几乎与参军地位获得模式截然相反，但考虑到军队对外界权力一定程度上的屏蔽效应，这就不难理解。地位获得模式很大程度是个体的选择性流动，体力劳动者阶层退伍后，很难获得一份好的职业，农村子女若不能提干最终只能解甲归田，相对非体力劳动者阶层子女或城镇青年，他们只能争取在军队中入党提干以获得城市户籍或好的工作。

总之，本研究并不否认社会主义制度下形塑各种不平等的机制，或是先赋性地位，或是自致性努力，或是政治忠诚，并且也赞同这些机制在变迁的制度下有不同的作用效力，但本研究认为某些地位获得模式并不单纯是这些机制作用的结果。个体行动者在面对变动的生活机遇时会结合自身机会的多寡选择性地参与到对各种资源的争夺中。只有综合考虑变动的社会分层机制和差异性的个人选择才能加深对转型期社会不平等的理解。

与西方的参军研究相比，本文在考察传统的先赋与自致因素对社会成员的影响时，更加敏感于国家制度变迁，并将制度变迁对不同时期社会成员参军回报变化纳入地位获得模型的动态考察中。军队环境对外界权利的屏蔽效应和低地位群体通过努力，颠覆传统的社会分层模式，在西方同主题的研究中也暂无发现。但相对于西方研究资料之翔实、考察之细致全面，本研究还显得相当粗略。

【思考题】

(1) 参军对地位获得有何影响？

(2) 个体选择性流动和社会分层的关系如何？

第 6 章

城市居住空间

【本章提要】

本章主要介绍城市居住空间的主要研究和主要问题。而这个问题的前提是城市空间结构的理论和方法。本章在介绍了城市空间结构的理论、方法和模式，以及中国城市空间结构研究之后，介绍了城市居住空间的国内外研究成果和研究趋势，并进而介绍了中国在城市居住空间结构方面的历史背景和存在的问题及原因。

6.1 城市空间结构

城市是一个复杂的巨系统，具有一定的层次结构和功能。一般来说，城市结构分为城市的职能结构、城市的规模等级结构和城市空间结构三个方面。城市空间结构是城市地理学和城市社会学研究的理论重点之一。城市空间结构是各种人类活动与功能组织在城市地域上的空间投影，包括土地利用结构、经济空间结构、社会空间结构、人口空间分布、就业空间结构、交通流动结构、生活活动空间结构等。从城市的地理空间角度，可以将城市简要地分为物质空间、经济空间和社会空间。因此社会空间结构是城市研究的重要组成部分。① 城市空间由居民、政府、各种社会组织以及物质实体空间组成，它是人类在主要聚居场所，也是社会、经济与文化发展到一定阶段的产物和反映。城市生活中的人类行为和目的，赋予了城市空间丰富的含义，不同的人们行为场所构成了多样的城市空间。在这一空间中，邻里是城市社会的基本单位，是相同特征人群的会集地，也是个人交往的主要空间，是外部力量和地方影响的冲突点。由若干邻里单位构成了更为复杂的空间形态——城市社区。城市空间的社会学特征导致了城市社会空间结构的形成。②

6.1.1 城市空间结构的理论和方法

长期以来，城市社会空间结构一直是多门学科竞相参与的研究领域，尤以地理学、社

① 王开泳，肖玲，王淑婧. 城市社会空间结构研究的回顾与展望[J]. 热带地理，2005，3(1).

② 顾朝林. 城市社会学[M]. 南京：东南大学出版社，2002(8)：119.

会学、建筑学的研究为最。关于城市社会空间结构研究，无论在城市社会学界，还是城市地理学界，乃至城市规划学界，已形成多种学派。不同学科关注重点有所不同：建筑学主要强调实体空间和城市形态；地理学则以土地利用结构为主线，探讨城市经济活动的主体综合作用下的城市内部各群体的时空过程；而社会学主要强调人及人群的行为和社会构成在空间上的表现。[①] 顾朝林在其《城市社会学》一书中总结了城市社会空间结构研究有六大流派，分别是：①景观学派，对城市地域的研究最初是通过外部观察开始的，把城市实体景观作为理解城市地域的首要问题；②社会生态学派，认为不同社会集团在各种人类活动竞争中出现有空间特色的结构，其代表为芝加哥学派；③区位论学派，比较典型的如杜能的农业区位论；④行为学派，注重人的行为对空间的决定作用；⑤结构主义学派，分为制度论学派和马克思主义学派，关注空间现象背后所隐含的政治、经济体制；⑥时间地理学学派，注重围绕各种制约条件，在时空轴上连续地反映人类活动对城市空间结构的影响。

在研究方法方面，也有学者总结了西方的城市社会空间结构研究的方法历程。[②] 指出，城市空间结构研究兴起于 20 世纪初，以美国的芝加哥学派的建立为主要标志，以帕克、伯吉斯和麦肯齐等人为代表，运用人类生态学和城市生态学的理论，对城市社区、种族集聚、城市犯罪、阶层和居住分异等问题作了初步研究，并运用人类生态学方法构建起城市空间结构的 3 大经典模型及演变模式。随后，美国社会学家史域奇和威廉斯于 1949 年在《洛杉矶的社会区》一书中进行了社会区的研究，是城市内部人口统计小区的一种类型化方法。1953 年，史域奇和贝尔共著《社会区分析》，在方法论上更加精确化。

20 世纪 60 年代后，西方国家战后经济复苏和调整，随之出现了大量的社会问题和社会矛盾。不同领域的学者开始关注城市生产活动的各个方面，全面开始了城市社会空间结构的研究。受计量革命的冲击，许多数量统计方法逐渐引入城市空间的研究中，进行定量化的因子分析和聚类分析。因子生态分析(Factorial Ecology)法的前提条件是运用计算机能大量处理数据、多变量解析统计方法的开发以及城市内部小地区统计资料的整理。同时，实证主义、人本主义、结构主义等哲学思潮的涌现，扩展了城市社会空间结构的研究视角。20 世纪 70 年代，生态学派、新古典主义学派、行为学派兴起，并成为城市社会空间结构研究的主流，其后新马克思主义学派和新韦伯主义学派成为主流的学说。80 年代后，文化回归的思潮使得文化价值分析、伦理分析情感分析等非物质的分析方法引入了对城市社会空间结构的解释。20 世纪后期，在人本主义思潮的影响下，不同学者开始运用时间地理学的方法进行居民出行和社会空间的研究，体现一种人文关怀，不断关注人们的购物、休闲空间和生活质量。总之，通过借鉴新古典经济学、行为科学、人类生态学和辩证

---

① 马仁锋，刘修通，张艳．城市社会空间结构模型研究的评述[J]．云南地理环境研究，2008，3(2)．

② 王开泳，肖玲，王淑婧．城市社会空间结构研究的回顾与展望[J]．热带地理，2005，3(1)．

唯物主义的诸多理论方法，运用因子生态分析、绘制城市意象地图、问卷调查和统计分析、系统分析、行为分析等方法，对城市社会空间进行了大量的研究。

综合来看，在城市地理学研究中主要是从城市土地利用方面来考察的；这方面的研究成果比较多。但是从外观上研究城市的景观论方法虽然考察了作为人类活动的空间结果的城市社会空间结构，但没有涉及作为城市社会空间结构形成机制的人类活动本身。而以城市地域社会为对象、说明城市形成发展机制的社会生态学方法却过于把人机械化和一般化看待而受到批判。行为论方法注意人类主观，却只强调了人类活动的主观因素，而忽视了制约人类活动的各种客观因素，因而最近的城市地域研究又发展到考虑产生人类活动各种社会制约的政治、经济制度的结构主义方法，以及考察各种制约条件，动态研究人类活动的时间地理学方法。①

6.1.2 城市空间结构模式

城市社会空间结构模型是城市社会地理学的研究核心，主要分析城市中的社会问题和空间行动，揭示城市中社会组织与社会运行的时空过程和时空特征。城市社会空间结构模型可以从整体上、宏观上反映和把握城市社会空间变迁规律，是城市规划、城市管治重要的科学依据。②

城市社会空间结构的划分分为经典模式和现代城市社会空间结构模式两种。其中，经典模式又分为同心圆模式、扇形模式和多核心模式三种。③

同心圆模式是由芝加哥大学社会学教授伯吉斯于 1925 年最先提出的城市地域结构模型，这一模型认为：城市以不同功能的用地围绕单一的核心，有规律的向外扩展形成同心圆结构，实际上这一理论将城市划分为中央商务区（CBD）、居住区和通勤区三个同心圆地带。其中，居住区分为三个层次，紧靠中心区的第一圈层次为海外移民和贫民居住带；第二圈为低收入工人居住带；第三圈层为中产阶级居住带。而通勤区位居于居住环境良好的郊区，分布着各种低层高级住宅和娱乐设施，高收入阶层往返于城郊间的通勤区。

扇形模式是由美国徒弟经济学家霍伊特通过对 142 个北美城市房租和地价分布的考察发现，高地价地区位于城市一侧的一个或两个以上的扇形区内，并且从市中心向外呈放射状延伸，在一定的扇形区域内又成锲状发展；其低地价地区也在某一侧或一定扇面内从中心向外延伸，扇形内部的地价不随离市中心的距离而变动，据此得出了与城市的发展总是从中心向外沿主要交通干线或沿阻碍最小的路线向外延伸。城市社会经济结构主要

---

① 顾朝林. 城市社会学[M]. 南京：东南大学出版社，2002(8)：119.

② 马仁锋，刘修通，张艳. 城市社会空间结构模型研究的评述[J]. 云南地理环境研究，2008，3(2).

③ 顾朝林. 城市社会学[M]. 南京：东南大学出版社，2002(8)：123-127.

依扇形形式而变化，因地租的差异形成分布格局，具体表现为：①最高价的居住区从城市中心向外扇形排列；②中产阶级在高租金区的两边；③低租金部门位于高租金区相悖的地方；④形成高租金的原因是赋予阶层沿主要道路向外扩展，或为躲避洪灾向高地迁移，或倾向于靠近领导阶层的住所。

多核心模式，是由美国地理学家哈里斯和乌尔曼在研究不同类型城市的地域结构时发现的，除 CBD 为大城市的中心外，还有支配一定地域的其他副中心的存在。这一理论认为，居住区分为三类：低级住宅区靠近中央商务区和批发、轻工业区，中级住宅区和高级住宅区为了寻求好的居住环境常常偏向城市一侧发展，而且它们具有相应的城市次中心；重工业区和卫星城镇则布置在城市的郊区。

第二次世界大战之后，城市经济得到迅速发展，城市对周边地区越来越保持着一种非常深刻的相互依存关系，在现代城市社会空间结构模式中城市社会学家们开始了城区—边缘区—影响区三分法的探索。

在迪肯森的三地带模式中，住宅区充填于中央商务区向外放射伸展的放射线之间。在塔弗的理想城市模式中，住宅区分布在中心边缘区、中间带、外缘带和近郊区；其中，在中间带，由高级单元住宅区、中级单元住宅区和低级单元住宅区组成，且高密度住宅区距中央商务区较近，低密度住宅区分布在其外围；在外缘带，中等收入者多在此拥有独户住宅，形成连片的住宅区；在近郊区也逐步形成近郊住宅区。

除以上两个主要的模式类型之外，还有麦吉的殖民化城市模式、洛斯乌姆的区域城市结构和穆勒的大都市结构模式。

综上，在城市空间结构模式的内容方面，西方城市内部社会空间结构模型最初源于 Burgess 根据芝加哥的土地利用结构提炼，然而三大经典模型对社会组织、文化价值、自然和历史等因素的忽略，导致模型不断地被修改。随着工业经济发展和城市化阶段的演变，模型的主要影响因素不断变化，而且在不同的国度(或区域)表现出巨大差异，这些主要内容的变化，使发达国家与发展中国家的城市社会空间结构模型显示出巨大差异。其传统研究领域为城市物质空间与社会空间的差异、居住与住房、城市日常生活空间、社会群体和城市机构、城市中的政治经济、城市生活质量等。城市社会空间结构研究强调社会差异的时空性，关注种族的空间分布、城市政策、贫困、城市管理、公共空间、公共服务和设施、社会福利、社会空间的组成等。20 世纪 80 年代以来，城市社会空间结构研究又加强了对市民社会、社会底层、新贫困、种族主义、城市主义、社会网络的分析。[①] 在城市空间结构的研究方法和理论方面，多样化导致城市社会空间模型复杂化且更客观化。在社会地理学方法论演化路径基本上呈现量化到质化、客位到本位以及积极借鉴其他学科方法，尤其是社会学、人类学等。方法的多样化，导致模型复杂化和客观化，但是并未能脱离“三

① 马仁锋，刘修通，张艳．城市社会空间结构模型研究的评述[J]．云南地理环境研究，2008，3(2)．

大经典模型”，只是在更小或更大的空间尺度，如社区尺度或都市带(圈)尺度进行多因素的实证分析与修正。同时，随着城市化的发展，城市问题不断出现和变化，驱动着城市社会空间结构模型研究。

6.1.3 中国城市空间结构研究

中国的城市空间结构研究分为三个阶段，分为历史时期城市社会空间研究(1949年之前)、当代城市社会空间研究(1949年之后)和改革开放之后这三个阶段。[①] 在1949年前由于特殊的政治和文化地位，北京成为历史时期的城市社会空间研究的焦点。历史学家李洵通过对历史资料的分析和考证进行了开创性研究，台湾学者章英华以20世纪初北京内部社会空间结构为题完成其博士论文，进行了较为系统而深入的研究。赵世瑜从建筑布局特色、产业功能分区等角度探讨了明清时期北京的社会空间分布与特征。[②] 王均研究了清末民初时期北京的城市社会空间[③]，认为当时的社会空间特征有：社会中上层倾向于居住在市政进步、活动便利的中心地带，贫民在房租地价的压力下被迫迁居边缘地带；家庭规模和经济条件呈正相关，户量由中心向边缘降低；满汉畛域逐步化除，出现“大分散、小集聚”的分布态势。另外，使馆区等西方事物成为影响城市空间形态的重要因素。蒋建国研究了晚清广州的酒楼消费空间，认为酒楼作为一种公共消费场所，促进消费文化的发展与传播，也反映了特定的社会制度。[④] 张世明研究1644—1949年中国边疆移民塑造的社会空间。[⑤] 通过对城市历史资料的考证，庄林德、张京祥发现殖民地时期的中国城市社会空间布局基本上呈现老城区、租界区、自发形成的工业居住混合区和有一定规划的新市区4类城市社会空间。[⑥] 另外，一些外国学者也注意到了我国半殖民地半封建时期城市的社会空间分异现象，如Logan[⑦] 的研究发现一些沿海城市上海、广州、大连等被割裂为“外国”和“本土”两部分，即所谓的“上只角”和“下只角”，分别是外国人和外侨的高级住宅和乡村农民和难民集中地。

新中国成立到改革开放这一段时间，由于我国政府实施的是计划经济体制，受单位制的影响，将工作单位和居住糅杂在一起，不同身份地位人群混居的异质性社区成为城市社会空间的主体，社会空间分异表现为单位大院之间的分异，居住空间的质量取决于单位在

---

① 姚华松，薛德升，许学强. 城市社会空间研究进展[J]. 现代城市研究，2009(7).

② 赵世瑜，周尚意. 明清北京城市社会空间结构概说[J]. 史学月刊，2001(2)：112-115.

③ 王均，祝攻武. 清末明初时期北京城市社会空间的初步研究[J]. 地理学报，1999，54(1)：69-74.

④ 蒋建国. 消费文化的社会空间——以晚清广州的酒楼消费为例[J]. 消费经济，2004(4)：43-47.

⑤ 张世明，龚胜泉. 另类社会空间：中国边疆移民社会主要特殊性透视(1644—1949)[J]. 中国边疆史研究，2006，1(61)：78-88.

⑥ 庄林德，张京祥. 中国城市发展与建设史[M]. 南京：东南大学出版社，2002.

⑦ Logan J R. (eds). The New Chinese City：Globalization and Market Reform[M]. Oxford：Blackwell，1999.

计划资源分配链上的地位。由于城市居民的职业相对单一，收入差距不大，空间分异的形式简单，对城市发展影响相对较小。

而改革开放以后，尤其是 20 世纪 90 年代市场经济的发展和全球化浪潮的到来，加上一系列政策改革(包括住房市场化、土地有偿使用、户籍制度的相对放松、政府企业化倾向等)，客观上产生了中国城市社会分化的土壤。居民的职业构成复杂化，收入差距拉大，贫富分化严重，由经济分异决定的各类空间分异现象开始出现，如跨国公司职员和城市农民工在劳动力市场、收入、住房上的极化，高级地产项目、郊区别墅和浙江村、新疆村等外来人口集聚地的强烈对比，新城市贫困现象也日渐突出。总之，新的社会分层和住房市场化的多样化正在重塑中国城市社会空间，城市社会空间分化已经成为当今城市居民日常的城市映象。主要研究内容和方面涉及：城市社会空间结构研究、迁移和城市人口分布的动态研究、城市意向空间研究等。

总体上看，由于中国统计部门工作的日渐完善使得城市资料与数据的可获得性大大增强，国内的学界在社会空间这一块的研究成果丰硕，这些研究较好地展示了中国当代大城市社会空间分异总体格局与规律，但囿于统计和人口普查本身的针对性和局限性，往往无法充分揭示具体的空间发展过程和发生机理。与国际研究水平相比，中国本土社会空间研究差距仍然明显，主要表现为重视宏观层面的社会空间性机制解析而缺乏微观层面的深入论证，重视社会区的空间划分但对空间的社会与文化意义的剖析不够，方法上过分依赖于自上而下层面的官方的人口普查资料而缺乏自下而上层面的参与式调查。[①]

6.2　城市居住空间概述

透过多数学者实际关注的问题不难发现，都市社会学中的核心问题基本上是一致的，即人类群体生活与都市环境的关系。这一核心问题在帕克具有学科开创性的文章《城市：对城市环境中人类行为研究的建议》的标题中就可以见到。如果说存在什么是城市社会学与其他分支社会学不同的地方，或者说是城市社会学特有的研究视野，那就是城市社会学更关注“空间”，即人类群体和活动在城市空间的展现。[②]

住宅作为城市重要职能的物质载体和城市空间结构的重要组成部分，长期以来地理学、经济学、社会学、政治学等不同学科的学者一直关注城市居住和相关理论的研究。各学科的学者从各自的研究领域特色出发，对城市的居住空间进行了大量的理论和实证研究，并在研究理论和方法上形成了许多学派。

---

① 姚华松，薛德升，许学强. 城市社会空间研究进展[J]. 现代城市研究，2009(7).

② 蔡禾. 城市社会学教材建设中的问题和思考[J]. 杭州师范大学学报，2010，3(2).

6.2.1 国外关于城市居住空间的研究

(1) 生态学派

城市居住空间的生态学研究可以追溯到20世纪20年代的芝加哥学派，其理论基础来源于人类生态学。该学派借用生态学的基本概念和原理，对城市居住空间演变进行了系统的研究。该学派最大特征是主要采用了阶层、生命周期和种族三个指标来描述社会群体在城市的空间分布，并借鉴"生态隔离"、"入侵和演替"、"竞争"和"优势"等生态学观点，来分析和解释特定类型的城市居民在特定地区、相邻地区的活动和分布，把城市居住空间的变化过程看成一种生态竞争过程，并把城市居住空间的演变规律概括为"同心圆模型"、"扇形模型"以及"多核心模型"。

在上述理论和模型研究基础上，许多学者进一步发展了该学派。Simmous在1965年采用了社会阶层、城市化和居住隔离等指标进一步分析了3种模型。他认为：就社会阶层来看，高收入居住区和低收入居住区呈扇形分布；从城市化角度来看，不同家庭构成的居住区呈同心圆分布；而从种族隔离来看居住区，则呈随机分布。进行类似的研究还有其他几位学者。但总的来看，基本是从不同的视角或者研究方法来验证3种模型的可行性，或者说明其存在的问题。

从研究方法来看，20世纪60年代以前，主要是以定性描述为主，分析和解释城市居住空间的形成和演变。1960年代以后，随着相关学科研究方法的革新，定量研究得到了广泛的应用。其中因子分析和主成分分析等多变量统计方法在居住空间的结构和分异研究中使用最为普遍。如R. A. Murdie(1969)采用演绎分析方法对加拿大多伦多的居住空间结构进行了实证研究，B. T. Robson(1969)运用归纳法对英国城市桑德兰进行了归纳研究，森川洋(1975)和David(1984)使用因子分析法分别对日本和英国城市居住空间的分化等进行了研究。

(2) 新古典经济学派

新古典经济学把社会作为一个由个体组成的集合。以地价为基础，从宏观角度研究住宅的供需，具有严密的逻辑推理性。

在经济分析中，该学派假定了4个前提条件：第一，商品生产和服务业反映了消费者的喜好；第二，所有的住户和企业都具有对称的信息；第三，家庭和公司分别能够实现效用最大化和利润最大化；第四，生产要素具有流动性。在上述前提条件下，研究居民最佳的居住区位选择和合理的土地开发模式。即研究住宅区位的空间选择和交通费用之间的关系，并试图建立两者之间的均衡模型。离城市越远，交通费用越高，而住房价格越低，否则相反。住户总是在一定的预算约束条件下，选择合适的交通成本和住房价格，以实现效用最大化。在假定城市是单中心、所有就业机会都位于中心商业区、所有的就业者都往返于城市中心与住所之间的前提下，标准的住宅区位模型。在新古典模型中，住户在一个完全竞争的土地上为可得到的空间区位投标，土地拥有者将土地出售给竞价最高者。住户的竞标(bid rent)函数是住户对不同区位的地租愿意投标的数值，在均衡的条件下，竞标地租最高者占据城市中心的区位。

(3) 制度学派

制度学派的研究重点是城市住房供给和分配的制度结构，有两个不同的起源，以研究美国城市为代表的区位冲突学派和以研究英国城市为代表的城市管理学派。

区位冲突学派关注权力、冲突和空间之间的关系，由北美的政治学者最先研究，也即是区位政治学。区位政治学认为土地利用的变化不是在自由而没有组织的土地市场中由无数个体决策的结果，而是由有着不同目标、不同权力及影响力程度的各个利益集团之间冲突的结果。空间不只是由政府/市场所分配的一种有价值的东西，而且具有权力资源的特征，空间资源的分配过程直接反映城市政治过程。因此，区位与权力关系的分析是城市政治研究的主要内容，对城市住房市场的研究具有重要意义。从总体来说，城市居住空间结构是由不同利益集团、组织(发展商、地主、房地产机构、金融机构、邻里组织)和地方政府之间的冲突形成的。区位冲突学派的分析较好地反映了政府干预较少的美国城市现实，多应用于美国城市研究。

6.2.2 国内关于城市居住空间的研究

国内讨论关于居住空间研究之前首先涉及的是迁居问题，由于不断的迁居，改变原有的居住结构才逐步形成城市居住空间模式。[①] 西方关于城市住房与迁居的研究早在 20 世纪 70 年代就开始丰富起来，我国关于城市居民迁居行为的研究从 90 年代后期开始起步。早在 80 年代，唐子来和朱介鸣率先运用新古典经济学和行为科学的分析框架，研究了住房及其外部环境对迁居和人口分布的影响。

关于迁居主体的研究。周一星等通过对北京市 1 000 户新房迁居户的调查指出，中青年已婚的核心家庭是北京市迁居户的主体，户主主要从事第三产业。李思名等通过对广州和北京的居住流动进行分析指出，居住流动峰值年龄比西方市场化国家偏后；生育子女对居住流动的作用很小；不同性质的单位职工居住流动概率不同，股份制企业员工最高，其次为集体企业和私营企业员工，最低为国有企业和事业单位员工；住房权属对居住流动的影响显著，自置房屋者迁移概率相对较低；房改房住户居住流动概率低，除非放松限制房改房上市政策，原有单位制社区才会彻底瓦解。易峥指出，我国居住流动率总体呈上升趋势，其中社会阶层高的人群流动性更高。

关于迁居因素的考察。李铁立在对北京市的研究中指出，不同住户群体在对居住区位进行选择时，所考虑因素的重要程度又不相同，而居住选址行为将导致北京市居住分

---

① 杨卡. 中国城市社会空间研究进展[J]. 国际关系学院学报，2009(3).

异，进一步形成新的城市住宅格局。居住流动的目的不完全为了调整住房需求；易峥认为改革开放来影响中国城市居住流动的因素主要为家庭生命周期、结构性因素、个人社会经济状况等；居住主要向城市的新城流动，外来人口也主要集聚在新城区。陶小马等通过对上海市的白领阶层的调查得出，收入低于3 000元者偏好于市中心以外房价较低的区位，当居民月收入超过3 000元时，购房因素房价因素让位于社区环境、生态环境和交通因素，月收入7 000元以上者对更加重视生态环境因素的考虑。刘旺、张文忠以万科青青家园为例，指出在微观居住区位的选择上，具有相同社会经济属性的群体趋向于选择相同的居住区位，社会经济属性的作用和居住分异现象在居住区位选择中开始凸显；受房价和经济实力的约束，年轻型家庭居住区位的选择方向已向郊区外移；对于有子女的家庭来说，教育资源的丰富与否则是居住区位决策的重要因素之一；现工作地和居住地之间的通勤时间对居住区位的选择具有决定性的影响；家庭生命周期、原居住地、消费观念和信息搜寻等对微观居住区位的选择具有一定影响。

关于迁居空间的研究周春山以广州市为例，指出当时我国大城市人口以单位分房主导的被动迁居为主，且迁居呈短距离、蔓延式向外扩散。在市场经济下，以房地产开发商为代表的市场力量是研究住宅区位形成的切入点，还应将居民择居行为和城市国土、规划等为代表的政府干预综合起来。周一星等通过对北京市的调查指出：1990—1995年间北京市的近郊区成为人口迁居的净流入区，中心区为净流出区；迁居距离50%集中在5公里以内，超过10公里的不足11%；迁居的主要动力是改善居住生活空间，迁居后的平均住房面积增加了一倍。受多核心组团式城市内部结构模式的作用，深圳市民迁居空间以在市辖区内部迁居为主；受地域空间特征差异的作用，深圳市民迁居特征的空间差异较大，尤其以特区管理线内部与外部地域之间的差异显著。居住主要向城市的新城流动，外来人口也主要集聚在新城区。

居民对边缘城市认知程度和主观评价会直接影响其迁居意向，对迁居目的地比较熟悉的居民和对迁居目的地的设施服务评价高的居民最有可能成为新兴边缘城市未来的居民；与新兴边缘城市之间存在经常性和稳定性联系的居民表现出较强的迁居意向，而联系较弱的居民迁居意向较弱；居民从母城迁往新兴边缘城市而产生的工作地和居住地的分离是居民迁居新城区的最大障碍。朱熹刚等以南京市为例，指出南京城市绅士化的特点主要是主城内原有分散的高收入者与新生的城市高收入阶层的内城再集聚，房地产市场的发展、中心区产业结构的转型、政府的政策引导、市民的择居观念与行为等是推动当前南京城市绅士化发展的主要动力。

城市化和人口的变动情况是我国城市研究者关注的热点之一，对于我国城市居民的迁居行为的特征、因素和机制等的探讨已经比较深入和广泛，已经有了针对很多城市的研究和探讨。但是由于数据的局限，以及城市行政区划的变动，我国学者在获取城市人口变动的更详细特征方面存在较大的困难，因此较少从人口的生命阶段、家庭周期、社会阶层等方面进行系统的迁居行为考察和研究。

自 1978 年改革开放以来，我国城市化进程明显加快，城市住房制度不断变革，城市住宅投资开发力度明显加大，居住空间变化加快，并开始出现分异现象。尤其自 1998 年下半年开始，全国城镇停止住房实物分配，实行住房分配货币化，更加剧了大城市住宅空间分异的进程。我国关于城市居住空间的研究有以下一些方面：

其一，关于居住区的布局与规划的研究。居住区的布局与规划的研究主要以城市规划学界的研究为代表，他们从住宅区布局与规划的原则、住宅区与其他都市功能区的关系、住宅区的形态和小区内部规划等角度进行研究。总的来看，主要是侧重于规划技术手段的研究。

地理学关于住宅区位的研究多见于城市地理学和区位论的相关论著中，一般是在介绍西方城市研究学派和区位理论时，涉及住宅区位理论的研究。近年来，也可以看到研究城市住宅区布局理论的文献，但主要侧重城市住宅区位的形成的因素及其机制分析。

其二，居住空间结构及其分异研究。关于居住空间结构的研究文献相对较多，主要集中在以下几个方面：一是关于城市居住空间扩张的历史过程、现状特征、演变趋势等方面的实证研究；二是关于居住社会空间地域结构及其分异机制研究，这是我国地理学界对居住空间的重点研究领域之一，也是研究最深入的领域之一。

20 世纪 80 年代后期，我国城市规划和地理学者开始运用因子生态分析方法对上海和广州进行了实证研究，研究发现我国主导城市社会空间分异的主要因素(人口密度、文化职业和家庭)与美国城市社会空间分异的三个解释变量(社会经济地位、家庭和种族)不尽相同。

近年来，由于我国社会转型和住房制度改革，城市居住空间分异的程度加剧了，并开始引发各种社会问题和矛盾。地理学者对这一现象进行了充分的关注，涌现了大量的研究成果，这些研究成果主要集中在居住社会空间的极化及其分异机制，以及由此引发的社会问题等方面。其中，以王兴中等学者所著《中国城市社会空间结构》最具有代表性，该书以西安市为例，对西安市居住社会空间形态与结构、居住社会空间分异的动力机制、居住迁移与居住社会空间的关系等进行了深入细致的研究和探讨，其研究方法和研究框架具有重要的理论和实践意义。

其三，城市住房消费与社会分层研究。这是以住房消费为切入点，对市场转型与社会分层关系的争论进行了再探讨，研究发现，在社会转型期，随着中国渐进式改革的发展，人力资本在市场体制中利益回报提升的同时，政治资本也在再分配体制和市场体制中继续并同样得到利益的满足，社会分层的再分配机制一定程度上还在延续，而市场化机制也同时在并行地增长着。城市居民之间的住房消费存在着贫富分化的趋势，住房改革制度的分割性使住房改革加速了中国的贫富分化，强化了中国社会的贫富分割。① 也有学者发

---

① 毛小平. 社会分层、城市住房消费与贫富分化——基于 CGSS2005 数据的分析[J]. 兰州学刊，2010(1).

现中国改革的动力激发机制是财产权利的转移，在城市是住房权利的转移，由此造就了“恒产者”社会结构，对中国社会分层的影响最为深刻。

其四，住宅郊区化研究。20 世纪 80 年代以来，我国的一些主要大城市不同程度进入了住宅郊区化阶段。住宅郊区化的研究主要集中在以下几个方面：一是中西方住宅郊区化的对比研究，以及我国住宅郊区化基本特征与发展趋势的实证研究；二是住宅郊区化与房地产开发相互关系研究；三是城市人口迁居与住宅郊区化的相互关系研究。

其五，危旧房改造、经济适用房与住房政策研究。在市场经济和住房私有化条件下，城市居民可以根据需求自由选择住房，如果没有强有力的规划和行政手段，城市不同收入阶层的居民在空间上出现分化和隔离是不可避免的。因此，住房政策历来受到各国政府和学者的重视。住房政策的研究主要是在介绍发达国家和地区住房政策的基础上，探讨中国住房政策的基本方向和价值观念的取向。

6.2.3 城市居住空间的研究趋势

随着我国城市化进程加快，城市居住空间将进一步扩张，而且在市场经济体制下，城市居住空间分异是不可避免的一种现象。城市居住空间这一复杂的社会和经济结构必将引起地理学者进一步的研究。

(1) 居住空间的分异和隔离

城市居住空间分异是一种居住现象：在一个城市中，不同特性的居民聚居在不同的空间范围内，整个城市形成一种居住分化甚至相互隔离的状况。在相对隔离的区域内，同质人群有着相似的社会特性、遵循共同的风俗习惯和共同认可的价值观，或保持着同一种亚文化；而在相互隔离的区域之间，则存在较大的差异性。[①] 目前我国许多大城市居住空间分异的格局已初现端倪，现有文献主要集中于居住空间分异的机制研究，而对居住空间分异引起的社会问题关注不够，因此，如何兼顾公平和效率，实现社会公平和社会整合，避免社会分裂将成为亟待研究的课题。

(2) 特殊群体的住宅问题

据联合国人口司、经济与社会事务部：20 世纪 80 年代以来，60 岁以上的老年人口平均每年以 3%的速度持续增长，1997 年已经超过 1.2 亿人，到 2011 年达到 1.78 亿人，占总人口的比重接近 10%，开始进入人口老年型国家行列。到 21 世纪中叶，60 岁以上的老年人将达到 4 亿左右，约占亚洲老年人口总数的 36%，约占世界老年人口总数的 22.3%。我国老年人口规模之大，老龄化速度之快，高龄人口之多，都是世界人口发展史上前所未有的。因此，从地理学角度，研究老龄人的住宅区规划、设计和建设将成为未来研究的热点之一。

---

① 师春梅．城市居住空间分异问题研究综述[J]．黑河学刊，2010，11(11)．

(3) 弱势群体的住宅问题

在我国大中城市,几乎都存在一大批外来农村人口。聚居或散居在城乡接合部的窝棚或自建房屋内,居住条件极差。这一群体居住条件的改善与否事关城市整体居住水平的提高。根据《中国21世纪议程——中国21世纪人口、环境白皮书》,"人类住区可持续发展"的目标之一就是"向所有人提供适当住房"。因此,弱势人群居住条件的改善必须纳入城市整体住宅建设中,并且制定出切实可行的住房政策,实现"人类住区可持续发展"目标,推动社会整体进步。目前我国对于城市外来人口居住问题的研究多集中于探讨外来人口聚居区的形成和由此形成的社会和环境问题等,而缺乏对外来人口的居住区和城市整体居住规划建设一体化的研究,以及有关外来人口住房政策的研究。

(4) 住宅郊区化与土地资源问题

住宅郊区化是大城市发展的必然现象,住宅郊区化的发展势必会占用大量土地资源。而我国又是土地资源缺乏的国家,有限的土地资源将制约住宅郊区化发展。城市住宅郊区化与土地资源之间的相互关系将是一个重要的课题。

(5) 居民住宅区位选择的微观机制

由于城市的形成历史、制度和发展水平等方面的原因,影响城市居民个人住房选择行为的因素及其选择过程与发达国家存在一定程度的差异。因此,关于我国居民个人住房选择行为的影响因素及微观机理的定量研究、居民个人社会属性特征与住房消费行为和空间偏好之间的关系等研究领域也将成为今后研究的重点。

6.3　我国城市居住空间结构

城市空间是人们生活、工作、休憩和社会交往的场所,不同的空间承载着不同的功能。国际现代建筑学会于1933年发表的《雅典宪章》认定现代城市有居住、工作、游憩、交通四大功能。城市居住空间结构是指为了满足不同群体居民的居住目的,在不同主体共同作用下形成的物质空间结构和社会空间结构。我国经济处于转型过程中,伴随着城市经济的快速发展和住房的商品化进程,城市居住空间结构发生了很大的变化,出现了许多新的问题。城市居住空间结构的形成是政府、开发商和居民三个主要城市主体共同作用的结果。因此,要找出我国城市居住空间结构问题的根源,就需要分析城市居住空间结构形成的背景以及在此背景下不同主体的行为。

6.3.1　我国当前城市居住空间结构变化的背景

城市居住空间结构的形成与我国土地使用制度、住房制度的改革和城市化进程等密切相关,它们构成了城市居住空间结构形成和发展的背景,不同的主体正是在这个背景下发挥作用并决定城市居住空间结构的,回顾这个过程对于理解我国城市居住空间结构形成及问题的产生具有重要的意义。

(1) 我国城市土地使用制度的演变

从解放后到20世纪80年代初,我国土地制度是公有公用的制度,土地配置的方式是行政划拨,具有“无偿、无限期使用、无流通”的特点,土地资源配置的效率很低。相应的,城市居住空间结构呈现无序的外延扩张模式,住房建筑密度和容积率都非常低,土地利用强度低,居民的平均居住面积很少。从20世纪80年代后期开始,我国土地开始实行公有出租的模式,市场开始在资源配置中发挥作用,出现协议出让和行政划拨并存的双轨制。双轨制的存在使得土地供给主体多元化的弊端凸显出来。在多方利益体的博弈中,居住用地被政府遍地开花的“开发区”等政绩工程挤占,土地的功能设置和建设的先后顺序出现混乱。这不仅制约了城市发展,而且为后来城市居住空间结构发展带来了许多难以调整的后遗症。2004年国土资源部、监察部联合下发的71号令更规定自2004年8月31日起取消协议出让,所有经营性土地均实行“招、拍、挂”方式,这是经营性土地资源配置完全市场化的开始。这样,土地供给由多元主体供给转变为地方政府统一收购、统一开发、统一储备、统一出让和统一管理的垄断供给。城市竞价机制开始发挥作用,围绕各城市中心出现类同心圆的等价线,不同阶层的居民在居住上出现分离。

(2) 我国城市住房制度的改革

城市的住房制度改革与土地制度改革相辅相成,城市的住房改革也与社会转型在时间上大体一致,社会转型的一些基本特征在住房领域得到体现,住房中逐步显现的问题也折射了社会转型的阶段和水平。① 城市居民的住房消费差异是社会主义制度下阶层分化的一个主要方面。在再分配时期,中国城市住房体制改革的目标是住房均等化,城市居民以享有低租金住房为特征(租金约占家庭收入的1%到2%),住房主要是通过工作单位进行分配的。个人所在单位的“好坏”,很大程度上决定了他所能得到的住房面积和质量。而单位提供住房的能力,又与单位所有制类型(全民或集体)和单位的行政级别相关。在单位分配住房时,“满足职工基本生活的需要”是主要原则;而对于单位来说,面积大、质量好的住房是一种资源,可以用来奖励那些处于管理职位、资历老、有技术,或者社会资本充裕的人。1980年中国城市住房改革拉开序幕,1988年国家进行了第一次住房体制改革,将住房建设投资由过去国家、单位统包的体制改革变为国家、单位、个人三者合理负担的体制;1994年国务院颁布文件,提出建立与社会主义市场经济体制相适应的住房供应制度,明确住房供应体系应由三个部分构成,即为高收入群体提供商品房,实行市场价;为中低收入群体提供经济适用住房,实行政府指导价;为最低收入群体提供廉租住房,由政府给予补助,并在企事业单位设立了住房公积金制度。②

① 李斌.分化的住房政策——一项对住房改革的评估性研究[M].北京:社会科学文献出版社,2009:1.

② 毛小平.社会分层、城市住房消费与贫富分化——基于CGSS2005数据的分析[J].兰州学刊,2010(1).

1998 年前，我国住房建设资金由政府统一管理，通过实物分配的方式，按照一定的标准将住房分配给不同单位的职工。住房实物分配标准中没有考虑家庭结构和规模，更不会考虑居民的区位偏好等，因此并不能真正反映家庭住房实际需求。在这种住房制度下，住房与工作单位往往在同一区位，同一单位人群是一个聚落群体。不同职位、不同收入的同单位居民居住在一起，形成了单位内异质性和单位间相对同质性的稳定的分子型居住空间结构。1998 年以前，我国城市住房供给方式的本质是实物分配与货币分配并存，并逐渐向市场化的商品房供给过渡。1998 年国务院下发了《关于进一步深化城镇住房制度改革、加快住房建设的通知》，要求 1998 年下半年起停止住房实物分配，逐步实行住房分配货币化。住房分配货币化的实施，使住房的供需关系发生变化，并形成了开发商自主开发、居民购买住房自由选址和政府宏观调控的格局。城市住房竞价机制发挥作用，原来的以单位为居住聚落的形态逐渐衰退。

(3) 我国的城市化进程及人口流动

根据《中华人民共和国国家标准城市规划术语》，城市化指人类生产与生活方式由农村型向城市型不断发展完善的过程。城市化主要的衡量指标是人口比例指标和土地利用状况。从量上看，我国的城市化水平已经比较高。随着城市化进程加速，我国人口流动加快，其流动地域范围之广，人口数量之多，都是史无前例的。流动人口中有 50%以上是跨县域跨省流动，有些城市已经成为“移民城市”。在人口流动过程中，来自不同地域人们的行为方式和居住文化发生碰撞，难以在短时间内融合。而来到城市工作和生活的漂泊感，使得这部分流动人口对归宿感和社会交往的需求更加强烈，他们往往根据民族或地缘聚居在一起。这使得城市居住空间结构和社会问题纠缠在一起，空间结构与社会结构相互影响、相互作用。

另外，在当前迅速城市化进程中，城市发生翻天覆地的变化，人口大幅度流动和迁移，形成了形形色色的新型居住社区。如上海的大型居住社区就是在这种背景下应运而生。如上海松江区 2012 年“两会”中，为松江区未来健全住房保障体系指明了方向：“积极推动大型居住社区和动迁安置房建设。”同时，区政府工作报告在“2012 年的主要工作”中更是明确指出：“加大大型居住社区建设力度，加快实施大型社区外围道路等基础设施配套建设，按要求完成市政府下达的任务。加快本区动迁安置房建设，筹措和建成公共租赁住房4 500 套。”在“十二五”期间，松江区规划中的泗泾、佘山、叶榭、永丰街道四个大型居住社区，每个大型居住社区人口导入量都很大。这些建设项目未来五年将陆续完成。而保障性住房大型居住社区在泗泾、洞泾基地开工，两个基地全部建成后，将毗邻轨道交通 9 号线泗泾、佘山、洞泾三个站点，其学校、社区卫生服务中心、体育中心、文化中心、福利院等配套设施也将一应俱全。大型居住区的建设是惠及民生的实事工程，目前就地方而言，压力很大，随着大型居住社区建设的不断推进，摆在眼前的“社区管理体制、就业、交通、公共服务”等系列社会问题也亟待解决。比如，公共服务设施配置滞后、地区与社区内公共服务设施的不平衡、公共服务设施开发及建设中涉及多方主体的、城市规划与房地产开发的利益矛盾等，如果解决不好，极有可能形成新型贫困社区。

6.3.2 我国城市居住空间结构的主要问题

(1) 城市居住空间“分异”

中国城市住房从福利分房到双轨制再到住房货币化的改革，城市的住房消费同样体现了社会转型的基本特征，主要表现在以下三个方面：第一，在日益发展的住房商品市场上，拥有住房的数量，拥有住房的面积，拥有住房的价格，是个人或家庭成就的标志，也是贫富分化的标志；第二，个人或家庭是否有能力购买更大、价格更高的住房，与个人或家庭成员的贫富正相关；第三，市场能力是社会成员获取住房资源的主要依据，政府提供的住房政策也会分化各类住房群体，因此，市场能力与住房政策共同影响社会成员获得住房资源。总体上，住房利益的变动是居民“社会空间位置”与“市场能力”之间“共谋”的产物。而精英比非精英拥有更多的政治资本或人力资本，精英的社会空间位置更高，市场能力更强，在市场改革中会得到更多的回报。[①] 可见，精英比非精英在住房改革中会得到更多的住房利益。在土地与住房市场化以及快速城市化的背景下，我国城市居民的居住特征越来越多样化。居民住房间的空间距离与居民间的社会距离同步增大，出现了城市居住空间的“分异”。

基于此，我国城市居住空间“分异”表现为不同阶层的居住分离[②]，以及不同居住区在区位特性上的巨大差异。从某些城市居住社区的分类就可以看出我国城市居住空间的分异状况：①豪宅区。居住人群主要为社会各界的精英、社会的最高收入阶层。社区的区位特点是或者商业氛围浓厚、生活设施齐全，交通便利；或者具有代表居住者地位的“贵族”的空间符号，其共同的特点是自然环境或社会环境以及邻里环境等区位宜人性水平高。②高档住宅区。这类社区往往居住事业有成的青年群体。它们包括临近 CBD 的中心城区，自然环境优美以及配套齐全的传统的高档居住区，城郊经济型联排别墅等。③中档商品住宅区。主要居民为普通工薪阶层。区位特性表现为社区人口密度大，居民文化素质差异大，职业构成复杂，自然环境、社会环境、功能配套设施等水平不高。④低档住房区或经济适用房区。这类社区居民的收入水平低。其分布，一是城市中心附近的旧房；

---

① 毛小平. 社会分层、城市住房消费与贫富分化——基于 CGSS2005 数据的分析[J]. 兰州学刊，2010(1).

② 居住分离，指在城市中，人们生活居住在各种不同层次的社区中，这是西方城市的一大特点。在像美国社会隔离明显的社会里，各类社区均有其自身发展的独特性，邻里单位成为组织这些社区的基本方法。城市社会分离表现在城市生活中最明显的是居住隔离。居住隔离可以包含两种情形：一是对两个(或以上)团体(阶层群体)而言，居住隔离必须满足：①居住空间上隔断。②团体的主体互不接触，也就是说，没有社会交往。二是对一个特定的团体(阶层)来说，其居住分布区是由两个或两个以上有一定空间距离的地区组成，在中间地区里没有该团体居住(黄怡，2004)。

二是传统工业区的老的职工宿舍；三是由政府规划或开发商拆迁安置的近郊区的商品房。从区位特性看，这类社区或者住房质量差、区位环境的宜人性水平低，或者交通不便、到主要活动场所的距离大，往往二者兼而有之。⑤棚户区。主要居住外来季节性流动的贫困居民群体。"城中村"是这类社区的典型表现。随着各城市的空间重构，"城中村"有向"城郊村"转化的趋势。棚户区各方面的环境非常恶劣，而且是犯罪的多发区。

这些不同档次的社区往往彼此隔离。居住高档社区的群体占据了优美的自然环境和人文环境，社区往往是完全的封闭式管理，排他性极强。① 而棚户区则是另外的世界：用木板条、石棉瓦、塑料布搭建的简易栖身所，垃圾污物四溢，似乎是出现在"垃圾带"中的"悲惨的世界"。总体上，城市居住空间已经出现"分异"：城市中具有较高生态质量和景观品质的地段几乎无一例外地被高档居住区占据，距离就业中心近、公共设施和服务好的区位则往往建成了密度高、档次高的公寓，普通住宅区的区位宜人性水平或公共设施和服务水平都比较差，而在城区或城市边缘地带形成了一些以地缘关系为联结纽带的流动人口聚落或异质社区。

(2) 居住与就业地点的"空间失配"

哈佛大学学者卡因于 1968 年提出"空间失配"的假说。其主要内容是，由于贫穷的有色人种居住在城内，相对富裕的白人居住在郊区，彼此形成了居住的"分异"和"隔离"，而就业中心主要分布在郊区，这造成了在内城居住的居民交通出行时间偏长，从而导致了这部分居民的失业状态。在我国，同样存在低收入居民的居住与重要活动场所的"空间失配"问题。

20 世纪 80 年代，我国城市推行了"退二进三"的产业政策，工业和提供大量就业机会的服务业之间发生演替。同时，随着城市化水平的提高，我国城市面积和规模不断扩张。在政府主导下，城市呈现单中心的同心圆形态，功能区分布单一。不仅就业中心单一，而且许多与居民日常生活相关的重要活动场所分布也很集中。以北京为例，由于历史文化等原因，好的医疗设施、教育设施等城市公共服务系统主要集中在三环以内，个别在三环以外，而四环外的服务设施远远跟不上内城区的水平。

从人口分布看，就城市固定人口而言，目前我国城市贫困人口的 47%由下岗职工和城市失业者组成。他们一般拥有固定住房，但是，伴随城市改造，他们的住所逐渐远离城市中心，既与工作机会远离，并且有高交通成本等出行障碍。城市流动人口情况，根据国家统计局调查数据，2005 年全国城市范围内，迁移人口比重为 28.6%。这部分迁移人口中，有相当部分是收入和文化水平低的进城务工人员，他们没有固定的住房，很多租住在城中村里，北京、上海等城市租住在城中村的甚至超过外来人员的一半。

---

① 根据李远行，陈俊峰(2007)对南京市东山新区个案的实证研究显示，高档社区有门卫、严格盘查的几率是 100%，无事可进入的几率为 0。参见开放时代，2007(4)：50-61.

学者们对不同城市的实证研究论证了我国居住空间分布普遍存在的圈层分布特点，大量的居住社区呈蔓延趋势不断向外扩散。受住房支付能力的影响，收入低的居民区位选择自由度低，往往被动选择在郊区居住。[①] 而郊区的交通、教育文化、商业、医院等配套设施建设落后于人口集聚的进程，居住在外圈的低收入居民到医院、学校、购物场所等主要活动场所的距离都很远。城市中较高的交通成本降低了这部分居民与就业机会接触的几率，而相似情况的居民的聚居也不利于彼此就业信息的沟通。王兴中(2000)对西安的社会空间结构进行了实证分析，描述了西安城市内部日常生活地域类型的变化规律。从中我们可以看出，伴随着城市的发展以及土地利用的变化，城市向外部地区蔓延，就业与居住出现了空间失配。郭永昌对上海的"空间失配"进行了测算，表明当空间匹配细分到微观时，上海的居住与就业一致性很差，如浦东新区就业人与居住人口之间的相关系数为－0.015，基本上不具有相类性，即存在"空间失配"问题。

6.3.3 我国城市居住空间结构问题出现的原因

在住房商品化、土地市场化、城市化和社会流动水平高的背景下，我国城市居住空间结构问题的出现，可以从开发商、政府、居民等主体的行为中找到原因。

(1) 开发商行为

在住房市场中，房地产的不可移动性以及与区位对应的空间资源的稀缺性决定了卖方市场的垄断。因此，开发商不惜牺牲公共利益，通过囤积土地，加大对空间资源的占用；另外，为了避免彼此的恶性竞争，采取人为STP策略和价格合谋的策略。

城市中不同区位可以实现货币化的空间资源不同，尤其是自然环境、人文环境等稀缺资源分布不平均造成了不同区位的经济地租差异很大。开发商往往利用垄断的市场特征，最大可能地将这部分经济地租落到自己手中。他们不惜牺牲城市的生态影响，千方百计地占有绿地、河流周边的土地；不惜牺牲城市历史文化，想法占有并任意改造城市的文化街区。在这些区位上开发的高档住房社区，由于其昂贵的住房价格，成为高收入阶层的独占区位，低收入阶层只能望楼兴叹。这造成了空间资源的不平等分配，并形成了城市居住空间的分异。比如上海的苏州河滨水区。对苏州河的改造，政府仅环境综合整治一期和二期工程就耗资110多亿元，约占同期城市建设投资比例的8.7%。随着河水变清，开发商立刻占据这一区位资源，相继在苏州河两岸圈地建成各种以此为主题的楼盘，并成为上海房产一个价格居高不下的热点区域。整治后的苏州河，不再是普通市民休闲游憩的

---

① 住房支付能力反映了家庭从市场购买或租赁住房的交易能力，常用房价收入比来表示。区位选择指居民根据自己的偏好对某一居住区以及该区位所特有的自然环境、社会环境、邻里环境以及公共设施进行选择。这一选择受制于居民的住房支付能力以及住房的供给状况。在住房供给一定的情况下，住房支付能力高意味着居民的区位选择自由程度高，反之亦然。

场所，也没有实现政府设想的功能，而是失守于开发商，最终成为特定收入阶层的专属享用区。

开发商的STP策略包括市场细分、目标市场选择和市场定位三个步骤。通过STP策略，开发商把住房市场分成了不同档次的住房子市场。有满足旧城改造动迁户的普通住宅，有针对城市白领和私营业主的高档社区，也有城市精英阶层居住的别墅住区。这样，在开发商一系列的营销手段和物业管理手段下，在居民区位选择过程中，空间"分异"的现象就自动产生了。

在同一区域的住房市场上，为了避免恶性竞争从而获得最大的利润，同时为了避免在巨额的房地产投资中损失沉淀成本，开发商之间往往形成默契，通过价格合谋控制住房价格，使住房价格居高不下，人为降低居民的住房支付能力。这样的行为结果便是住房价格高出居民收入承受能力，住房支付能力低的居民被排斥在外，不得不选择更加远离就业地点等场所的位置居住，使"空间失配"等问题变得更加严重。

(2) 政府行为

政府通过土地规制、基础设施建设和税收这三大工具影响城市居住空间结构。另外，在我国土地公有制制度下，政府作为土地一级市场的唯一供给者直接参与住房市场。政府行为是造成城市居住空间结构问题的另一个重要因素。一是基础设施建设滞后。与自然环境、人文环境和邻里环境等由自然或历史原因形成的区位特性相比，城市公共设施或公共服务决定的区位特性取决于政府的提供，具有可变的特点。导致我国城市居住空间结构问题的重要原因除了不变的区位特性外，公共设施和公共服务的分布不均也产生了重要的影响。在我国很多城市扩张过程中，城市的基础设施建设远远落后于居住区的建设。由于基础设施不健全，这大大增加了很多居住区居民的出行困难，即使这部分住房价格不高，但是由于通勤成本的增加，也会使居民的居住成本增加，并造成居住与就业地等重要活动场所的"空间失配"。

二是土地供给中的"土地财政"及房地产税收问题。目前土地出让金是地方政府的重要财政来源，有地方政府的"第二财政"之称，其收入约为地方财政一般预算收入的40%。目前我国实行土地储备制度，在相关的法律规定尚不规范的情况下，土地储备机构担当着两种相互矛盾的角色，很难找到政府行为与市场行为的最佳衔接点。土地财政增加了开发商的土地成本。目前在房地产的总成本中，土地成本所占比例最高，达到了41.2%，加上市政工程和公共配套设施的支出，企业向政府的支出大约占总成本的44%。同时，房地产税收也是政府的重要财政来源。在房地产的开发和销售环节，一共涉及8个税种，这些税与土地成本相加，占总成本的63.19%。最终这部分成本会转移到居民身上，降低了居民的住房支付能力。在土地财政的利益刺激下，为了获得最大的土地财税收入，地方政府往往利用土地规制手段，在确定土地利用用途、规模、发展次序时，出现"越位"和"失位”,在城市空间结构上表现为商业用地对居住用地的挤占,高档住房用地对低档住房用地的挤占等。最终结果则是居住用地与商业用地之间发展不平衡,居住用地中高档与低档住房用地发展不平衡,从而造成城市居住空间结构的问题。

(3) 居民行为

在住房市场化背景下,居民对居住在不同的区位有选择的自由,居民在选址时体现一定的价值取向,形成了不同的居住聚落。另外,居民的选址过程也体现了城乡之间、不同收入阶层之间以及不同地域之间的文化冲突,引发城市居住空间结构问题。

城市的不同居住区位代表了独特的空间符号,这种空间符号带给居民不同的心理感受,体现居民不同的价值取向。空间符号既可能由于历史原因形成,也可能由于外部性原因形成。城市居民对这种区位特性做出判断,并形成一定的骄傲—耻辱序列。一般来讲,骄傲—耻辱序列的总排序是,越具有大型区域公共利益的、对本社区环境有消极影响的形态类型越带有“耻辱”性,如垃圾站等;对社区越有福利的形态类型越具有“骄傲性”。高收入阶层对这种空间符号非常敏感,因此,他们为了展示自己的财富和地位,往往不惜千金,选择与经济实力和社会地位相当的人群聚居。相应地,由于住房支付能力差而没有区位选择自由的低收入阶层只能被迫选择这个序列的另一端。不同价值取向与不同文化的冲突共同影响居民的选址行为。我国不存在西方国家的种族歧视问题,但在城市中也存在两个层面的文化冲突。一是城乡居民的文化冲突。在一些城市居民的观念中,城市是城里人的城市,不是乡下人的城市。因此,他们在进城就业的农民工面前常常以主人自居。二是城市居民之间的文化冲突。居住在市中心的居民,为了更大的居住面积或拆迁等原因到近郊区居住时,往往与居住在原来城市边缘区的居民之间产生不融合的现象。比如上海城市以苏州河为界形成“上只角”和“下只角”之分,这种城市居住区域分化成了社会学的遗传因子,至今还在有些人的头脑里生根发芽(顾骏,2005)。居民不同的价值取向以及文化冲突造成了不同居住区之间的“分异”和隔离。

社会空间结构是城市研究的重要组成部分,城市空间的社会学特征导致了城市社会空间结构的形成,而近年来关于居住空间和形式问题更是热点问题。在城市空间结构方面有景观学派、社会生态学派、区位论学派、行为学派。研究方法方面,主要从城市土地利用方面来考察的研究成果比较多。另外,有人类生态学和城市生态学,受计量革命的冲击,许多数量统计方法逐渐引入城市空间的研究中,进行定量化的因子分析和聚类分析。在城市空间结构模式方面有同心圆模式、扇形模式和多核心模式、迪肯森的三地带模式、麦吉的殖民化城市模式、洛斯乌姆的区域城市结构和穆勒的大都市结构模式。中国的城市空间结构研究分为三个阶段，分为历史时期城市社会空间研究(1949 年之前)、当代城市社会空间研究(1949 年之后)和改革开放之后这三个阶段。

国外关于城市居住空间的研究有：生态学派、新古典经济学派、制度学派；国内讨论关于居住空间研究之前首先涉及的是迁居问题，然后是关于居住区的布局与规划的研究、居住空间结构及其分异研究城市住房消费与社会分层研究、住宅郊区化研究、危旧房改造、经济适用房与住房政策研究。并且，随着我国城市化进程加快，城市居住空间将进一步扩张，而且在市场经济体制下，城市居住空间分异是不可避免的一种现象。

1. 蔡禾. 城市社会学教材建设中的问题和思考[J]. 杭州师范大学学报，2010，3(2).
2. 杨卡. 中国城市社会空间研究进展[J]. 国际关系学院学报，2009(3).
3. 姚华松，薛德升，许学强. 城市社会空间研究进展[J]. 现代城市研究，2009(7).
4. 赵世瑜，周尚意. 明清北京城市社会空间结构概说[J]. 史学月刊，2001(2)：112-115.
5. 王均，祝攻武. 清末明初时期北京城市社会空间的初步研究[J]. 地理学报，1999，54(1)：69-74.
6. Logan J R. (eds). The New Chinese City：Globalization and Market Reform[M]. Oxford：Blackwell，1999.

空间结构(Spatial Structure)　城市居住空间(City Residential Space)
生态学派(Ecological School)　新古典经济学派(New Classical Economic School)
制度学派(Institutional School)　同心圆模式(Concentric Circle Model)
扇形模式(Sector Model)　多核心模式(Multi-core Model)

1. 关于城市空间结构的理论有哪些？
2. 城市空间结构的研究方法有哪些？
3. 我国在城市空间结构方面的研究有哪些成就？
4. 城市居住空间的研究趋势如何？
5. 我国在城市居住空间问题上存在哪些问题？

浦东新区三林镇居住空间分异实证剖析[①]

在一定意义上,居住空间分异就是具有不同人口学或社会学特征的人群在居住空间上的重新排列组合。不同职业和收入人群由于社会心理和居住偏好的不同,在房价过滤和政府政策等机制下,形成相同社会阶层聚居,不同社会阶层空间隔离的城市社会空间状况。为了深入剖析不同类型社区的住房质量、人群特征,我们选择了浦东新区社会重构最为剧烈的三林地区8个不同类型的社区进行问卷调查,并通过统计来分析各个不同类型社区的社会分层和居住分异概况。本次调查主要在三林镇北街居委会华夏小区市民动迁房、老居民新村(有煤卫)、无独立煤卫住宅区(筒屋、老屋)三个点,华城新区高档商品房、一般商品房、农民动迁房三个点,懿德村和临江村农民房为主的8个不同类型的居民点进行,样本量为800户的问卷调查(有效样本)。

1. 调查样本基本情况

从居住形式看,市民动迁户以动迁房为主(56.44%);老居民新村户以单位分配为主(76.84%);无独立煤卫户以自建房为主(64.65%);高档和一般商品房显然以购买商品房为主,分别占96.74%和91.92%;农民动迁户则以征地安置房为主,占97.96%;懿德村和临江村农民房为主的两个调查点都是以自建房占绝对优势,各占95.00%和98.04%。从就业人口的职业构成看,市民动迁房和老居民新村以务工经商和管理人员为主;无独立煤卫房以务工经商和劳务零工为主;高档商品房和一般商品房则以管理人员和专业技术人员为主;农民动迁房则以务工经商和其他为主;农民房以务工经商和劳务零工为主。

从失业率看,高档商品房、一般商品房和农民房失业率较低;而市民动迁房、老居民新村、无独立煤卫房和农民动迁房失业率较高,都在10%以上。

2. 三林镇8个调查点居住空间分异状况

在计划经济时代,城市空间的分异现象,主要由政治及其他社会因素形成,分异人群主要是职业和社会地位的差异。而这次调查的情况表明,经济因素逐渐成为分异的首要因素,同时分异人群逐渐转变为贫富差异,由此导致了城市不同收入阶层区域化分布现象。

对于8个调查点,我们进行了家庭人均年收入数据的调查,虽然所有问卷调查的主观合作态度对问卷的有效性有一定影响,但它对于反映一种宏观规律和态势影响却不大。

---

① 杨上广,王春兰.上海城市居住空间分异的社会学研究[J].社会,2006(6).

因此，我们可以通过分析 8 个调查点的收入状况，来反映居住空间分异状况。首先我们对于原始数据进行了整理和统计，计算出浦东新区三林镇 8 个调查点的隔离指数为 51.5。

北街老居民新村、北街无独立煤卫房、华城农民动迁房三个调查点小区主要是以中低收入人群为主；而华城高档商品房和华城一般商品房则相反，说明这两个小区主要是以中高收入人群为主。

从分异度来看，分异度 D 值一般介于 0～100 之间。D 值越高表明分异程度越高，当 D ＝0 时，表示区域处于完全混居的整合状态，当 D ＝100 时则表示区域内只有一种单纯的社会群体存在，亦表明是绝对的空间隔离。从浦东新区三林镇 8 个调查点隔离指数为 51.5 可知，这 8 个调查点隔离状况不仅存在，而且还较为严重。

此外，华城高档商品房和华城一般商品房两个调查点的绝对差异值非常高。由于它们在居住形式上都属于商品房，这说明在一个城市中，不同类型居民的具体居住区位表面上看是由许多客观因素决定的，比如政府决策、市场因素、城市规划等，但随着住宅市场化改革取向的深入，在居住空间的选择上，居民自主性因素正在加强。

【思考题】

（1）根据此次调查，浦东新区三林镇居住空间分异情况如何？

（2）请思考由于居住空间分异产生的负社会外部性有哪些？

第 7 章

城市社会福利服务

【本章提要】

本章主要介绍城市社会福利的概念和特征，以及社会福利服务模式的划分标准和分类。在此基础上，介绍中国城市社会福利服务政策的历史沿革，包括计划经济体制和市场经济转轨中的城市社会福利服务的政策状况。接着，详细介绍城市老年人、残疾人和儿童的社会福利服务政策。并在本章的最后一部分讨论了中国城市社会福利服务改革的发展问题。

7.1 城市社会福利服务概述

社会福利经历了较长的发展过程，它起源于非政府的慈善事业，而逐步发展成为现代政府财政为主导的公民福利制度，其价值预设体现了从慈善救济的人道主义到公民权利的转变。福利通常被理解为能够让人们生活幸福的条件，可以泛指解决有关“福利”问题的各种社会方法和政策。

7.1.1 社会福利概念及特征

(1) 社会福利服务的定义

社会福利包含了所有满足个人需求的活动，从外延上也有不同的理解，较为常见的有以下几种含义：

第一种，狭义的社会福利指为帮助社会的弱势群体，疗救社会病态而提供的服务。它在社会生活中的作用是补缺性的。这也就是威伦斯基提出的剩余福利模式。这是社会福利最狭窄的含义，在我国又被称为民政福利，因为不管是城镇“三无”对象的收养、农村“五保户”的供养，还是城乡的济贫救灾，都属于民政部门的工作范围。

第二种以联合国社会开发研究所提出的观点为代表，这种观点把人们日常生活的需求分成三大类：基本的身体需求、基本的文化需求和更高层次的需求。在基本的身体需求和文化需求获得满足的基础上，向更高层次需求的过程，即可称之为社会福利。这种社会福利的对象是全体公民，内容是提高全社会成员的生活水平和生活质量。这种观点当前在中国居于主流地位，被学术界广泛接受。随着一国经济的发展和人民生活水平的提高，此种含义的社会福利就会愈来愈为人们所要求。

第三种，在西方国家，社会福利是一个包容甚广的概念，它与中国的“社会保障”的外延基本相同，都是指国家和社会为保障社会成员的基本生活而采取的措施及服务，包括社会救济、社会保险、社会服务等子系统。这种社会福利同时包容了剩余模式和制度模式，它既帮助了有困难的社会成员，维持其起码的物质和精神文化生活，又提高了全体社会成员的生活水平和质量，增进全民的社会福祉。这种解释在日本以及我国的香港和台湾也居主流地位。

第四种，社会福利是指国家和社会为提高社会成员的物质和精神生活水平而采取的各种措施，这是对社会福利含义最宽泛的界定。如美国学者米基利认为，社会福利是“在社会问题得到控制、人类需求得到满足和社会机会最大化时，人类正常存在的一种状态。”[①]按照这种思路，他把社会福利划分为：①非正式的社会福利制度，包括个人、家庭、邻里和社区为履行道德责任所承担的各种活动；②正式的社会福利制度，指有组织的宗教和非宗教的慈善活动组成的志愿性的社会福利活动，它又被称为第三部门；③国家的社会福利制度，包括收入保障服务（由社会保险和社会救助组成）、医疗服务、教育、住房、就业、个人社会服务六大服务。为了与具有浓厚制度性和政府责任色彩的社会保障或社会福利概念相区别，周弘把这种含义的社会福利称为社会保护。[②]

在我国，社会福利分割为农村社会福利和城市社会福利。所谓农村社会福利，就是指国家和社会为改善并不断提高农民的物质文化生活水平而采取的各种具有经济福利性的社会政策措施的总称。简言之，农村社会福利是一项面向全体农民的社会政策；它的组织与实施不再单纯是民间的互助互济，而是由政府直接干预并承担责任；它的内容不再是满足农民因生存而需要的单纯的物质生活保障，而是增进了农民的精神生活和个人全面发展的需要。故而，在现实生活中，农村社会福利的具体内容从其项目来看，应当包括两大部分，即：保障性福利（即社会保障，包括社会保险、社会救助、社会福利事业、社会优抚）和非保障性福利（医疗服务、教育福利、社会服务、就业保障等）。[③] 同样，城市社会福利服务指以政府为责任主体，直接面向城市社会成员，尤其是城市中的具有特殊需求的个人、家庭或群体而提供的福利性服务。城市社会福利服务包括内容很多，既有针对普通居民的服务，也有针对各类群体的专门化服务。在服务方式上，既有在社区中为居民提供的各种服务，也包括在各种机构中对某些特殊群体的集中服务。

---

① 杭行，刘伟亭．关于社会福利制度的深层次思考[J]．复旦学报（社会科学版），2003(4)．

② 周弘．福利的解析——来自欧美的启示[M]．上海：上海远东出版社，1998：22-23．

③ 王怀勇．“中国农村社会福利保障体制的形成与变迁”[J]．社会科学研究，2009(4)．

(2) 社会福利服务的特征

首先,弱势群体优先。在任何时代、任何社会中都存在着老人、儿童、残疾人等社会弱势群体,他们存在一些特殊的需求,由于自身能力的不足,需要来自社会的保护和满足,其中主要是生活照顾服务,也包括身体康复、教育、就业、权益保护等方面的需求。国家和社会应该首先满足这个群体的需求,并随着社会经济的发展不断地提高他们的生活质量。

其次,福利性。对受益者个人来说,社会福利具有福利性。面向弱势群体提供的社会福利服务,因为他们的经济收入和支付能力有限,常常是免费或者是象征性的收费,这无疑具有福利性。即使收取的费用比较高,但只要未达到该项服务的市场价格,则仍然存在着福利性,属于社会福利的范畴。

最后,服务性。社会福利侧重于满足社会成员较高水平或较高层次的社会保障需求,这些需求大多是以服务的形式提供的,因此社会化的服务是社会福利主要的实现方式和表现形式。社会福利的特点是为个人提供服务,以满足他们各方面的需求。因此,福利服务的主体和资源是社会化的,但服务的对象和方式却是个体化的,必须针对每个服务对象具体的特点和情况,灵活多样、因地制宜地开展福利服务。

(3) 社会福利服务的内容

在当代各国各种各样的社会福利服务项目中,主要包括以下方面:

第一个方面,满足社会成员基本生活需求的服务体系。在当代各国,政府、企业和各类社会组织都在不同程度上为居民或员工提供一些日常生活方面的服务,以满足人们的基本生活需求。这方面的服务主要包括在基本的衣、食、住、行方面的便民利民服务。尽管对普通居民来说,大多数基本生活服务需求都可以从市场上得到满足,但通过福利性的服务方式来提供一些最基本的社会服务可以加强生活服务体系的基本服务保障功能,在保障居民基本服务需求和提高居民生活质量方面可以起到更好的效果。同时,企业向职工提供福利性服务也可以起到方便职工生活,解除职工后顾之忧,调动职工劳动积极性的作用。

第二个方面,满足社会共同生活需要的服务体系。在人们的生活中有许多共同服务需求,这些共同的需求可以以“公共产品”的方式来满足,对这类公共产品很难通过市场机制来实现最优配置,因而应该通过公共行动的方式来提供。如政府通过在市政建设、公共交通、治安、环境等方面的公共政策行动提供这一类的服务。此外,在社会福利服务层面上也有此类的服务,例如在社区和企事业单位的社会福利服务体系中包含了居民生活环境治理、社区治安、生活小区绿化、公共阅览室以及一些文化娱乐设施等方面的服务就属于这一类的服务。

第三个方面,针对特殊困难者的社会福利服务体系。在各个社会中,政府或其他组织都有一些针对特殊困难者的福利性服务。这里所谓的特殊困难者主要包括贫困者、老年人、残疾人、孤残儿童以及其他一些在生活中具有特殊困难和特殊需要的个人和家庭。这些人由于自身的特殊困难而比其他人需要更多的服务,但他们当中有很多人又因为经济条件的限制而比其他人更加难以利用商业化服务。因此。需要政府或其他组织以福利性服务的方式给他们提供必要的生活服务，以解决他们的困难。

7.1.2　社会福利服务模式的划分

从不同角度对社会福利进行分类，是社会福利实施过程中的客观需要。从社会福利范围和内容角度可分为广义的社会福利和狭义的社会福利；从实施目的可分为补缺型社会福利和制度型社会福利；从社会福利实施手段可分为剩余模式、工业成就表现模式和制度再分配模式。

(1) 补缺型社会福利和制度型社会福利模式

从社会福利实施的目的进行分类，可以将社会福利分成补缺型社会福利和制度型社会福利来进行研究。威伦斯基(Harold Wilensky)和莱博克斯(Charles Lebeaux)于 1958 年在《工业社会和社会福利》一书中提出的补缺性社会福利和制度性社会福利的划分，[①] 是福利模式划分最为常用的分类。两种模式划分标准是社会福利资源的指向即社会福利的"目标定位"以及政府职责定位。目标定位的不同决定了两种模式截然不同的理念和特征。

补缺型社会福利。补缺型社会福利也称为剩余型福利，家庭和市场是满足个人需要的自然渠道，只有在这两个自然渠道遭到破坏时第三种社会机制的社会福利制度才开始介入，即国家为社会无法自助者提供暂时性和救济性的救助。补缺型社会福利以特殊的弱势群体(如穷人、病人、残疾人等)为对象，可以视为一种选择性社会福利，社会福利能够起到支持和防止意外的作用，政府扮演的角色是边缘性的。在"补缺型"社会福利主张者看来，由于家计调查可以确定受益者的资格，因而"补缺型"社会福利可以把有限的社会福利资源定位于最需要的人，既可以减少社会福利总支出，也可以避免要求纳税者去补贴那些能够满足自己需要的人，有利于资源再分配。

制度型社会福利。制度型社会福利也成为"普惠型"社会福利，是指为全体公民提供的福利，是一种制度化的常态性社会制度，与补缺型社会福利相比，是社会制度结构中常规化、永久性的重要组成部分，保障对象扩展到社会的全体公民，从而实现了由选择性福利到普遍性社会福利转变，但也存在由于社会福利支出较高产生福利依赖等一系列弊病。"普惠型"社会福利主张者认为，作为公民的一项基本权利，社会福利应该赋予所有公民，或主要群体中的所有人，这样可以避免社会分化成两个独立阶层——施予者和受施者，进而可以增进社会团结，消除耻辱感。"普惠型"社会福利并不完全否定目标定位和家计调查的作用。

---

① Harold Wilensky and Charles Lebeaux. Industrial Society and Social Welfare. , New York: Russell Sage Foundation, 1958.

(2) 社会福利的剩余模式、工业成就表现模式和制度再分配模式

在威伦斯基和莱博克斯二分法的基础上，英国社会政策学者蒂特马斯蒂特姆斯(R. Titmuss)又增加了一个新类型，即"工业成就型"福利模式(industrial achievement-performance model)，即国家举办的社会福利设施只充当经济的附属品，福利政策从属于经济政策。福利的获得应该论功行赏，按照各人的优点、工作表现和生产力来满足其需要。在这种模式下，政府直接干预较少，间接规范较多，因此，这种福利模型也被称为"婢女模型"(Handmaiden Model)，由此形成了它的社会福利的剩余模式、工业成就表现模式和制度再分配模式三分法。[①]

7.2 中国城市社会福利政策的历史沿革

城市社会福利作为城镇社会保障的一个组成部分，它的发展程度对于提高城镇人民生活质量来说有着不可忽视的作用。中国现代社会福利制度是从20世纪50年代初建立发展起来的，社会福利的发展可分为三个阶段。

7.2.1 新中国成立初期的社会福利政策

新中国成立后，随着国民经济的恢复和发展，人民政府在建立劳动保险制度的同时，也开始着手社会福利制度的创建，这时期的社会福利被称为："企业办社会式的福利时期。"1951年《劳动保险条例》的正式颁布实施，标志着我国社会保障制度开始建立。20世纪50年代后期至改革开放前，我国的城市社会福利制度历经多次变革，最终形成了以国家——单位格局为主要特征的社会福利体制，该体制覆盖了大多数城镇户籍就业人口且保障水平相对较高。由于该体制的建设是与个人得到的就业机会相关联，也就形成了个人对福利的依赖实际上成为对单位的依赖，最终的结果导致社会福利成为职业福利，基本形成"企业办社会"的格局。而在当时企业实际是国家的一种延伸，个人对福利的依赖最终转化为是对国家的依赖，国家是整个福利制度的承担者。计划经济时期社会福利制度结构化特征有：一是将社会福利等同社会救济，而且将社会福利看作是社会保障的重要组成部分；二是将社会福利看作是市民独享的社会特权，二元福利结构突出；三是将社会福利看作是国家权威与仁慈，缺乏实质公民权；四是将社会福利等同工作单位的职业福利待遇和组织性福利；五是将福利工作等同民政工作，政治福利鲜明，缺乏社会政策的理念。[②] 新中国成立初期，社会福利制度主要包括民政福利和职工福利两大部分内容。

---

① R. Titmuss 著. 社会政策十讲[M]. 台北：台湾商务印书馆，1991：19.

② 张晋. 简述我国城市社会福利改革中的问题[J]. 中国商界，2008(11).

(1) 民政福利的初步形成

政府包办的民政福利是社会福利制度的基本组成部分，主要面向无依无靠的城镇孤寡老人、孤儿或弃婴和残疾人等。它分为社会福利事业与社会福利企业两大类，前者主要包括各种福利院、精神病院等收养性机构，后者则是通过建立福利企业吸收残疾人就业的方式来解决他们的生活保障问题。由于内务部(民政部前身)以及各级民政部门一直是这项工作的主要指导和管理部门，这项事业后来便被称为"民政福利"。

新中国成立初期，民政福利主要是通过两个途径建立起来的：一是民政部门在全国各大中城市创办了一大批救济福利事业单位(包括一部分生产教养院)；二是接收、调整、改造国民政府原官办的救济院、劳动习艺所及地方民办的慈善堂、外国教会举办的慈善机构等，使之成为新中国政府主办的福利机构。民政福利事业单位的管理办法是：中央和地方财政共同出资开办，由各级民政部门直接举办、直属管理，所需经费、物资等全部统一纳入国家或地方预算。据统计，截至1953年年底，全国共有城市社会福利救济事业单位920个，先后收容了孤老、孤儿、精神病人及其他人员37.4万人。[①] 当时，民政福利是与社会救济紧密结合的，统称"救济福利事业"。

社会福利生产是国家、集体和社会为帮助残疾人就业而组织的各项生产经营活动的统称。从1952年起，一些城市本着"生产自救"的方针，开始组织由烈军属和城市贫民参加的手工业或小型工业生产，这些生产单位发展后，逐渐吸收部分残疾人参加生产。1956年以后，民政部门对这些自救性生产单位进行了统一规划，把相当一部分改变为专门安置残疾人的企业，即后来所称之的社会福利企业。1956年12月，内务部在北京召开城市残老教养、烈军属和贫民生产工作座谈会。在这次座谈会上，首次提出了"社会福利生产"的概念。[②] 此外，在人民政府的倡导下，一些全国性民间社会福利团体组织建立起来。1950年4月，中国人民救济总会成立；1950年8月，中国福利基金会改名为中国福利会；1953年3月，中国第一个残疾人福利组织——中国盲人福利会成立；1956年2月，中国聋哑人福利会成立。1956年5月，内务部直接领导盲人福利会和聋哑人福利会。当时，全国约有盲人和聋哑人160万。[③] 这些全国性民间福利组织在建立新中国的社会福利工作组织体系，巩固和扩大社会福利界的统一战线，组织救灾救济和提供直接福利服务等方面发挥了重要作用。

(2) 职工福利的基本确立

民政福利只覆盖特殊少量人群，城镇绝大多数居民的福利保障则主要是通过各个机

---

① 崔乃夫主编. 当代中国的民政(下)[M]. 北京：当代中国出版社，1994：208.

② 中华人民共和国民政部大事记编委会. 中华人民共和国民政部大事记(1949—1986)[M]. 北京：中国社会出版社，2004：121.

③ 王子今，等. 中国社会福利史[M]. 北京：中国社会出版社，2002：325.

关、企事业单位提供职工福利的方式来获得。职工福利由职工所在单位举办，它以职业为依托、以城镇职工为主体，只要凭本单位的正式职工的身份即可享受，是消费基金分配的一种形式。职工福利作为新中国社会福利制度最重要的组成部分，可分为三类：

第一类，为职工生活提供方便、减轻家务劳动而举办的集体福利设施，如宿舍、食堂、浴室、理发室、托儿所、幼儿园等。1953年1月劳动部公布的《劳动保险条例实施细则修正草案》规定：实行劳动保险的企业应根据工人职员的需要及企业经济情况，单独或联合其他企业设立疗养所、营养食堂、托儿所等，其房屋设备、工作人员的工资及一切经常费用，完全由企业行政方面或资方负担。1956年教育部、卫生部、内务部联合发出通知，指出"为了帮助母亲们解决照顾和教育自己的孩子的问题，托儿所和幼儿园必须有相应地增加"。以纺织系统为例，1953年到1955年，青海、天津、东北、上海等地区用于老厂基建、兴建、扩建托儿所、幼儿园的费用就达182亿元。[①] "一五"时期，住房建设投资相当于国家基建投资的9.1%，建成职工住宅9454万平方米。大量的职工从解放初居住的草棚、木板房搬进了工人新村，较快地改善了职工的住宅条件。[②] 很多大中型企业和机关事业单位办起了职工食堂、浴室，有些单位还建立了理发室、休息室等。

第二类，为减轻职工生活费用开支而建立的福利补贴，如生活困难补助、冬季宿舍取暖补贴、探亲补贴等。1953年5月，财政部、人事部发布《关于统一掌管多子女补助与家属福利等问题的联合通知》，初步确立了面向城镇居民家庭的津贴政策；1954年3月，政务院发布《关于各级人民政府工作人员福利费掌管使用办法的通知》，对机关事业单位工作人员的福利待遇及经费来源、管理和使用作出规定；1955年9月，财政部、卫生部、国务院人事局联合发出《关于国家机关工作人员子女医疗问题的通知》，家属享受半公费医疗待遇成为新的福利政策；1956年12月，国务院发布《关于国家机关和事业、企业单位1956年职工冬季宿舍取暖补贴的通知》，确立了城镇职工家庭的冬季取暖福利政策；1956年，全国总工会向各级工会发出了《职工生活困难补助办法》，对有关职工困难补助的原则、补助对象、经费来源、补助办法等都有明确的规定。

第三类，为丰富职工生活建立的文化福利设施和组织的活动，如文化宫、俱乐部，以及开展各种文娱体育活动等。1950年6月颁布的《中华人民共和国工会法》规定：工会有改善工人、职员群众的物质生活与文化生活的各种设施之责任，各级政府应拨给工会以必要的房屋与设备，作为工会办公、会议、教育、娱乐及举办集体事业等之用。到1954年，全国市文化宫和俱乐部增至12 376个。工人图书馆从无到有，发展到9 650个，藏书达1 170万册。[③] 文化福利事业的发展，既丰富了广大职工的文化生活，又为职工学政治、学科学

---

① 劳动人事部保险福利局编.社会保险与职工福利讲稿[M].北京：劳动人事出版社，1986：168-169.

② 严忠勤.当代中国的职工工资福利和社会保险[M].北京：中国社会科学出版社，1987：195-196.

③ 劳动人事部保险福利局编.社会保险与职工福利讲稿[M].北京：劳动人事出版社，1986：170.

技术，参加各种业余文艺活动创造了良好条件。

为了建立职工福利设施和发展文化福利事业，国家在经费上给予保证。经费来源有五个方面：一是国家提供给单位的基本建设投资中，与职工基本生活有关的必要的非生产性建设费用。“一五”时期，全国非生产性投资占基本建设投资总额的 28.3%。二是机关事业单位设有福利费、企业设有福利基金。职工生活困难补助以及企业单位职工食堂、托儿所、浴室、理发室等设施的经常性费用，均由福利费和福利基金开支。1953 年，政务院财政经济委员会规定，国营企业可按工资总额 2.5%提取福利补助金，用于一切有关福利方面的经常补助和浴室、理发室、洗衣房、哺乳室、托儿所、食堂的开支除去收入的差额。1954 年政务院公布了各级政府工作人员福利费掌管使用新办法，并开始统一使用“工作人员福利费”的概念。三是从机关的行政经费、企业的管理费和事业单位的事业费中开支的福利费用。四是工会经费中的一部分。1950 年，全国总工会规定基层组织工会会费收入的 20%用作会员困难补助费。1953 年，财经委员会规定国营企业可按工资总额 2%提取工会经费，其中 1%作为文娱体育费及业余文化补习学校经费。五是福利设施本身的收入。如电影、某些文艺演出和体育竞赛活动所得的收入。

到 1956 年前后，初步建成了以国家为责任主体，覆盖国家机关、企事业单位职工生活各方面的福利制度。职工从集体福利事业中，得到了生活上的方便，享受了经济上的实惠。职工在食堂就餐，基本上只收取食品的原料费；子女入托儿所，只缴伙食费和少量杂费，管理费一般是免缴的；职工在本单位浴室洗澡，大多数是免费的；基层俱乐部组织群众性文体活动职工免费享受，电影票约只相当社会上电影票价的 1/3 或更少。当时职工宿舍也是一种福利，有些企业职工住单位宿舍，每间房仅收房租 0.30 元；有的单位的单身职工住集体宿舍不仅缴交费，还可享受一份房贴。

7.2.2　计划经济体制下的社会福利政策

在计划经济体制下，中国社会福利经过 20 多年的探索，在曲折中发展，不断扩充，形成了国家负责、板块分割、封闭运行的传统福利制度框架。主要包括：国家通过“高就业、低工资、高福利”的方式，在单位内保障就业人员的职工福利；对未就业的单位以外的人员、“三无”城镇孤寡老人、孤儿、残疾人等实行的民政福利；农村的五保供养制度；城镇居民的价格补贴，以及国家举办的某些教育、文化、卫生、体育事业方面的公共福利。

(1) 职工福利成为传统福利制度的核心内容。

针对新中国成立初期职工福利存在的某些项目混乱、制度规定不合理和管理不善，以及福利待遇过高等问题，1957 年 1 月和 5 月，国务院先后发出了《关于职工生活方面若干问题的指示》、《关于国家机关工作人员福利费掌管使用的暂行规定的通知》，就职工住房、上下班交通、生活必需品供应、困难补助以及职工福利费用的来源和掌管使用等作出明确规定。同年 9 月，中共八届三次扩大会议召开，会议要求必须继续贯彻执行在发展生产的基础上，逐步开展职工福利事业的方针；“二五”期间要对劳保福利工作和制度进行整顿，改进不合理的制度，适当降低过高的福利待遇；提倡依靠群众集体力量办福利，提倡用互助互济的办法解决职工生活中的某些困难问题。根据党中央、国务院的指示，各地区、各有关部门做了大量工作：一是暂缓实行房租及上下班交通费补贴，有的单位取消了一些突出不合理的补贴制度，如向职工发火柴、黄烟、茶叶等；属于变相工资待遇的，通过增加工资并入工资当中。二是降低福利费标准。中央各机关工作人员的福利费，由过去按工资总额5%提取改为按2.8%提取，区以上各机关和中央各机关驻在外地的机构按3%、乡镇机构按1%提取。三是部分产业部门取消了不合理的房贴制度。住单位宿舍原享受房贴者，取消房贴，并按规定交纳房租。① 1962年4月，国务院发布了《关于企业职工福利补助费开支办法的规定》，修订了企业职工福利补助费开支办法。1965年8月，内务部下达了《关于国家机关和事业单位工作人员福利费掌管使用问题的通知》，规定福利费仍以解决工作人员及其家属生活困难为主，如果有结余，可以补贴工作人员家属统筹医疗费用的超支和用于哺乳室、托儿所、幼儿园、少年之家、理发室、浴室的零星购置费的开支、慰问住院的患病工作人员少量慰问品的开支。

“文革”期间，职工福利事业受到严重干扰。1969年11月，取消了财政部和国家经济委员会1962年规定的国营企业提取企业奖金的制度(其中有一部分可用于改善职工物质文化生活的各种集体福利设施)。财政部在《关于做好1969年决算编审工作的通知》中规定，中央国营企业原按工资总额2.5%提取的福利费、3%提取的奖励基金和5.5%提取的医疗卫生费实行合并，统一按照工资总额的11%提取职工福利基金，直接计入成本；如果11%提取的福利基金仍不敷使用，企业可以从税后留利中提取职工福利基金进行弥补。②这种办法，完全和企业经营成果脱钩，不利于调动职工的生产积极性。改革开放初期，随着国家工作重心转向经济建设，职工福利制度得以修复，主要表现在修改了福利基金的提取与使用办法，建立起一些福利补贴制度。如1980年2月财政部、国家劳动总局下达了《关于城镇集体所有制企业的工资福利标准和列支问题的通知》；1981年3月，国务院重新修改颁布了职工探亲待遇的规定，延长了探亲假期；1983年8月，劳动人事部、全国总工会、财政部发布了《关于在经济改革中要注意保障企业职工的劳动保险、福利待遇的意见》。据统计，1978—1984年，全民所有制单位职工福利费用增长了近2倍。③

(2) 城市民政福利的发展。

民政福利事业主要是靠国家投资，并享受各项优惠政策。1958年6月，内务部召开了第四次全国民政会议，会议总结和推广了兴办残疾人习艺所、精神病人疗养院、退休人

① 严忠勤.当代中国的职工工资福利和社会保险[M].北京：中国社会科学出版社.1987：197-198.

② 郑功成，等.中国社会保障制度变迁与评估[M].北京：中国人民大学出版社.2002：126-127.

③ 严忠勤.当代中国的职工工资福利和社会保险[M].北京：中国社会科学出版社.1987：205.

员公寓、贫民疗养院等福利事业的经验。之后，各地民政部门新建和扩建了许多养老院、精神病人疗养院和儿童福利院等社会福利机构。1964 年与 1958 年相比较，城市社会福利事业单位增加了 219%，所收养的人员增加 99%。其中，增加较多的是儿童福利院和精神病人疗养院。对于社会福利生产组织，1959 年 7 月，第五次全国民政工作会议进行了分类定型，明确以安置残疾人就业为主的生产单位为社会福利企业，享受国家政策的特别扶持。经过 1960 年年初的调整之后，全国城市民政部门直属的社会福利企业基本稳定在 1 000 多家。另外，还建起了近 30 家的生产假肢等助残器材的福利工厂，开办了一批盲人按摩诊所等。“文革”期间，民政福利的发展也受到严重影响。1968 年内务部被撤销后，行之有效的规章制度被废弃，许多福利事业单位被强行合并和撤销，福利设施遭到破坏，福利事业的服务质量普遍下降。据 1978 年统计，全国社会福利院只剩 577 个，工作人员 3233 人，收养老残等人员 38457 人，与 1964 年相比较，无论是事业单位数还是收养人数都大大减少，不少盲、聋、哑、残人员和孤老残幼重新流落街头。①

1978 年 2 月，民政部成立，内设城市社会福利局，负责政府直接承担的城市社会福利事务，包括社会福利设施、社会福利工厂、社区福利服务等等。1979 年 11 月，全国城市社会救济福利工作会议召开，会议进一步明确了城市社会福利事业单位的福利性质，制定了恢复和发展社会福利事业的方针与政策。1981 年与 1978 年相比，城市社会福利事业单位由 728 个发展到 866 个，增加 19%；收养人数由 5.7 万余人增至 6.1 万余人，增长 7%。同时，社会福利院突破“三无对象”为收养范围的规定，初步开展了有偿收养双职工家庭中的残疾人和退休孤老的业务，不仅解除了双职工的后顾之忧，而且在一定程度上缓解了事业费不充裕的状况，取得了社会效益和经济效益的双丰收。

此外，在计划经济体制下，教育和住房分配也是一种福利。中小学教育基本上是免费教育，高等教育更是一种高水平的福利，学生不仅免缴学费、住宿费等费用，而且还可以享受到能够解决吃饭问题的助学金补贴。在福利分房方面，企业或者单位按照职工的工龄和年龄等条件以及家庭人口数目，采用无偿的实物福利分配模式为职工分配住房，职工分到住房后只需交纳少量的房租，所交纳的房租不能抵偿房屋维修和管理成本，亏损部分则由政府和企事业单位补贴。对城镇居民而言，还有一种补贴制度。它面向城镇居民，对其购买粮食、食油及有关副食品给予相应的价格补贴，以保障城镇居民的基本生活，这种福利项目由国家财政部门负责组织实施。

7.2.3　市场经济转轨中的城市社会福利服务改革

改革开放后，伴随着传统社会向现代社会，农业社会向工业社会，计划经济向市场经济的社会转型，政府尝试从原福利体系内所充当的角色中抽离出来，而将民间以及个人力

---

① 崔乃夫. 当代中国的民政(下)[M]. 北京：当代中国出版社，1994：211-212.

量补充进去。这期间的社会福利服务分成两个阶段：社会失范的过渡时期和社会福利社会化的完善时期。

社会失范的过渡时期是随着社会改革的不断进行，大量劳动力由于企业改革从国有企业中分离，丧失了获得传统福利的资格，而在长期中央集权制度下的我国民间团体无法承担政府所期待的责任。在社会转型带来的暂时性社会失范以及福利承担主体的不明确的情况下，我国福利政策出现了空缺，一方面使相当多的非公有制经济中的职工没有福利保障。另一方面机关和事业单位在保持原有的低工资的前提下福利待遇在缩减，个人需要承担部分福利费用，造成机关和事业单位人员物质和心理上的极大反差和不满。①

社会福利社会化的完善时期是始于 2000 年 4 月民政部在广州召开社会福利社会化工作会议，主张各地积极地向福利投资主体多元化转变。一是劳动部提倡的对于企业职工福利要在企业之外建立一个独立于企业的社会统一管理的社会保险体系；二是民政部提倡的要在政府财政社会福利支出的有限条件下，进行社会筹资，鼓励社会投资福利，福利设施的社会开放服务。通过上述一系列改革，我国社会福利总体上形成了水平低、覆盖面小、个人参与意识薄弱、发展不平衡、投入不足、机制不顺的局面，但仍没有动摇新中国成立以来的制度性模式，政府仍只是注意到社会福利对社会公平的作用，忽视了其与经济效益之间的联系，忽视了由其带来的社会稳定、和谐的社区环境和功能稳健的家庭等非经济因素也会对经济的长远发展产生重要作用，忽视了通过福利可以实现社会和经济的双赢发展。②

具体而言，随着经济体制改革的进行，市场经济运行机制逐渐得以确立，经济成分、利益主体、社会组织和社会生活方式的多样化，对增加社会福利设施、拓宽福利服务领域、提高福利服务水平提出了新要求；人口老龄化的加速和家庭规模的小型化，提出了多层次、多形式的福利需求，也提供了发展社会福利事业的新机遇。

而传统社会福利制度的内在缺陷和不可持续性日益明显，职工福利难以为继，民政福利越走越窄，并成为阻碍社会经济健康发展的制约因素。因此，对传统福利制度进行改革并促使其向现代社会福利制度转型，促进城乡社会福利事业健康发展，势在必行。

（1）需要改革职工福利，促使其向原本的性质、地位和功能回归。

20 世纪 80 年代中期开始的全面经济改革是触及计划经济体制根本的一场革命。国家有关国有企业破产、职工待业保险等方面的法规政策出台后，意味着一旦劳动者所在单位破产，其所享有的各种福利待遇也会随之丧失。如果不对职工福利制度进行改革，或者发展可以替代的社会化福利，国有企业改革就无法实现其既定目标，就无法避免巨大的社会风险。在向市场经济转轨中，职工福利制度改革配合企业改革，主要沿着以下几个路径

① 张晋. 简述我国城市社会福利改革中的问题[J]. 中国商界，2008：11.

② 同上.

逐步展开：

理清工资与福利的关系，部分职工福利转化为工资的一部分。一是把各种带工资性质的福利补助纳入工资分配范畴，提高职工收入的工资化、货币化程度。按照一般市场经济的工资构成惯例，把各种带工资性的福利补贴纳入工资范畴，不再从企业职工福利基金中列支。二是把保险费用与福利费用严格分开，避免相互挤占、混淆不清。通过设立企业社会保险基金，把在职职工和非在职职工的养老、医疗、待业、工伤、生育等保险项目包括其中。1992年4月，财政部发布了《关于提高国营企业职工福利基金提取比例，调整职工福利基金和职工教育经费计划基数的通知》，规定：从1992年5月起，将职工福利费改按职工工资总额扣除各种奖金后的14%从成本中提取，计提福利基金的工资总额不再扣除副食品价格补贴；职工教育经费按同一口径的1.5%提取；将1985年以来国务院统一规定发给国营企业职工的各种副食品价格补贴，其中由企业福利基金负担的部分全部改为从企业成本中列支。2007年1月，新的《企业财务通则》开始施行。其内容中已没有了应付福利费及其计提的表述，它标志着职工福利基金开始从企业税后利润中提取、列支，即企业要根据自身条件和经济效益状况来设置职工福利项目、决定职工福利水平以及职工的福利待遇。

单位福利设施服务的社会化。1992年6月，中共中央、国务院《关于加快发展第三产业的决定》提出："现有的大部分福利型、公益型和事业型第三产业单位要逐步向经营型转变，实行企业化管理"，要以社会化为方向，积极推动有条件的机关和企事业单位将现有的信息、咨询机构、内部服务设施和交通运输工具向社会开放，开展有偿服务，自主经营，独立核算。遵照上述精神，"企业开始了以企业后勤服务社会化、产业化"为主要内容的福利设施服务改革，逐渐从"企业办社会"的困扰中解脱出来，从而参与市场竞争，不仅把大多数企业原有的后勤服务设施推向社会、推向市场，成为社会化第三产业的重要组成部分，而且还使企业福利机制与市场经济运行机制有机地结合起来，实现了由封闭福利型到开放经营型的过渡。

住房福利制度改革。改革开放以来，对职工福利改革幅度较大一项就是进行城镇住房制度改革。国家对住房福利体制改革，经过20世纪80年代初期推行"优惠售房"试点和1986—1988年推行"提租增资改革"，到1989年国务院《关于在全国城镇分期分批推行住房改革的实施方案》正式推进住房商品化，再到1992年在全国实行新房先卖后租、新房新租、有偿租房等改革举措，各地都在探索住房福利制度的改革之路。1994年7月，国务院发布《关于深化城镇住房制度改革的决定》，确定了以标准价售房的政策；到1998年年底，中央政府宣布停止企事业单位的福利分房，公房的出售进展较为顺利。在推行住房商品化改革的同时，国家确立了由职工和所在单位共同负责的住房公积金制度，推出了建设与出售经济适用房的一系列举措，到2000年后又推出了廉租房政策，通过这些改革，目前职工福利正在逐步向其原本的性质、地位和功能回归，一个适应现代企业制度和市场经济体制的新型职工福利制度正在形成。

其次需要改革民政福利，促使其由补缺型向适度普惠型转变。首先，社会福利机构的改革与发展。1984 年 11 月，民政部在漳州召开了全国城市社会福利事业单位改革整顿经验交流会，会议提出了社会福利事业要进一步向国家、集体、个人一起办的体制转变，进一步由救济型向福利型转变，由供养型向供养康复型转变，由封闭型向开放型转变（简称“三个转变”）的发展战略和改革方向。1993 年 8 月，民政部发布了《社会福利业发展规划》。1999 年 12 月，民政部颁布《社会福利机构管理暂行办法》，开始将各种福利机构与公益机构纳入统一、规范的轨道。2005 年 11 月，民政部发布的《关于支持社会力量兴办社会福利机构的意见》提出：“社会福利社会化是在社会主义市场经济条件下发展社会福利事业的必经之路，推进社会福利社会化必须广泛动员社会力量多渠道、多层次参与福利事业、兴办福利机构，开展形式多样的系列化服务。”截至 2009 年年底，全国收养性社会福利单位有 40 250 个，床位 299.3 万张，收养 236.2 万人。其中：各类老年福利机构 38 060 个，床位 266.2 万张，收养各类人员 210.9 万人，有效缓解了老年福利服务的供需矛盾；全国独立儿童福利机构 303 个，床位 4.4 万张，收养儿童 11.5 万人。①

（2）社会福利企业改革。

改革开放以来，民政部门坚持贯彻分散安置与集中安置相结合的方针，在积极发动全社会做好残疾人劳动就业工作的同时，大力发展社会福利生产。1986 年 2 月，民政部等 6 部门发布了《关于进一步保护和扶持社会福利生产的通知》。1992 年 1 月，民政部发布了《关于加强社会福利生产管理工作的决定》。为进一步做好残疾人劳动就业工作，确保按期完成《中国残疾人事业“九五”计划纲要》规定的残疾人就业任务，推动残疾人就业持续、稳定发展，1999 年 9 月，国务院办公厅转发了劳动和社会保障部等部门《关于进一步做好残疾人劳动就业工作若干意见》的通知。各地民政部门及福利生产管理部门不断加大改革创新力度，以使福利企业适应市场经济的客观要求，福利企业的改制、改组的步伐明显加快，优惠政策和扶持保护措施相对稳定，福利企业管理得到加强，两个效益明显提高。②民政部门积极参与调整和完善福利企业的优惠政策，2007 年 6 月，出台了《福利企业资格认定办法》，进一步拓宽了残疾人的就业渠道。截至 2009 年年底，全国共有吸纳残疾职工就业的福利企业 22 783 个，吸纳残疾职工 62.7 万人。全年实现利润 125.4 亿元，年末固定资产 1 454.1 亿元。③

最后，社会福利经费来源多渠道化。在福利经费来源方面，逐步打破了国家或单位包

---

① 民政部门户网站发布. 2009 年民政事业发展统计报告，http：//www. mca. gov. cn/article/zwgk/mzyw/201002/20100200057757. shtml.

② 李学举. 跨世纪的中国民政事业·总卷(1994—2002)[M]. 北京：中国社会出版社，2002：11.

③ 民政部. 2009 年民政事业发展统计报告，http://www. mca. gov. cn/article/zwgk/mzyw/201002/20100200057757. shtml.

办的格局，福利经费多渠道的供款格局和福利责任分担机制正在形成。经费来源主要包括：一是政府财政拨款。财政拨款仍然是福利事业发展所必需的主要支撑力量，且随着国民对福利需求的增长和国家财政实力的增强不断增长。2009 年中央财政共向各地转移支付民政事业费 1 227.0 亿元，占民政事业费比重 56.2%。二是集体投入。城乡集体单位投入福利事业的经费也在持续增长。三是发行福利彩票。自 1987 年 4 月民政部发布《关于开展社会福利有奖募捐活动的通知》，开始发行福利彩票以来，通过发行福利彩票来筹集福利资金已成为发展福利事业的重要的经济基础。1994 年 12 月，民政部发布了《中国福利彩票管理办法》，对福利彩票的发行与销售、资金使用、监督与处罚等内容作了规定，从而使福利彩票的管理与运行有法可依。2009 年民政系统彩票公益金共支出 113.4 亿元，资助项目用于福利类收养性单位 49.3 亿元。四是社会捐献。国家鼓励社会捐献，并通过这种渠道来发展福利事业。1999 年 6 月，《中华人民共和国公益事业捐赠法》颁行，首次用法律的形式规范社会捐赠。2009 年共接收社会捐款 68.6 亿元，其中捐赠物资折款 2.2 亿元。接收捐赠衣被 12 476.6 万件。此外，间接接收其他部门转入的社会捐款 14.1 亿元，衣被 681.0 万件，其中，棉衣被 527.6 万件，捐赠物资折款 1 884.9 万元。民政部有关负责人表示，这些捐赠款物使 1 522.3 万人(次)困难群众从中受益。①

除孤老残幼等部分社会成员可以继续享有无偿的福利待遇外，多数福利项目需要个人承担一定的义务，如养老院向离、退休人员开放的条件即是收取适当的费用。

(3) 社区服务成为重要的具有社会福利性的服务行业。

社区服务是在政府倡导下，为满足社会成员多种需求，以街道、镇和居委会的社区组织为依托，具有社会福利性的居民服务业，是社会化服务体系中的一个重要行业。1987 年 9 月，民政部在武汉市召开了首届全国城市社区服务工作座谈会，会议阐述了社区服务的性质、特点、内容、范围以及在城市社会保障体制中的地位。为了规范和促进社区服务业的发展，民政部、国家计委等 14 家部委于 1993 年 8 月联合发布了《关于加快发展社区服务业的意见》，对社区服务业的任务、社区服务业的统筹规划、政府对社区服务业的扶持、社区服务业发展资金筹措、社区服务价格体系的建立、社区服务业的管理等都作了原则性规定。截至 2009 年年底，全国共有各类社区服务中心 17.5 万个，其中提供住宿的综合性社区服务中心 674 个，不提供住宿的综合性社区服务中心 9 329 个；居委会社区服务站 5.3 万个，其他社区服务设施 11.2 万个。社区服务志愿者组织 28.9 万个。② 目前，社区服务正在部分地替代着传统职工福利的许多功能，计划经济时代的“单位人”正在向市场经济条件下的“社区人”转变。

① 民政部.2009 年民政事业发展统计报告，http://www.mca.gov.cn/article/zwgk/mzyw/201002/20100200057757.shtml.

② 同上.

7.3 中国城市社会福利政策分析

7.3.1 城市老年人社会福利服务

老年人福利是国家或社会为了安定老人生活、维护老人健康、充实老人的精神生活而制定的社会公益服务。《中华人民共和国老年人权益保障法》规定，国家和社会应采取积极措施，改善老年人生活、健康以及参与社会发展的条件。

(1) 老年人福利服务主要形式

收养性福利。收养性福利的主要职能是收养无家可归、无依无靠、无生活来源的孤寡老人。在经济条件较好的地区，也开展自费收养，主要收养一些由其单位或亲属付费的老人。收养性的福利设施包括老年院、养老院、老年公寓、托老院和福利院等。

娱乐性福利。娱乐性福利的主要职能是为老年人提供各种文化娱乐性服务，包括老年人大学、活动中心、活动站等。

一般服务性福利。一般服务性福利主要是为老年人提供一些生活和健康方面的服务设施，包括老年人康复中心、老年医院、老年人咨询中心、老年人交友中心等。

近年来，我国积极推行社会福利社会化，在以国家、集体举办的老年福利机构为支柱的前提下，鼓励社会力量举办老年社会福利机构，建立以居家养老为基础、以社区老年人福利服务为依托的老年人社会服务体系。

(2) 老年人福利服务福利基本政策

我国老年社会福利范畴就包括所有为保障和改善老年人物质、精神文化生活所采取的一切举措。老年社会福利政策法规的范畴包括政府为此制定颁布的所有法律、法规、方针政策、行准规范。这大体上可分为收入保障和服务保障两类。

属于收入保障的政策有：关于保障老年人合法权益的法律、法规：关于社会养老保险的政策；关于医疗保险的政策；关于农民实行新型合作医疗制度的政策；关于城市普遍实施和农村试点实施最低生活保障的政策；关于农村“五保”供养制度的规定；关于城乡贫困人口实行医疗救助和生活救助的政策：关于特殊优待老年人的政策等。

属于服务保障的政策有：老年福利服务机构举办、运营、管理监督、质量评估等方面的优惠政策和规定、办法、标准、规范等；社区为老服务场所、设施建设、运营的管理办法及标准、规范等；院舍、家庭和社会服务、居家养老服务等多种为老服务方面的政策规定和服务技术规范、标准等；为老服务队伍建设的职业标准和专业技术等级管理规定等老年人健康状况的评估办法和标准；有关发展老年医疗卫生、文化教育、康复健身等服务的政策规定；发展老年产业和老年用品市场等方面的政策措施，等等。

(3) 老年人福利服务政策中存在的问题

目前,我国老年人社会福利的政策法规体系建设,还只是初步建起了一个基本的框架,它对有关老年福利的基本方面、基本内容大都有所涉及,并且有些重要方面也有较为明确和具体的规定。这对老年社会福利事业的发展起到了积极地促进作用和有效的保障作用。但是,从社会主义市场经济和老年人社会福利事业发展的客观要求看,我国老年社会福利政策、法规体系的建设还是远远不够的,存在着诸多的欠缺和不足:

老年福利总体上缺少法律层面的根本保障。除了有一部非常原则、无所不包、并且已经滞后于市场经济发展要求的《老年人权益保障法》之外,我国老年福利政策还更多、更久地停留在政策性文件规定的层面,至今还没有制定出老年福利的专项法律、法规,与国外相比较已经严重落后,执行起来其强制力和时效性必然大打折扣。

老年福利的政策法规体系建设严重滞后于经济和社会的发展水平。我国老年福利保障和服务水平总体来说比较低,经济不发达、欠发达地区和广大农村表现的尤为突出,这与公共财政政策和社会政策以及老年福利政策建设滞后紧密相关。

老年福利政策法规体系建设缺少配套和衔接。体现在老年福利政策法规体系本身各个方面、各个环节、各个层级缺少配套衔接,也体现在老年福利政策与其他经济、社会发展政策不协调甚至相悖的现象时有发生。如机构服务中政府包办导致资源分配不公和有限资源效率低下的体制障碍与国家改革大政方针的矛盾,福利投入机制偏向和市场经济公平竞争的矛盾等。

老年福利政策落实不到位和不落实的现象比较突出。特别是财政资助、税收减免、用地划拨等方面的优惠政策落实较差。此外,现行的福利投入预算缺少公开和透明,城乡二元体制造成城乡福利体制的分割和巨大差异,第三部门作用较差、专业社会工作者制度缺失等,都使我国老年社会福利政策法规体系的建立、健全还有很长的路要走。

7.3.2 城市残疾人福利服务政策

残疾人福利是指国家和社会对残疾人所采取的扶助、救济和其他的福利措施。新中国成立后,我国残疾人事业获得了发展。1951年,中国政府颁布了《劳动保险条例》,陆续开办了一些聋哑学校和社会福利机构以及社会福利企业。我国于1990年通过了《中华人民共和国残疾人保障法》,为残疾人康复、教育、劳动就业、文化生活、社会福利等提供法律保障。我国对残疾人的福利主要包括就业、救助和教育等方面的内容。政府通过兴办福利企业、实施按比例就业和扶持残疾人个体从业等形式,帮助残疾人实现就业,并鼓励、帮助残疾人参加社会保险;政府通过采取临时救济和集中供养以及兴办残疾人福利安养机构等措施,对残疾人提供特别救助照顾;政府通过特殊教育机构(包括聋哑学校、低能儿童学校、弱智儿童班等)对特殊对象(包括盲、聋、哑、肢残、弱智等)实施特殊教育;政府还通过开展康复医疗和健康重建,帮助残疾人恢复或者补偿功能,增强其参与社会生活的能力。

(1) 残疾人福利服务现状

我国是世界上残疾人最多的国家，截至2009年，我国残疾人数为620.0万人。[①]

① 残疾人教育服务。到2009年，残疾人受教育权得到了更好保障，进一步提高了残疾人素质和平等参与社会的能力。全国为盲、聋、智残少年儿童兴办的特殊教育学校已发展到1 697所，义务教育普通学校附设特教班有2 801个，在校的盲、聋、智残学生54.5万人(见图7-1)。[②]

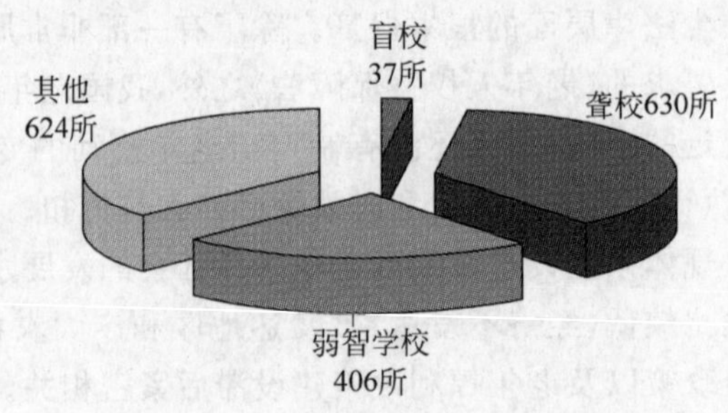

图7-1 2009年度全国特教学校建设情况

已开办特殊教育普通高中104所，在校生6 339人；其中聋高中84所，在校生5 197人；盲高中20所，在校生1 142人。残疾人中等职业教育机构有174个，在校生11 448人，毕业生5 833人，其中获得职业资格证书4 386人。全国有6 586名残疾人被普通高等院校录取，1 196名残疾人进入特殊教育学院学习(见图7-2)。

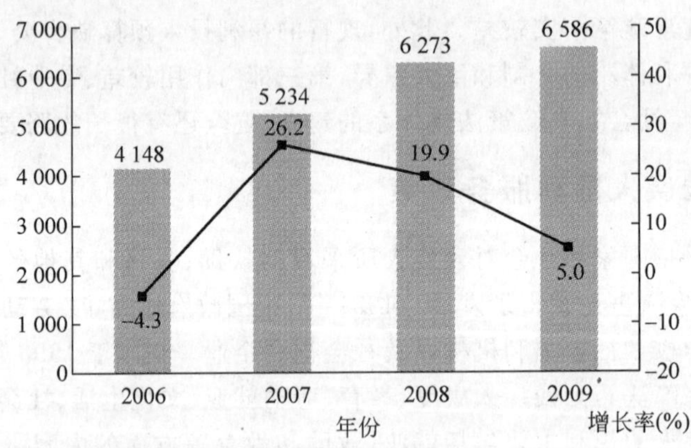

图7-2 2006—2009年全国普通高等院校录取残疾考生情况

① 中国残疾人联合会发. 2009年中国残疾人事业发展统计公报. 2010-06-12, http://www.cdpf.org.cn/sytj/content/2010-04/01/content_30272785.htm.

② 中国残疾人联合会发. 2009年中国残疾人事业发展统计公报. 2010-06-12, http://www.cdpf.org.cn/sytj/content/2010-04/01/content_30272785.htm.

全国省（自治区、直辖市）、市（地、州）、县（区、市）三级残联举办残疾人职业教育培训机构达1 852个，接受残疾人职业培训的普通机构有2 132个，78.5万人次残疾人接受了职业教育与培训，并有10.9万人次获得了职业资格证书。

截至2009年年底，全国未入学适龄残疾儿童少年总数21.1万人，其中视力残疾3.1万人，听力残疾2.9万人，言语残疾2.0万人，智力残疾4.4万人，肢体残疾4.6万人，精神残疾1.4万人，多重残疾2.7万人。①

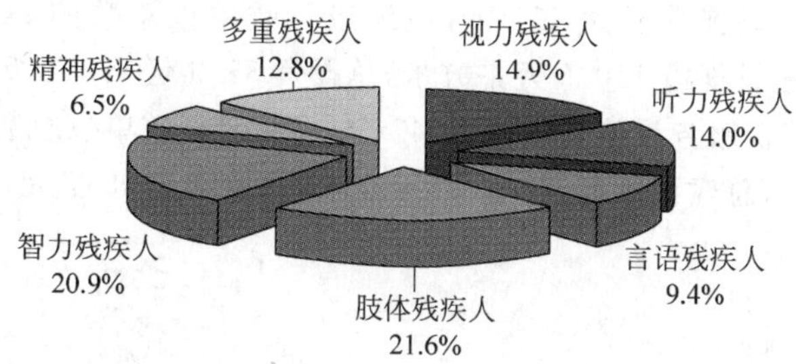

图7-3　2009年度全国未入学学龄残疾儿童少年情况

② 残疾人就业服务。2009年，城镇新安排35.0万名残疾人就业。其中，集中就业残疾人10.5万名，按比例安排残疾人就业8.9万名，个体就业和多种形式灵活就业15.6万名，全国城镇实际在业人数443.4万名；1 757.0万名农村残疾人稳定实现就业，其中从事农业生产劳动1 355.5万名。②

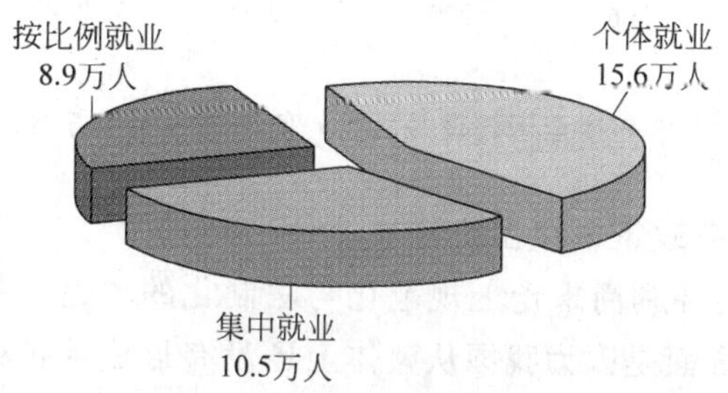

图7-4　2009年度全国城镇残疾人新安排就业情况

盲人按摩事业稳定发展，按摩机构迅速增长。2009年度培训盲人医疗按摩人员4 686名；保健按摩机构达到10 405个，医疗按摩机构达到1 259个；在专业技术职务资格评审中，分别有606人和1 992人通过医疗按摩人员中级和初级职称评审，全国有60名盲人

① 中国残疾人联合会发. 2009年中国残疾人事业发展统计公报. 2010-06-12，http://www.cdpf.org.cn/sytj/content/2010-04/01/content_30272785.htm.

② 同上.

医疗按摩师通过高级职称评审。[①]

③ 残疾人综合服务设施建设。残疾人综合服务设施建设得到进一步发展，为基层残疾人工作更好地开展提供了基础条件。截至2009年年底，全国已竣工并投入使用的各级残疾人综合服务设施共计2 383个，在建项目共计406个，筹建项目共计267个。其中，省级行政单位已竣工并投入使用的残疾人综合服务设施数已达59个，总占地面积75.3万平方米，总建设规模57.0万平方米，总投资16.9亿元；地级行政单位已竣工并投入使用的残疾人综合服务设施数已达281个，占地级行政单位总数的84.4%，总占地面积144.4万平方米，总建设规模110.9万平方米，总投资31.9亿元；县级行政单位已竣工并投入使用的残疾人综合服务设施数已达2 043个，占县级行政单位总数的71.5%，总占地面积409.5万平方米，总建设规模284.8万平方米，总投资74.8亿元。

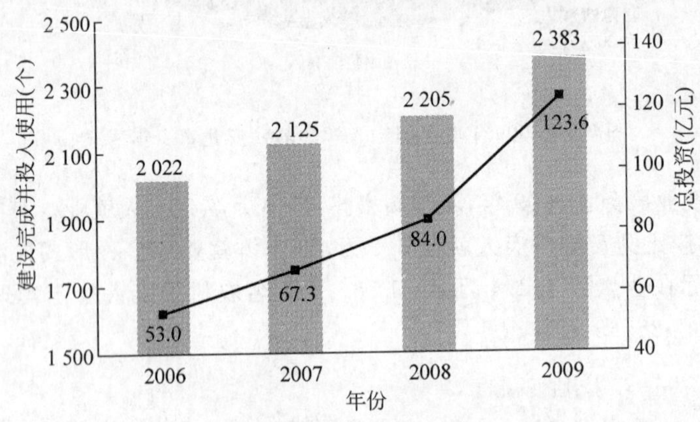

图7-5 2009年度全国建设并已投入使用的残疾人综合服务设施

(2) 残疾人福利服务政策中存在的问题

① 我国残疾人社会福利尚未走上规范化与法制化的轨道。我国大量残疾人福利问题得不到解决，很大一方面是因为我国从整体上还没有形成保护残疾人合法权益的完整的法律、法规体系。虽然我国为残疾人制定了一些法律条款，但我国关于残疾人立法的缺陷在于：法律内容过于笼统、过于原则。虽然《残疾人保障法》早已颁布实施，但对违反《残疾人保障法》、侵犯残疾人利益的人和事情无法进行惩罚，不能够切实维护残疾人的合法权益。因此，面对大量残疾人社会福利的实际问题及特殊需要，往往只给予人道主义的同情和社会舆论的支持，却没有实质性的帮助。

② 残疾人的社会福利服务水平低，供需矛盾突出。我国残疾人社会福利服务水平滞

① 中国残疾人联合会发.2009年中国残疾人事业发展统计公报.2010-06-12，http://www.cdpf.org.cn/sytj/content/2010-04/01/content_30272785.htm.

后于经济社会发展的总体水平，能够享受到残疾人社会福利服务的残疾人仍然是少数人。虽然我国政府解决了大量城镇与农村的残疾人就业问题，但新增就业的残疾人速度远远低于新增残疾人速度，我国每年仍有大量残疾人接受着失业的考验，加之我国残疾人社会福利金水平低，从而导致我国处于绝对贫困线和相对贫困线以下的残疾人数量仍然很大。

③ 残疾人社会福利事业的筹资渠道较单一。我国残疾人社会福利事业的资金来源主要是财政拨款，筹资渠道较单一，这就造成了残疾人社会福利事业的社会资源不足。而在行政色彩浓厚的管理体制中，残疾人社会福利基金的管理和运用较为混乱，因此，资源来源渠道单一与资源有限及管理低效的局面亟须改变。

④ 残疾人社会福利城乡差距较大。残疾人社会福利城乡差距过大受我国城乡分割、二元社会格局和经济社会发展水平制约，农村残疾人社会福利严重落后于城市。以社区服务为例，城市中有 24.2%的残疾人接受过社区(村)为残疾人提供的服务，而农村中这一比例仅为 11.2%。①

7.3.3 城市儿童福利服务政策

儿童福利特指补充或替代父母照顾和管理儿童，尤其是对孤儿、弃儿、盲童、聋哑、肢残、弱智儿童等举办的福利。

(1) 儿童社会福利服务的内容

儿童福利服务内容包括医疗、教育、福利和职业技术教育等，范围覆盖儿童发展各个阶段的基本需要，确保所有儿童身心健康和幸福快乐成长。

中国儿童福利政策框架和福利服务体系结构包括以下四个方面：

营造适合于儿童身心健康和幸福快乐成长的社会环境、制度背景，特别是法律保护框架，让儿童在宽松、自由、和谐的环境中茁壮成长。

繁荣发达的公共服务和市政服务体系，例如道路桥梁、交通、通信、邮电、水、电、煤气和公共安全，这包括兴旺发达的社区服务体系和优美、清洁、卫生、绿色、舒适的人居环境，为儿童营造良好的生活环境，确保儿童娱乐等基本需要的有效满足，方便他们参与社会生活。

丰富多彩的家庭服务与发达完善的家庭津贴制度，确保家庭结构功能角色正常发挥作用，即使在家庭关系破裂、家庭关系恶化、家庭功能丧失和父母角色无法正常发挥作用的情况下，多种多样的儿童福利服务，例如儿童福利院、儿童庇护所、特殊学校、中途之家、家庭寄养和家庭收养、家庭照顾中心、流浪儿童救助保护中心、残疾儿童康复训练中心等能够为各类困境儿童提供暂时性或永久性的保护性服务，确保所有儿童享有平等发展机会和福利服务。更为重要的是，国家应尽快建立家庭津贴制度，对家庭生活困难和低收入的家庭给予资助，确保贫困家庭的儿童不因贫困而受到社会排挤和歧视，能够与其他儿童

---

① 解佳龙，何山. 我国残疾人社会福利存在的问题及其对策[J]. 探索与争鸣，2009(9).

一样享受基本福利。实践证明,结构功能良好的家庭既是儿童福利的最好保障,又是整个社会福利的社会基础。

范围广泛和内容多样的儿童福利服务,最主要和最核心的部分有:其一,以家庭计划、优生优育、安全分娩、母婴保健、营养食品、免疫接种和疾病预防为主要内容的卫生服务,其核心目标是确保儿童身体健康和体质发育良好。这是儿童福利服务最基础和最重要部分,因为只有健康的体魄才能有身心健康成长的可能性。其二,以基础教育、家庭教育、特殊教育、公民教育和职业技术教育为主要内容的教育服务,培养塑造合格的接班人和高素质的公民。其三,以儿童社会保护、儿童机构照顾、儿童家庭照顾和儿童日间照顾、临时托管等为主要内容的儿童福利服务体系,确保儿童在家庭功能失效或面对临时挫折困难时能得到及时帮助,不至于无家可归、流浪乞讨或生活在贫困之中,甚至蜕化变质为仇视社会或破坏社会的人。需要特别强调的是,所有儿童福利服务都应是无偿免费的,这是国家最"应该"投资的领域。

(2) 儿童社会福利服务机构

依据《中华人民共和国未成年人保护法》、《中华人民共和国教育法》,国家为残疾儿童、孤儿和弃婴等有特殊困难的儿童提供福利设施和服务,保障其生活、教育和康复。主要包括:

儿童福利院。这是在城市举办的以孤儿为主要收养对象的福利事业。其任务是收养城市中无家可归、无生活来源、无法定义务抚养人的孤儿和收养自费的家庭无力看管的残疾儿童。对残疾儿童实行养、治、教相结合和供养与康复并重的方针,通过康复和医疗措施,恢复其自理生活和劳动能力,并对其进行文化和职业技能教育,为其将来走上社会创造条件。

残疾儿童康复中心。这是为残疾儿童提供康复服务的福利事业单位。其任务是为残疾儿童提供门诊和家庭咨询,开展各种功能训练和医疗、教育、职业培训,以减轻残疾程度,恢复自理生活和从事劳动的能力,为其走向社会创造条件。

SOS 儿童村。这是一项安置孤儿的国际性社会福利设施。儿童村以模拟的家庭为单位,一般由 15～20 户"人家"组成,每一户招聘一个"家庭妈妈",每户由约 20 个不同年龄的孤儿组成,他们作为一家的"兄弟姐妹"而共同生活。儿童村不把孩子送给别人寄养,在 SOS 儿童村里一直生活到他们能独立生活和自我照料为止。

(3) 儿童社会福利服务中存在的问题

1949 年以来,中国政府始终重视儿童少年工作,注重培养有理想、有道德、有文化和有纪律的"四有"新人,将德、智、体全面发展作为儿童身心健康成长的衡量标准,儿童福利服务取得世人瞩目的成就,儿童保护和儿童发展已纳入国家的公共政策议程。但是现行儿童福利政策框架存在诸多结构性问题,如何重建现代儿童福利服务体系已成当务之急。

对儿童发展福利认识不足。在我国,儿童需要、儿童发展等价值观念尚未成为全社会的共同价值观，儿童福利服务体系发展缺乏相应的价值基础，许多传统观念和错误思想仍束缚人们的手脚。在我国对儿童的关注更大程度上仍放在儿童少年的教育和违法犯罪及不良行为的防止上，这使得我国开展的儿童福利服务带有很强的社会治安与青少年犯罪防控色彩，大多数儿童享受不到应有的福利服务，儿童福利服务的选择性特征明显。从这个意义上说，我国实际并没有形成严格意义上的儿童福利观念，而儿童发展福利也没有受到应有的重视，比如在国外被看作对促进儿童发展有重要作用的幼托事业，在我国长期以来被归入教育领域。幼托所替代的是家庭照顾，而不是教育，要使我国幼托事业具有更多的普遍性社会福利性质，就应将其划分为社会福利而不是教育领域。

现有儿童福利理论存在诸多不足之处，迫切需要新型的、综合性的理论体系和分析框架，普及性的儿童福利服务亟待发展，以便使所有儿童少年都能够享受到家庭关爱、国家保护和社会照顾，以全面、科学、准确地理解儿童问题，为设计发展导向的儿童福利政策和服务体系奠定理论基础。

儿童发展福利政策体系松散。我国儿童福利政策框架和福利服务体系的政策目标过分政治化，缺少儿童研究的理论和实践基础，缺少儿童作为主体的参与，因而缺少实践性和可操作性，对儿童缺乏吸引力。其次，我国与儿童发展福利相关的儿童福利政策分散，而且实际的、可操作的内容不足，政策的适应性不强，原则性、一般性的法规较多，大大降低了政策执行的有效性。严格地说，至今我国还没有制定和出台统一的儿童福利政策，更缺乏儿童发展福利方面的基本政策和法规。就我国儿童发展福利来说，不仅需要通过一部儿童专门的综合性法律，如《儿童福利法》，全面规范儿童福利的各项内容，还需要有相当的篇幅规范儿童发展福利的含义、范畴、基本原则和保障措施，以维护儿童基本生存和健康发展的各方面权利。

儿童发展福利服务水平落后。首先，儿童福利服务范围有限，福利内容主要集中于道德思想教育，形成了儿童福利服务思想道德教育模式，但是对儿童其他基本需要的满足问题较多，如儿童教育、儿童营养食品与体质发育、儿童免疫接种、儿童娱乐活动场所等。其次，我国儿童福利的服务对象范围过于狭小，儿童福利政策目标和福利服务对象主要集中于少数的问题儿童和部分困境儿童，如残疾儿童、孤儿、流浪儿童等，绝大多数普通儿童享受不到应有的福利服务。儿童发展福利政策要求以全社会全体儿童的身心全面发展为目标，促进儿童在健康、教育、法律保护和环境等领域的发展福利，以便使所有儿童少年都能够享受到家庭关爱、国家保护和社会照顾。我国儿童福利服务的选择性特征明显，普惠性的儿童发展福利服务函待发展。再次，我国的儿童福利服务范围窄、水平低，内容主要集中于对儿童成长最基本需求的满足，但是对儿童其他需要的满足存在问题较多，如儿童早期教育、儿童营养食品与体质发育，儿童娱乐活动设施等。最后，儿童福利服务的层次仍然很低，主要集中在对特殊儿童群体的基本健康保障，而针对全体儿童的、以促进儿童未来成长发展为宗旨的更高层次的福利服务措施在我国仍然凤毛麟角。

儿童福利服务组织单一，过于行政化。儿童福利组织机构基本局限于国家机构和国有单位，民间组织难以进入儿童福利服务领域，从事儿童福利服务的非政府组织难以获得国家的财政资金和优惠政策待遇，发展面临许多问题。另外，儿童福利政策框架和福利服务体系的政策目标过于行政化，儿童福利政策目标和福利服务的生活化、个性化、发展性色彩比较淡薄，对儿童缺乏吸引力。

我国儿童发展福利服务专门机构缺失，高素质专业人员严重匮乏。目前我国儿童发展福利事业刚刚起步，还未引起社会足够关注。社会上存在的大量儿童福利机构，如儿童福利院、儿童康健园、孤残儿童学校等往往都针对特殊儿童群体，都以保障儿童基本生活需要为目标。通过提供高水平服务促进儿童全面发展的专门机构极少，而且多为私人营利机构，不具备福利的性质。同时，由于理念落后、待遇较低等原因，我国社会福利机构缺少专业人才，更缺少从事儿童福利服务行业的专业人员。我国的儿童发展福利事业在理论、政策和实践领域都急需大量的高素质专业人才。

儿童发展福利资金投入不足。儿童福利服务缺乏专门明确的财政资金来源渠道，中央政府和地方政府均无儿童福利事业的专门财政科目，儿童福利服务经费来源缺乏稳定性直接影响儿童福利事业发展速度。同时，儿童福利组织基本局限于国家机构和国有单位，民间组织难以进入儿童福利服务领域。这种方式既给政府带来极大的财政负担和资源紧缺，同时也未能充分利用社会各界的力量支持儿童事业的发展。因为国家缺乏对各种社会力量的引导和规范，从事儿童福利服务的非政府组织难以获得国家的财政资金和优惠政策待遇，没有形成畅通的儿童福利事业多元化参与渠道，所以我国的儿童福利事业发展较慢，民间儿童福利组织发展步履艰难，与先进国家的差距也在扩大。

儿童福利服务管理体制混乱。从我国儿童发展福利的制度安排来看，儿童福利服务管理体制多元，缺乏国家层面上权威统一和综合性的儿童福利行政管理机构。儿童福利服务管理分散在国务院儿童少年工作协调委员会、发改委、民政部、教育部、卫生部、农业部、劳动与社会保障部等政府行政管理部门，以及共青团、妇联、残联等群众团体。不同部门有不同的儿童政策目标，缺乏统一集中性。这些部门都参与儿童福利工作，由于缺乏协调和整合机制，在政策执行中，难免出现重复和缺失并存状况。这种多头管理体制最直接的危害就是易导致“重建设，轻监管”的恶性循环，形成多头管理、政出多门、推诿扯皮、效率低下和政策冲突的局面，不仅难以落实和追究管理责任，而且不利于制定和实施儿童发展福利中长期目标，最终影响的将是不利于儿童健康成长和身心全面、长期发展。

7.4 中国城市社会福利的改革与发展

7.4.1 中国城市社会福利服务的改革

改革开放以来，社会福利服务改革已经取得了突破性发展，目前一个以国家、集体兴办的社会福利机构为骨干，以社会力量兴办的社会福利机构为新的增长点，以社区福利服务为依托，以居家供养为基础的社会福利体系正在形成。

（1）由补缺型向适度普惠型转变

改革开放以来，社会福利事业逐步由封闭型向开放型转变，通过采取投资主体多元化、服务对象公众化、服务方式多样化、服务队伍专业化和志愿者相结合等措施，在保障"三无"人员基本生活的基础上，逐步面向全社会老年人、残疾人、孤残儿童开展服务，既拓展了社会福利的保障范围，又推动了社会福利制度由补缺型向适度普惠型的转变。此外，新的社会福利体系也使社会福利项目的结构走向合理化，即已经显现出以福利需求类同的社会成员为同一福利项目实施对象的趋势，而根据社会群体的类同需求作为福利项目设置依据的取向，正是现代福利制度安排规范化的重要标志。

（2）家庭、社区和福利机构相结合

中国老年人、残疾人、孤儿基数大，特别是已进入人口老龄化社会，呈现出了老年人口增速快、高龄化趋势明显和未富先老等特征，加之家庭结构小型化和家庭保障功能的减弱，因此，在大力推行以居家养老为基础的同时，必须充分发挥社区服务和福利机构的作用。近年来，通过实施"社区老年福利服务星光计划"和建设"星光老年之家"，开展了入户服务、紧急援助、日间照料、保健康复等多种服务。通过推进残疾人社区福利服务和社区照顾，发动各级社区服务中心（站）为残疾人提供生活服务，开展残疾人的社区康复、特殊教育及文化体育等活动。在孤儿较多的社区建立相应的保障机制，为孤残儿童提供优惠和便利，效果良好。孤儿、弃婴不可能完全被收养和家庭寄养，需要福利机构供养教育。因此，社会服务和各种福利机构在养老、助残、救孤方面还有着广阔的发展空间。

（3）政府主导与社会参与相结合

在推进社会福利社会化的进程中，中国逐步改变了单纯由政府举办社会福利机构的模式，开始广泛调动社会力量参与兴办福利事业促进了社会福利事业的发展。实践证明，建立社会福利制度，离开政府的主导不行，完全由政府包揽也不现实。因此，要坚持以市场为导向，以优惠扶持政策为动力，引导社会力量参与社会福利事业，推进社会福利服务社会化。

（4）提升法制化、标准化和专业化

目前，中国已经形成了一个以《宪法》为依据，由《残疾人保障法》、《未成年人保护法》、《老年人权益保障法》、《收养法》等多部相关法律及法规组成的保护老年人、残疾人、孤儿、弃婴等特殊困难群体合法权益的法制体系。国家正着手修订《残疾人保障法》，制定《残疾人就业条例》、《养老机构管理条例》等行政法规，以更好地推行社会福利事业法制化，保证社会福利事业持续、稳定发展。此外，还颁布实施了《老年人社会福利机构基本规范》、《残疾人社会福利机构基本规范》、《儿童社会福利机构基本规范》等强制性行业标准，建立了养老护理员的职业资格制度。实践证明，这些行业标准和服务人员资格制度的建立有效地促使了社会福利机构和服务队伍的专业化、规范化水平的提高。①

(5) 推行政府购买社会工作服务

20世纪80年代以来，伴随着经济全球化、政治民主化和信息技术革命的迅速发展，世界各国都在推进政府再造和变革，积极建设服务型政府，社会工作机构无疑是政府理想的合作伙伴。另外，非政府组织和非营利性组织的快速发展。在经济多元化过程中，各种非政府组织、社会工作机构快速发展，在贫困救助、孤残救助、艾滋病救助、慈善捐助、临终关怀、青少年犯罪等方面发挥着日益重要的作用。政府通过购买服务的形式，可以鼓励、引导这些社会工作服务机构的发展。我国社会工作服务的购买主要体现在社会福利、社会救助、社会慈善、残疾康复、抚恤优待、社区建设、司法矫正、教育、卫生等领域。目前，北京、上海、广州、杭州、南京、无锡等地区对民政、医疗卫生、社区矫正、就业培训等领域公共服务的购买进行了有益探索。出现了，以上海新航、阳光、自强社会服务站为代表的形式性购买模式，以上海"罗山市民会馆"为代表的公有私营(非竞争性购买)模式，北京海淀区委代表的竞争性购买模式等。

7.4.2 中国城市社会福利政策改革的发展方向

(1) 建立适度普惠型社会福利模式

适度普惠型社会福利是由政府和社会基于本国(或当地)的经济和社会状况，向全体国民(居民)提供的、涵盖其基本生活主要方面的社会福利。这种社会福利具有如下一些基本特征：它是针对全体国民(或者某一较大地区的居民)的，因而在某种程度上来说是普惠的。这一特征与我国社会政策的地区性特征有关，更深层地则与地区经济社会发展水平和地区财政状况有关；它是涵盖居民基本生活的主要方面的，即这种福利涵盖了国民(或当地居民)基本生活的最主要方面，如失业保险、贫困救助、医疗保险、住房保障及老人、残障服务等；这些是适度满足他们的基本需要的，而不是主要满足他们的高级需要。

在构建适度普惠型社会福利制度的过程中，政府不但要在社会福利资源的支出方面承担主要责任，而且要促使企业承担社会责任，要通过一定措施支持家庭福利和社会参与，而这将会起到多方面的积极效果。虽然适度普惠型社会福利制度的建立是一个复杂的过程，其中包括经济、政治的考量，政府部门间关系的处理，政府与民间组织关系的处理，以及政策制定和实施中细节的设计及运行。但是，既然我国要全面建设小康社会，随着我国经济的进一步发展和以改善民生为重点的社会建设的进一步推进，适度普惠型社会福利制度的建立是必然的。②

---

① 窦玉沛.中国社会福利的改革与发展[J].社会福利，2006(10).

② 王思斌.我国适度普惠型社会福利制度的建构[J].北京大学学报(哲学社会科学版)，2009(5).

(2) 建立多元化的社会福利体系

福利多元主义是社会政策的一个宏观分析范式，它关注福利的多元来源、供给、传输的结构。明确提出福利的责任应该由公共部门、营利性部门、非营利性部门和家庭社区四个部门共同负担，主张政府与民间合作，共同提供社会福利的各项服务。① 福利多元主义对我国的社会福利制度改革无疑也是具有借鉴意义的。

中国的社会福利多元化不仅是指社会福利的过程、筹资和提供应由不同的部门共负责任、共同完成，还应包括福利对象的公众化。具有而言，社会福利多元化包括福利主体的多元化、筹资渠道的多元化，福利对象的公众化和服务队伍的社会化。其中，福利主体的多元化是指社会福利应由国家、市场、第三部门和社区等不同的部门来提供，它包含着政府职能的转变，并不意味着政府责任的退出。筹资渠道的多样化是指福利经费由政府、市场和社会共同筹募，既要防止因过分依赖政府而延续"政府包办社会"的格局，又要防止因过分倚重市场而导致社会福利市场性有余、福利性不足。福利对象的公众化是指要改变过去社会福利仅仅针对体制内员工、"三无人员"、"五保户"、孤儿等传统服务对象的观点和做法，以有偿、低偿和无偿相结合的方式，为有需求的对象提供享受福利服务的各种机会。服务队伍的社会化是指一方面要建立一支宏大的社会工作队伍，扩大社会工作从业人员规模，提高其专业化水平；另一方面要在全社会倡导志愿服务的新风尚，形成一支宏大的福利服务志愿者队伍。②

(3) 提升社会福利服务的水平和质量

社会工作是将社会服务传递给受助者手中的一个必要的中介，是社会福利的发送体系。专业化和职业化的社会工作是社会福利体系中的重要子系统，离开了社会工作，社会福利就将大打折扣而表现得残缺不全。推进社会工作，发挥专业社会工作的积极作用，是建构社会福利体系的题中应有之义。③

社会工作的专业性突出表现在社会工作的学科性和实务性，包括人员的专业性、机构的专业性和方法的专业性；社会工作的职业化保证了社会工作在社会福利服务供给中发挥稳定的作用。两者是相辅相成的促进关系。欧美等发达国家及我国港台地区社会工作在社会福利体系中之所以能够发挥十分重要的作用，其主要原因之一就是有一大批经过社会工作教育和培训的社会工作专门人才，以专业性的社会工作为职业，专门从事专业性的社会工作。正是由于他们的不懈努力和专业精神与专业技能，直接推动了社会工作的发展，丰富了社会福利的内涵，促进并保证了社会福利的形成和供给，为社会福利发展做出了重大的贡献。

---

① 林闽钢. 福利多元主义的兴起及其政策实践[J]. 社会，2002(7).

② 田北海，钟涨宝. 社会福利社会化的价值理念[J]. 探索与争鸣，2009(8).

③ 周沛. 社会福利体系研究[M]. 北京：中国劳动和社会保障出版社，2007：61.

由于多方面的原因，我国的社会工作专业化发展一直比较滞后，与之相联系的社会工作职业化也没有得到很好地落实。尽管在上海等少数城市专业化社会工作的开展如火如荼，但是，由于历史的、文化的、体制的以及多方面的原因，我国还没有大规模推进专业性社会工作的社会环境，其主要表现就是没有社会工作这个职业。因此，我国社会工作的发展，当务之急是要着力解决好社会工作职业化的问题。这不仅是为了解决社会工作专业学生和人才的出路问题，更为重要的是社会工作专业化的基本保证问题，是解决社会工作专业人员和社会工作专业的"用武之地"问题，最终是为了解决社会福利的问题，提升社会福利服务的水平和质量。[①]

社会福利服务是以政府为责任主体，直接面向社会成员，尤其是社会中的具有特殊需求的个人、家庭或群体而提供的福利性服务，具有弱势群体优先、福利性、服务性的特征。在当代各国各种各样的社会福利服务项目中主要包括满足社会成员基本生活需求的服务体系、满足社会共同生活需要的服务体系、针对特殊困难者的社会福利服务体系。可以划分为补缺型社会福利和制度型社会福利模式，社会福利的剩余模式、工业成就表现模式和制度再分配模式等。

本章在对社会福利政策的概述基础上，从新中国成立初期、计划经济体制、市场经济转轨三个阶段对中国社会福利服务的历史沿革进行阐述。继而具体分析中国社会福利服务的内容分析，老年人社会福利服务、残疾人福利服务和儿童福利服务的现状和存在的问题。

最后，提出中国社会福利服务的改革方式为：由补缺型向适度普适型转变，倡导家庭、社区和福利机构相结合，以政府主导与社会参与相结合，提升法制化、标准化和专业化，推行政府购买社会工作服务。以提升社会福利服务的水平和质量，建立适度普惠型社会福利模式，以及多元化的社会福利体。

1. 杭行，刘伟亭. 关于社会福利制度的深层次思考[J]. 复旦学报(社会科学版). 2003(4).
2. 周弘. 福利的解析——来自欧美的启示[M]. 上海：上海远东出版，1998：22-23.
3. 王怀勇. 中国农村社会福利保障体制的形成与变迁[J]. 社会科学研究. 2009(4).
4. 周沛. 社会福利体系研究[M]. 北京：中国劳动和社会保障出版社，2007：60-70.

① 周沛. 社会福利体系研究[M]. 北京：中国劳动和社会保障出版社，2007：66-67.

5. Harold Wilensky and Charles Lebeaux. Industrial Society and Social Welfare. New York: Russell Sage Foundation, 1958.

社会福利(Social Welfare)
政策(Policy)
老年人福利(Welfare of the Elderly)
儿童福利(Child Welfare)
模式(Pattern)
历史沿革(Historical Evolution)
残疾人福利(Welfare of the Disabled)
改革(Reform)

1. 社会福利服务的模式有哪些?
2. 中国城市社会福利政策的发展历程如何?
3. 计划经济体制下和市场经济体制下的社会福利政策有何区别?
4. 中国城市社会福利服务的改革和发展方向如何?

失地农民的社会保障和福利政策趋向①

根据失地农民的上述特点,其社会保障和福利政策也应该发生相应的转变。第一,因为失地农民已经无地可耕,所以应该将其视为市民,而非农民;第二,因为他们不可能亦工亦农、亦城亦乡,所以,应该将其视为(长期)移民,而非(短期)流民;第三,因为他们属于强制性移民,而非自愿性移民,所以补偿的成本除了经济损失、迁移费用,还包括心理成本;第四,既然失地农民的产生是为了满足经济发展的需要,那么也必须给予他们社会性的接纳,而非经济性接纳——社会性排斥;第五,既然失地农民的产生是为了满足公共的需要,那么对其未来的生计问题应该是公共供给。因为他们属于政策性移民,而非经济性移民,所以,政府的角色更为重要,无论就业安置,还是社会保障,政府都应承担更多的责任。

失地农民以其特殊的社会身份,面临着更多的困难和更大的风险,但这些问题或许是所有农村转移劳动力迟早会面临的问题,也就是说,失地农民的今天也许就是其他农村剩余劳动力的明天,事实上,他们走在了其他农村转移劳动力的前面,同时,也引起了社会更

① 刘植荣. 失地农民的社会保障和福利政策趋向[J]. 贵州社会科学,2008,9(9).

多的关注,接受了政府更多的补贴。因此,失地农民的社会保障和福利问题可能得到更快、更彻底的解决。理由如下:首先,因为失地农民的问题是个"小规模的大问题",相对于大规模农村转移劳动力,失地农民还是一个较小的特定群体,但是他们的处境更为艰难,形势更为严峻,应该得到政府和相关部门的高度重视,所以,问题解决起来可能会更快、更彻底。其次,与一般农村转移劳动力相比,失地农民多多少少都拥有一笔额外的土地补偿费,其就业安置(包括职业培训)和社会保障资金可以从中列支。

因此,失地农民的社会保障和福利问题的解决途径,包括下述三个方面:①被征地前,土地产权制度能够保证农民的合法权利,以使离开土地的农民能够获得合理的、足额补偿。②征地过程中,重新定位征地政策的立场,全面考虑补偿的方式、内容和目标,因地制宜选择适当的补偿方式和安置方式。③征地完成后,为失地农民提供必要的社会服务和公共管理,充分考虑失地农民的持续生计问题。那么,失地农民问题的解决应该指日可待。

无论是自愿性的,还是强制性的,城市化都是一个必然趋势,从土地保障向社会保障过渡,也是社会发展的必然趋势。如果在城市化进程中,通过一系列制度安排和政策措施,使农民能够以"土地换身份"、"以土地换职业"、"以土地换保障",让农民直接转变为具有一定就业能力和社会福利保障的市民,那么,也就不再会存在因城市化而带来的"失地农民"问题。反之,如果农民的土地权利、就业安置和社会保障等最基本的问题得不到解决,那么城市化进程中出现的制度安排与失地农民的利益冲突就不可避免,城市化也就必然会影响到城乡社会稳定与广大农民的根本利益。

【思考题】

(1) 在失地农民社会保障和社会福利服务的提供中政府充当何种角色?

(2) 失地农民社会福利政策的发展方向如何?

第 8 章

城市公共危机管理

【本章提要】

本章主要内容为论述风险社会与城市公共危机的关系；城市公共危机和城市公共危机管理的内涵与特征；城市公共危机的产生原因与诱发机制；城市公共危机的发展规律；危机生命运动周期管理、全面整合的危机管理模式和城市应急联动系统；我国城市公共危机管理的研究与发展。

德国社会学家卢曼说，我们生活在一个"除了冒险别无选择的社会"[①]，风险已经成为人类社会发展的历史境遇。当前，中国正处在社会转型风险和全球风险混合叠加的高风险时期，自然灾害、事故灾难、公共卫生事件、社会安全事件等城市公共危机作为风险的实践性后果频繁出现，对国家经济、社会发展造成了严重影响。把握城市危机的特点、诱发领域、发展规律，掌握城市公共危机管理的理论和技术是危机应对实践的必然要求。

8.1　风险社会与城市公共危机

人类社会始终面临着各种各样的风险，人类文明的发展过程就是回应风险的实践性后果的过程。

8.1.1　风险社会：人类社会发展的历史境遇

作为历史的产物，风险源于人类畏惧自然和强烈生存意愿的真实表达。早在远古时代，生产力水平极其低下，凶猛的野兽、肆虐的山洪频繁威胁着人们，"自然界作为一种完全异己的、有无限威力和不可制服的力量与人们对立，人类就像牲畜一样慑服于自然界"。[②] 进入农业社会，生产力水平有了较大的提高，人类开始利用各种生产工具进行大规模的耕植。人类所到之处，砍伐森林、烧毁草原，在与自然界的斗争中获得了局部性的胜利。但由于生产工具落后和对自然资源的无序利用，人类仍然难以抵挡由不合理的实

---

① N. Luhmann. Risk: A Sociological Theory. Berlin: de Gruyter. 1993: 218.

② [德]马克思，恩格斯. 德意志意识形态[M]. 马克思恩格斯选集(第1卷). 北京：人民出版社，1995：76.

践活动所带来的生态风险。伴随着私有制和阶级的产生，人类社会的冲突开始以暴力形式出现，阶级斗争成为人类面临的一种新的风险。18世纪以后，以蒸汽机的发明、推广、应用为标志的工业革命兴起，人类征服自然的实践活动愈演愈烈。一方面，人类改造自然的能力显著增强，物质财富日益丰富。另一方面，生态恶化和环境污染成为主要的风险源。人类利用先进的生产工具粗暴地干扰自然环境，对自然资源的掠夺性开发和严重破坏，使生态环境的震动频度增大。与此同时，社会阶层的分化和不同利益集团的冲突导致人类社会的内部矛盾日益加剧，并以战争的极端形式爆发，造成了毁灭性的后果。

在工业化浪潮和科技革命的双重推动下，人类社会在20世纪80年代开始了不断深化的全球化进程。全球化时代的到来加强了国际社会各行为主体之间的互动，这必然导致原来限于一个国家或一个地区的风险扩散到更多的国家或地区。这些风险在扩散的过程中，彼此间还可能产生互动关系，引发新的风险源，增强风险的后果，最典型的事例如传染病的蔓延和外来物种的入侵等。同时，现代通信技术的发展也大大增加了风险潜在利益相关者的数量，诱发了信息不及时、不完整导致的社会心理恐慌。可见，工业文明时代的风险更具复杂性、多样性。

20世纪后期以来，人类社会进入了不确定性显著增强的后工业时代，德国学者贝克将这个时代称为"风险社会"。与传统工业社会的风险相比，风险社会的特征主要体现在以下三个方面：一是风险的人化。即"人为被制造出来的风险"或"人造风险"，"它是指由我们不断发展的知识对这个世界的影响所产生的风险，是指我们没有多少历史经验的情况下所产生的风险"。[①] 二是风险的制度化。随着人类社会的发展，人们逐渐意识到，社会制度体系在规范社会运行、防范社会风险的同时，也可能由于制度功能的失效使制度本身成为一种现代社会风险的再生产机制，于是就出现了所谓的"制度化风险"。三是风险的普遍性。全球化背景下各类资源的加速流动以及各国家相互联系和依赖增强，加速了风险的扩散，加剧了风险的后果，形成一种普遍性的灾难。

当前，中国正处于社会转型风险和全球风险混合叠加的高风险时期。一方面，中国正从传统社会向现代社会转型。在这场变革中，中国同时经历多重转变：一是经济转型，从计划经济向市场经济转变以及下一步向知识经济转变；二是社会转型，从以农业为基础的传统农业向工业和服务业为主导的现代城市社会逐步转变；三是政治转型，从以个人权威为基础的中央集权政治体制向民主与法制并重的多元治理体制转变；四是发展转型，从内向型、自我封闭的社会体系向开放型、国际化的社会体系转变。转型孕育着机遇与繁荣，但同时也造成风险加剧和社会矛盾的激变。另一方面，全球化的进程加速了全球物质与信息的流动，使我国不可避免地卷入全球风险社会之中。近年来频繁发生的各类灾害事故，如"甲型H1N1流感"、"7·23甬温线特别重大铁路交通事故"充分表明，我国

---

① [英]安东尼·吉登斯.失控的世界[M].周红云，译.南昌：江西人民出版社，2001：22.

已经步入高风险社会时期。在高风险社会的背景下，如何有效地化解社会风险，科学高效地回应风险的现实后果是政府需要迫切解决的重要任务。

8.1.2　现代城市发展与城市危机

随着城市的发展，城市公共安全面临严峻的挑战。现代城市发展的信息化、全球化、城市化趋势一方面推进了城市整体结构功能的优化、促进了城市综合效益的增长；另一方面也导致城市生命线事故、食品安全事件等城市危机频繁出现。

(1) 信息化与城市危机

当今世界，信息技术革命的迅猛发展和重大危机事件的不断出现，在严重影响 21 世纪人类文明历史走向的同时，也对世界各国的城市危机管理构成严峻挑战。一方面，以计算机、通信技术和互联网为基础的信息革命的蓬勃发展，引领人类社会进入了信息化时代，深刻改变着人们思维方式和生活方式、企业的经营管理模式以及整个社会经济、文化运行与发展走向，同时也要求政府的城市管理体制及时地变革和创新，从公开政务、阳光行政入手，建构透明政府，以适应信息化时代城市管理变革的趋势。

信息化给社会带来了便利，也带来了风险。信息化使个体与组织的沟通更加便捷，一旦发生危机，受害者可以更快地得到救援，营救人员也可以进行有效的组织。信息化也可以提高人们的风险意识和危机救治能力。同时也应该看到，信息化使事故、疾病等得以扩散的途径增多，危机的传播速度大大提高，影响范围更加扩大，给危机救治带来了极大的挑战。

(2) 全球化与城市危机

全球化时代的到来加强了国际社会各行为主体之间的互动，从而使得全球性风险系数增大。全球化的核心内容是人员、物质、资本、信息等跨国界的加速流动以及各个国家、社会、人群相互联系和依赖的增强。这必然导致原来限于一个国家或一个地区的危机扩散到更多的国家或地区。危机在扩散的过程中，危害性显著增强，甚至导致单一的危机事件演变为复合型危机。

在全球化浪潮汹涌冲击之下，因文明霸权主义的横行与文明本土保守主义的激烈对抗而引发的地区性冲突，由传统社会向现代社会转型进程中的阵痛诱致的社会不稳定因素的急剧增长，重大社会危机隐患的客观存在并且随时有可能爆发的严峻现实等都警示着我们：21 世纪人类的社会安全、社会稳定和经济发展将面临空前严重威胁，世界各国的城市危机管理体制将在全球浪潮的冲击下承受重大变革考验。从国际关系和国家安全的角度来看，我国是多种基本矛盾的交汇点，单极与多极的矛盾、民族宗教矛盾、意识形态矛盾都有所涉及。国际多种复杂矛盾与城市内在固有的矛盾交织在一起，使城市的总体安全呈现出更加复杂的局面，对城市安全管理提出了更高的要求。全球化对城市危机的影响主要体现在两个方面：

一是全球化使城市危机的范围扩大。在全球化的背景下，各国之间的人员交往越来越频繁，加之新技术的大量应用，一个国家或地区的危机很容易扩散至其他国家或地区，甚至演变为全球危机。

二是全球化使城市危机影响扩大。在危机范围扩大的同时，危机的危害性也显著增强，导致次生灾害的出现。如 1997 年 7 月，泰国爆发金融危机，随即在同年 10 月向亚洲其他地区扩散，像瘟疫一样在东南亚和东北亚迅速蔓延。这场风暴不仅在受害国发展为严重的经济危机，且还演变成为社会危机和政治危机。

(3) 城市化与城市危机

城市化是指一个国家的国内人口由分散的农村向城市集中的社会进步过程。近年来，我国城市化进程明显提速，在经济长期稳定快速增长形成的“经济加速度”推进下，目前正进入“快速城市化”阶段。截至 2009 年，中国城镇人口已经达到 6.2 亿人，城镇化率达到 46.6%。城市化推动着一个地区、一个国家整体发展的优化，促进了城市内在系统结构不断完善。

但随着城市化进程的推进，城市危机也频频发生，且有加剧之势。联合国 1999 年 7 月通过的日内瓦战略，明确提出 21 世纪全球减灾的重点是城市、社区及建筑安全本身①。城市灾害已经成为影响城市安全和城市正常生活、生产秩序最为严重的一类危机，应对城市危机的能力已成为显示城市管理水平的重要标志。

城市化速度的加快意味着传统农村社会向现代社会的变迁，这种变迁过程蕴藏着极大地社会风险。从某种意义上来说，城市化过程本身就是一个风险化的过程，这个过程一方面体现为传统社会风险与现代社会风险共存共生，种类和数量迅速增加；另一方面体现为风险的规模效应也随着城市化进程的推进而提升。

传统社会是相对稳定的、低风险的社会形态，它所面临的风险多是非人为的风险，诸如自然灾害等风险因素；而现代社会是高速变迁的、高风险的社会形态，所面临的更多是人为的、制度性的风险。城市化进程既然体现为传统农业社会向现代城市社会的变迁，那么，在城市化过程中，我们将不得不面对新旧多元社会风险，其中不可避免的既有传统社会风险，也有现代社会风险，甚至重叠性社会风险。城市社会风险的种类和数量迅速增加，其所具有的危害性远非传统农业社会风险所能比拟。具体而言，在现代城市社会中，由社会风险演化而来的城市危机具有两个特点：一是城市灾害事故易发多发，而且极易引发连锁反应，加上城市经济发展快、财富集中，灾害造成的损失就大。我国的大中城市主要分布在气象、海洋、洪水、地震等自然灾害严重的东部地区和沿海地区，城市安全受到严重威胁。二是正在步入城市化和现代化的中国城市，随着工业、人口、财富的快速积聚，人口迁移和结构的变化，居民生活方式的改变，新旧体制矛盾的交织，在城市快速成长的

---

① 中国城市科学研究会.21 世纪城市综合防灾减灾战略思考[J].城市发展研究，2003(3).

同时，新的隐患也在快速成长，新的危机正在威胁着城市的发展。

事实证明，转型期的各种社会矛盾相当多的以公共危机的形式发生在城市地区。"9·11"事件、伦敦地铁爆炸事件、印度孟买恐怖袭击事件等都是发生在城市，并引起严重社会影响的危机事件。这些事件一次次地警示我们，城市危机的发生已成为城市管理中不可避免的问题，如何有效地防范和应对在食品、公共卫生、公共交通、基础设施、公共安全等方面的城市危机将是城市管理者必须面对的重大挑战。

8.1.3 认识城市公共危机

(1) 城市公共危机的概念

"危机"一词最初是一个医学术语，指人濒临死亡、游离于生死之间的那种状态。到了18～19世纪，"危机"一词被逐步引入政治领域，表明政府体制或政府面临的紧急状态，是相对于政府常规决策环境的一种非常态的环境。随着适用范围的不断拓展，各主要工具书和专家学者从不同角度对危机进行了解释和定义，如：《韦伯辞典》将"危机"一词定义为有可能变好或变坏的转折点或关键时刻。《现代汉语词典》对危机的解释为："危机的祸根，如危机四伏"，"严重困难的关头，如经济危机"。

中西方学者对危机也给出了众多的定义：

C.F.赫尔曼从决策的角度指出，危机是威胁到决策集团优先目标的一种形势，在这种形势中，决策集团做出反应的时间非常有限，且形势常常朝着令决策集团惊奇的方向发展①。

[美]福斯特(Foster)发现"危机有四个显著特征：亟须快速做出决策，并且严重缺乏必要的训练有素的员工、危机资源和时间来完成"。

[荷兰]罗森塔尔(Rosenthal)从整个社会系统的角度将危机定义为"对一个社会系统的基本价值和行为准则架构产生严重威胁，并且在时间压力和不确定性极高的情况下，必须对其做出关键决策的事件"②。

巴顿(Laurence Barton)强调危机管理过程中沟通的重要性，认为危机"是一个会引起潜在负面影响具有不确定性的大事件，这种事件及其后果可能对组织及其人员、产品、服务、资产和声誉等造成巨大的损害"③。

中国学者薛澜认为：危机通常是在决策者的核心价值观念受到严重威胁或挑战，有

---

① Hermann, Charles F., ed. International Crises: Insights From Behavioral Research. New York: Free Press, 1972: 13.

② Uriel Rosenthal, etc. ed. Coping with Crises: the Management of Disasters, Riots, and Terrorism. Springfield Illinois: Charles C. Thomas Publisher Ltd, 2001: 10.

③ [美]罗伯特·希斯. 危机管理[M]. 王成，等译. 北京：中信出版社，2001: 18-19.

关信息很不充分，事态发展具有高度不确定性和需要迅捷决策等不利情境的汇聚①。

潘光认为，危机"乃指事物发展过程中因若干方面矛盾激化而导致的一种打破常规的恶性状态"②。这一界定比较强调危机爆发的原因和危机爆发后所呈现的状态。

余潇枫以非传统安全危机为视角，通过对危机的历史"现实"和理论"逻辑"分析，将危机定义为由自然或人为的突发事件引发的、导致系统正常运行失序或中断的急难状态，即危机是不安全状态的急难状态③。

中外学者从不同的角度解释了危机，但却对城市公共危机的内涵鲜有界定。那么什么是城市公共危机呢？城市公共危机是指社会偏离正常轨道的过程与非均衡状态。城市公共危机的影响范围和危害程度涉及社会层面，它的出现和爆发严重影响社会的正常运作，对生命、财产、环境等造成威胁、损害，超出了政府和社会常态的管理能力，要求政府和社会采取特殊的措施加以应对④。

值得注意的是，在社会生活中"突发事件" 常常成为危机的代名词。但国际主流社会倾向于采用"危机"一词，因为它比突发事件更好地反映一个持续的过程对社会的影响。从严格意义上讲，突发事件并不完全等同于危机。并非所有突发事件都是危机，有些突发事件因危害程度和紧急程度都较低，难以归入危机范畴。如果突发事件不对人民生命财产构成危害，如球迷欢庆胜利的游行，也不属于危机事件。同样，多数危机事件具有突发性的特征，但有些危机也具有缓和性，例如有时特大型洪水形成也是一个逐步推进的过程但一般来说，我们所说的危机事件都有突发性特征，突发事件如果性质比较严重或向性质严重方向发展，一般可归于危机的范畴。

(2) 城市公共危机的基本特征

突发性。城市公共危机往往是在意识不到，没有准备的情况下突然爆发。如 2001 年的"9·11"恐怖袭击事件。危机的突发性并不意味着危机是空穴来风和不可预防的。相反，危机的爆发从本质上来说是一个从量变到质变的过程，酝酿危机的因素总是逐渐积累起来的，爆发只是一种表象或结果。也就是说尽管危机的爆发看似偶然，但其蕴含着必然性因素。如果酿成危机的过程没有得到重视或被有效控制，危机的爆发在所难免。相反，如果在危机量变的过程中采取了及时、有效的干预措施，危机的爆发概率和危害程度则会大幅度降低。

紧迫性。危机的一个重要特征，就是其处理时间的紧迫性。由于危机事件发展迅速，在出现时往往已经造成一定的后果，如交通堵塞、人员伤亡等，因而必须迅速控制事态发

---

① 薛澜，张强，钟开斌. 危机管理——转型期中国面临的挑战[M]. 北京：清华大学出版社，2002：53.

② 潘光. 当代国际危机研究[M]. 北京：中国社会科学出版社，1989：1.

③ 余潇枫. 非传统安全与城市公共危机治理[M]. 浙江：浙江大学出版社，2007：16.

④ 张成福，党秀云. 公共管理学[M]. 北京：中国人民大学出版社，2007：302.

展，及时采取应对措施，缓解、防止事态升级扩大。这要求相关责任人必须在第一时间做出决定，即使在有关信息不充分、资源有限的条件下，也要快速果断地决策，否则将会贻误处置危机的最佳时机。

不确定性。所谓不确定性，按照奈特的界定，是指人们不可能或无法对问题进行客观分析。面对不确定性，人们的行为在很大程度上依赖于"对自己正确估计机会的估计"，也就是说，在不确定性情形下，人们只能对问题给出主观分类并赋予这种主观分类以一定的主观概率。在危机情境下，不确定性尤为明显。危机的不确定性不仅表现为其发生的难以预测性，而且其发展趋势也无法有效判断，其发展演变速度快，方向不确定，应对处理不当极易恶化升级，引起连锁反应。正是因为危机的不确定性，所以有人说城市公共危机的实质是非程序化决策问题，其管理应对一般无先例可循。

社会性。与企业危机不同，城市公共危机通常是指影响大众和社会秩序的危机，涉及多人或在较大人群范围内具有较大影响。当然企业危机在特定情况下是可以转化为城市公共危机的。例如在 2008 年 9 月 8 日，媒体曝光不满周岁婴儿疑食用三鹿奶粉导致患有肾结石后，"毒奶粉"风暴越刮越猛。全国多家知名奶制品企业产品中相继被检出含量不同的三聚氰胺，迅速引起了社会对于奶制品监管和食品安全的担忧与质疑，同时也导致政府公信力下降、形象受损。

两面性。危机是危险和机遇的综合体，是组织命运"转化与恶化的分水岭"，这充分体现了危险与机遇的辩证关系。危机会构成对社会正常秩序和核心价值的破坏和威胁。它的破坏性在于打乱了政府机关的正常工作秩序，影响了公共管理目标和职责的实现，侵害人民的生命财产安全。但危机带来破坏的同时，本身也蕴藏着机遇。正如诺曼. R. 奥古斯丁所说"每一次危机既包含失败的根源，又孕育着成功的种子"。如果政府和社会能从危机中吸取教训，积极反思，则能将危机转化成为促进社会变革和制度创新的推动力，从而有助于国家的长治久安。

(3) 城市公共危机的分类与分级

按照不同的分类方法，我们可以将城市公共危机划分为不同的类别。例如按危机产生的诱因分类，危机可以分为外生型危机、内生型危机、内外双生型危机。外生型危机是由于外部环境变化给组织带来的危机。如欧洲的奶制品和肉制品受疯牛病的影响遭受沉重的打击。内生型危机是由于组织内部管理不善所引发的危机。如 2001 年日本一家牛奶公司的生产线由于没有按照规定的时间要求进行清洗，导致细菌滋生而造成引用者大量中毒。内外双生型危机是外部环境变化和内部管理不善交互作用的结果。

按危机中的不同利益主体分类，可以将城市公共危机分为一致性危机和冲突性危机。在危机情境中，当所有相关的利益主体具有同质的要求时，就属于一致性危机，如自然灾害；当各相关利益主体具有不同的要求时，或者说存在两个或两个以上不同要求的利益主体时，就属于冲突性危机，如军事冲突。

根据我国转型期政治经济文化实际和城市公共危机的发生过程、性质和机理，我国将城市公共危机主要分为以下四类：

自然灾害。主要包括水旱灾害，台风、暴雨、冰雹、风雪、高温沙尘暴等气象灾害，地震、滑坡、泥石流等地质灾害，风暴潮、海啸等海洋灾害，生物火灾和重大生物灾害等。重大自然灾害是我国城市常见、频发的突发事件类型，分布广、损失大，平均每年造成一万多人死亡，2 000 多亿元的经济损失。比如平均每年有十次台风和热带风暴在我国沿海城市登陆，造成重大损失。崩塌、滑坡、泥石流等地质灾害平均每年造成上千人的死亡，经济损失高达几十亿元。

事故灾难。主要包括民航、铁路、公路、水运、轨道交通等重大交通运输事故，工矿企业、建筑工程、公共场所及机关、企事业单位发生的各类重大安全事故，造成重大影响和损失的供水、供电、供油和供气等城市生命线事故以及通信、信息网络、特种设备等安全事故，核辐射泄漏事故，重大环境污染和生态破坏事故等。据有关部门统计，近 10 年里，平均每年发生各类事故 70 万起左右，死亡 12 万人左右，受伤 70 万人左右。

公共卫生事件。主要包括传染病疫情，群体性不明原因疾病，食品安全和职业危害，动物疫情，以及其他严重影响公众健康和生命安全的事件。如鼠疫、霍乱、传染性非典型肺炎，食物中毒，重大动物疫情及外来有害生物入侵等。近年来我国人民医疗保健水平有了较大提高，但仍有多种传染病尚未得到有效遏制，公共卫生事件仍严重威胁着人民生命和健康。据统计，全球新发的 30 余种传染病已有半数在我国发现，且有些传染病尚未得到有效遏制，各类突发公共卫生事件时有发生。2003 年的非典疫情波及我国内地 24 个省份，涉及 266 个县(市、区)，截至 2003 年 8 月 16 日，我国内地累计报告非典型肺炎临床诊断病例 5 327 例，死亡 349 例。突发公共卫生事件不仅严重威胁着人民健康和生命安全，也影响了我国经济发展、社会稳定和对外交往，并造成巨大损失。

社会安全事件。主要包括重大刑事案件、涉外突发事件、恐怖袭击事件、经济安全事件以及规模较大的群体性事件等。这类事件具有突发性强、规模大、易升级等特征，必须引起政府足够的重视。尽管我国长期政治稳定，人民安居乐业，但影响国家安全和社会稳定的因素依然存在。尤其是随着时代发展，违法犯罪活动日趋组织化、职业化、智能化、国际化，境内外各种敌对势力加紧勾结聚合，图谋策划暴力、恐怖活动，恐怖主义现实危害上升。此外，我国的公共安全还面临诸多新的挑战，例如城市新二元结构引发深层次社会矛盾；信息技术的飞速发展诱发了网络群体性事件等。

为了有效处置各类突发公共事件，国务院颁布了《特别重大、重大突发公共事件分级标准(试行)》的规定，对城市公共危机实行分级管理的制度。依据突发公共事件可能造成的危害程度、波及范围、影响力大小、人员及财产损失等情况，将城市公共危机由高到低划分为特别重大(Ⅰ级)、重大(Ⅱ级)、较大(Ⅲ级)、一般(Ⅳ级)四个级别。

特别重大突发公共事件(Ⅰ级)：指突然发生，事态非常复杂，给国家公共安全、政治稳定和社会经济秩序带来严重危害或威胁，已经或可能造成特别重大人员伤亡、特别重大财产损失或重大生态环境破坏，需要国家和政府统一组织协调，调度各方面力量和资源进行应急处置的紧急事件。

重大突发公共事件（Ⅱ级）：指突然发生，事态复杂，对一定区域内的公共安全、政治稳定和社会经济秩序造成严重危害或威胁，已经或可能造成重大人员伤亡、重大财产损失或严重生态环境破坏，需要调度多个部门、相关单位力量和资源进行联合处置的紧急事件。

较大突发公共事件（Ⅲ级）：指突然发生，事态较为复杂，对一定区域内的公共安全、政治稳定和社会经济秩序造成一定危害或威胁，已经或可能造成较大人员伤亡、较大财产损失或生态环境破坏，需要调度个别部门、力量和资源进行处置的紧急事件。

一般突发公共事件（Ⅳ级）：指突然发生，事态比较简单，仅对较小范围内的公共安全、政治稳定和社会经济秩序造成严重危害或威胁，已经或可能造成人员伤亡和财产损失，只需调度个别部门、力量和资源就能处置的事件。

（4）城市公共危机的成因与发展规律

危机事件的发生表现为“突发性”，但其发生原因却往往有一个累积和酝酿的过程。只有明确城市公共危机发生的原因和发展规律，才有可能对症下药，找到防控和处置城市公共危机的釜底抽薪之策。

第一，关于危机成因的基本理论。包括灾害成因理论和社会冲突理论。

灾害成因理论。人类对灾害成因的科学研究和系统阐述开始于近代自然科学革命以后，然而由于每一种灾害都有其鲜明的个性特征，所以人类对这一问题的研究远未取得完满的成果。但是，如果从宏观上、整体上对灾害的成因做一般的探讨，可以认为一切灾害发生的根本原因在于自然界和人类社会这两大系统内部要素的紊乱失衡，以及两者之间相互作用的不协调，至于引发灾害的具体原因，一般认为有以下几个方面：

一是自然界本身的矛盾运动。人类生存的地球是由各种不同要素构成的，各种要素始终处于不停的运动变化之中，当这种变化由量变发展到了质变，打破了系统的均衡状态，就会发生自然灾害，如自然灾害中的地震、火山爆发等。

二是人类活动对生态环境的破坏。人类一方面从环境中获得物质，满足人类生存和发展的需要；另一方面人类对环境资源的过度开发造成了生态环境的巨大压力以及内部各组成部分或要素的不平衡，引起了系统功能的减弱和解体，这样就会出现生态环境问题，酿成危害人类社会生存和发展的环境灾害。如人类大量捕杀野生动物，造成某些有害生物的大量繁衍；人类过度放牧和滥砍滥伐造成沙尘暴、土地沙漠化等自然灾害，这些都直接威胁到人类的健康和生命安全。

三是人类认识的局限性。人的认识不可能穷尽所有自然现象，这种局限性在科技探索活动中，常表现为人们对其探索活动结果不可能有充分的估计。因而人们在科技探索活动中会出现意外,甚至酿成重大灾害。而且由于科技探索活动的本质,这种灾害是不可避免的[①]。

社会冲突理论。1956年,刘易斯·科塞在其发表的代表作《社会冲突的功能》中,通过论述社会冲突对社会巩固和发展的积极作用,来综合功能主义与冲突理论的思想。科塞认为,"任何社会系统在运行过程中都会产生敌对情绪,形成有可能破坏系统的压力,当这种敌对情绪超过系统的耐压能力时,就会导致系统的瓦解,因此就产生借助于可控制的、合法的和制度化的疏导机制,来释放社会紧张,消解社会冲突的需要"。社会冲突理论将社会进程视作由某种程度上与他人利益一致,同时又在某种程度上与他人利益冲突的个人利益、群体利益所驱动的连续过程。冲突是社会的固有成分,城市危机的发生就是社会冲突的表现形式。社会冲突的外在表现分为三层:一是不涉及双方关系的基础、不冲击核心价值的对抗;二是社会系统内不同部分(社会集团、社区、政党)之间的对抗;三是制度化了的对抗,也即社会系统可容忍、可加以利用的对抗。引发社会冲突的最根本原因在于冲突双方经济利益的对立。在现实生活中,由于各种各样的原因,人们所获得的经济利益不尽相同,这种利益的分配不同就成为导致社会冲突的内在根源。

第二,城市公共危机的发展规律

城市公共危机与所有其他类型的危机一样,其发生和发展,都有一定的规律可循。为了有效管理危机,学者们全面分析了危机发展的基本态势,并构建了危机运动的不同模型。其中,芬克(Fink)的四阶段模型、米特罗夫(Mitroff)的五阶段模型和基本的三阶段模型最为广泛接受。而一般来说,我们可以将危机简单划分为三阶段:潜伏期、爆发期、恢复期。

先看看,三阶段模型。

三阶段模型为伯奇(Brich)和古斯(Guth)等很多危机管理专家所推崇。它将危机的发展分为事前、事中、事后三大阶段,每一阶段再可划分为不同的子阶段。针对城市公共危机的不同阶段,分别采取预警、应对、善后措施。

再看看,四阶段模型。

芬克(Fink)用医学术语对危机的生命周期进行了描述,他将城市公共危机的发展划分为四个阶段:

征兆期——有线索显示有潜在的危机可能发生;

发作期——具有伤害性的事件发生并引发危机;

持续期——危机的影响持续,同时也是努力清除危机的过程;

痊愈期——危机事件已经完全解决。

还有,五阶段模型。

---

① 李经中.政府危机管理[M].北京:中国城市出版社,2003:20.

危机管理专家米特罗夫(Mitroff)从管理的角度将城市公共危机的发展分为五个阶段：

信号侦测——识别新的危机发生的警示信号并采取预防措施；

探测和预防——组织成员搜寻已知的危机风险因素并尽力减少潜在损害；

控制损害——危机发生阶段，组织成员努力使其不影响组织运作的其他部分或外部环境；

恢复阶段——尽可能快地让组织运转正常；

学习阶段——组织成员回顾和审视所采取的危机管理措施，并整理使之成为今后的运作基础。

一般来说，可以将危机的发生和发展划分为潜伏(酝酿)、发作(紧急)、持续(高潮)、解决(消退)四个阶段。各阶段特征如表 8.1 所示。

表 8.1　危机发生和发展的四个阶段

阶　段	特　征
潜伏阶段	危机发生前各种先兆出现的阶段。社会系统或组织较长时间地积累矛盾，处于量变阶段。这是预防、解决突发事件最容易的时期，但是却没有明显标志，事件没有发生或未引起人们关注而不易被人察觉。
发作阶段	关键性的标志突发事件发生，时间演变迅速，出人意料。它在四个阶段中持续时间最短，但是社会冲击、危害最大，马上引起社会关注。
持续阶段	危机得到控制，但是并没有彻底解决，时间段影响还在持续，若应对不当，还有激化升级的可能。
解决阶段	问题逐步得到解决，人们关注度逐渐下降，渐渐恢复正常状态。此阶段是消除事件影响，进行组织再造和改革的有利时机，处理得好，不仅可以避免以后类似事件的发生，还可以使组织进入新的发展周期。

8.2　城市公共危机管理的理论架构

鉴于城市公共危机给人民生命、财产所造成的巨大损失以及对公共安全造成的严重影响，城市公共危机管理迅速成为社会关注的焦点，也成为公共管理理论界日益重视的一个新领域。

8.2.1　城市公共危机管理的含义与性质

对城市公共危机管理的界定是以危机管理的定义为基础的，危机管理是政治学、企业管理、公共关系等学科的议题之一，学者们从各自的学科背景出发，对危机管理的内涵进行了阐释。

(1) 城市危机管理的定义

城市危机管理是公共危机管理的分支,尽管目前学界对城市危机管理的概念没有一个比较完整的界定。但对于城市危机的特性和城市危机管理的内涵也有一些有代表性的观点:

第一,中国现代国际关系研究院危机管理中心国际部主任翟昆教授认为大城市危机的表现形式主要为:一是市民集体性恐慌。当国内形势发生重大变化,或一国正遭受比较严重的社会危机的冲击时,民众心理出现的恐慌和不安,会演变成惊弓之鸟、草木皆兵的状态。往往一件非常偶然的事件也会在一定范围内酿成危机,甚至扩散和放大;二是族群或阶层冲突。城市汇集了多种族移民,但也存在贫富差距,种族和宗教矛盾等问题。这种危机突然爆发,其后续影响深远,长时间不能平息;三是社会失衡。在一些国家的转型阶段,权力与财富的异常转移及发展的不平衡,经常会导致分配不公、社会失序,社会矛盾突出,各类问题激化[①]。

第二,北京国际城市发展研究院院长连玉明教授认为,世界城市发展的一般规律表明,人均 GDP 超过 1 000 美元时,城市化进程将进入成长期;当人均 GDP 超过 3 000 美元时,城市化进程将进入高速成长期。一个国家和地区的人均 GDP 处于 1 000 美元至 3 000 美元的发展阶段时,恰好是"非稳定状态"的危机频发期。进入 21 世纪以来,我国人均 GDP 突破 1 000 美元,相当数量的大城市人均 GDP 已经达到或超过 3 000 美元,这标志着我国城市进入快速建设期和发展期,我国大中城市也同时迈入了"非稳定状态"的危机频发期。在这种背景下,我国的城市安全呈现出四个特点:一是危机事件呈高频次、多领域发生的态势;二是非传统安全问题,尤其是人为危机和人为制造的危机,成为现代城市安全的主要威胁;三是突发性灾害事件极易被放大为社会危机;四是危机事件国际化程度提高。随着全球化的发展,危机事件的国际化程度提高,出现了多米诺骨牌效应。中国加入 WTO 后,经济、文化和社会发生的危机越来越多地融入世界,世界上任何地方发生的危机都有可能影响到中国,而国内的任何重大危机事件也可能在世界上产生一定影响[②]。

第三,上海市公共问题专家姚勤华认为,当前的危机管理,从上到下还是分散的、割裂的。地震局、水务局、公安局、消防局、卫生局、民防办……大家都基本上各管各的,还没有一个有效、有力的统筹部门,没有形成集成化、立体化的危机管理体系。中国城市的危机管理还在粗放型的"初级阶段",留有浓厚的计划经济时代的痕迹,条块分割严重。具体地说,中国对于危机处置在横向上是分散管理,即按照突发事件的类型安排对口部门进行专门管理,也就是所谓的"九龙治水";在纵向上进行集中管理,由中央集中统一指挥突发事件

① 翟昆,等.大城市危机管理[M].现代国际关系,2004 (8).

② 连玉明.我国大城市进入"城市危机高发期"[J].沈阳晚报,2004-11-07.

的应急工作，地方予以配合。看起来有很多部门在负责，实际上独缺一个最重要的机构——常设的、统一的、强有力的危机管理机构。这使得中国的危机处理机制就像一头食草恐龙，身体庞大而头颅弱小①。

综合以上观点，我们可以对城市危机管理给出如下定义：城市危机管理是政府和其他社会公共组织在科学研究城市危机的基础上，使用现代科学技术和方法，防止可能发生的危机，预报警戒危机发生的征兆，及时处置已经发生的危机，恢复危机造成的损失和伤害，甚至将危险转化为机会，以保护城市居民的人身财产安全，保障城市正常运行的活动。对于这一定义，我们可以从以下三方面理解：

城市危机管理的主体是城市政府和其他公共机构。随着城市化进程的加快，城市政治、经济、文化得到了快速发展，但一系列城市病如环境污染、交通拥堵等问题频繁发生。与此同时各类城市危机也大规模、高频次地出现。因此，以城市政府为主体的城市公共机构不仅要对城市广泛的经济、文化、教育、基础设施、社会福利、公共安全、交通、环境与卫生、城市住房、公用事业、游憩设施等公共事务有效管理，还要对自然灾害、事故灾难、公共卫生事件、社会安全事件等各类城市公共危机有效回应。在城市危机管理中，城市政府与非政府组织是相辅相成的。城市政府重在启动预案并出台应对危机的政策措施，而非政府组织可以发挥其在社会动员、快速响应、专业化救援、持续性善后上的优势，与政府相互配合。

城市危机管理的重点在预防。现代公共危机管理的一个重要理念，就是危机管理的重心前移，将被动应对转变为主动防范。这就意味着某一城市危机事件发生之前，必须采取多种措施以防止危机的爆发或消减危机爆发时对自然、社会以及公民个人的有害影响。从美国“9·11”事件到俄罗斯莫斯科剧院人质事件的爆发，从“非典”的流行到“禽流感”的传播，惨痛的事实告诉我们采取一切措施将危机消灭在萌芽状态或降低危机危害性比单纯参与应急处置更有意义。预防城市危机的主要作用体现在：其一，提高应对危机的主动性。危机的突然爆发常常会让人手足无措，无从应对。尤其在应急体系不完善的中国，危机管理常常陷入被动。强化危机缓和意识、采取危机预防措施，能够使危机管理者先发制人，变被动为主动，更好地应对危机。其二，降低危机对个人和社会的损害。危机预防作为一种前瞻性的危机管理行动，通过在危机形成和爆发之前采取的相关行动和措施，能够提高社会抵御危机的能力，以便在危机真正来临时，将危机造成的损失降到最低点。例如，稳固堤坝可以抵御洪水，加强安全检查可以减少技术或工业事故，辨认危机高发区可以有效控制不稳定因素的扩散等。

城市危机管理的目的是保护公民的人身财产安全，保障城市正常运行。城市危机管理是一种主动的积极行为，其奉行“危机不仅意味着威胁、危险，更意味着机遇”的行为准

---

① 杨金志，等. 中国城市的“危机管理”危机[J]. 瞭望东方周刊，2004-04-26.

则，主要致力于如何制定预案并有效监控、防御危机，如何化解、缓解和减少危机，如何准备、动员和调配资源，如何在危机过程中回应市民愿望、满足社会需求、维护公私利益，如何在危机过后恢复管理秩序、重建服务体系等等。把危机中的不确定性降到最低，保护公民的人身财产安全，保障城市的正常运行是城市危机管理的终极目标，而这也是现代城市管理的目标之一。

(2) 城市公共危机管理的内涵

危机管理最早产生于对国际关系中的政治危机的研究。作为西方政治学研究的传统课题，危机管理理论主要分析的是政治危机，包括政治制度变迁、政权与政府的变更、政治冲突和战争等，研究的目的是探索政治危机的根源、寻找处理和应对政治危机、维护政治稳定或促进政治变革的方法。

20 世纪 70 年代以后，随着经济的发展，企业组织迅速扩张，一系列企业危机随之产生，如 1980 年皮罗克特和盖姆勃尔公司止血塞危机、1982 年强生公司泰诺止痛胶囊事件和 1984 年印度博帕尔毒气渗漏事件等，为了减少损失、降低影响，人们开始将危机管理理论引进企业管理领域，并将危机管理的研究和应用范围逐步推广到生产中因技术进步产生的危机和商业危机。

追溯危机管理这一概念的缘起，我们可以发现它最早是由美国学者提出。尽管国内外学者对危机管理的内涵莫衷一是，但当前学术界对危机管理的目标和性质已达成广泛的共识。纵观目前的研究成果，对危机管理的界定有以下几条途径：

一是过程取向的危机管理。过程取向的危机管理强调根据危机的生命运动周期采取有针对性的管理措施。罗伯特·希斯指出：从最广意义上说，危机管理包含对危机事前、事中、事后所有方面的管理。他认为，危机管理不仅要强调对危机反应的管理，而且要重视危机的前因后果。海耶士认为，危机管理是指一种适应性的管理及控制过程，它是由六个管理步骤所组成，包括：密切对环境作监测、对实际问题做了解、制定可用的被选方案、预测行动方案的可能后果、决定行动方案、下达办理方向及排定计划内容。米特罗夫将危机管理分为五个阶段，分别是信号侦测、探测与预防、控制损害、恢复阶段、学习阶段。国内学者薛澜从时间序列的角度将危机发展演变的过程分为前兆阶段、紧急阶段、持久阶段及危机解决阶段，因此，危机管理过程可以划分为以下五个阶段：危机预警和危机管理阶段、识别危机阶段、隔离危机阶段、管理危机阶段以及处理善后并从危机中获得收益[①]。不管是三阶段或五阶段，都强调危机管理应贯穿于危机的整个生命运动周期，在危机发展、演变的过程中采取有针对性的措施。

二是目的取向的危机管理。目的取向的危机管理侧重于对危机管理的目的和价值进行研究。如考拉·贝尔将危机管理等同于和平解决冲突，认为它的成功完全取决于能否

① 薛澜，张强. SARS 事件与中国危机管理体系建设[J]. 清华大学学报(哲社版)，2003(4).

避免战争。格林注意到危机管理的一个特征是“事态已发展到无法控制的程度”。一旦发生危机，时间因素非常关键，减少损失将是主要任务。危机管理的任务是尽可能控制事态，在危机事件中把损失控制在一定的范围内，在事态失控后要争取重新控制住[①]。中国学者魏加宁认为危机管理是对危机进行管理，以达到防止和回避危机，使组织或个人在危机中得以生存，并将危机所造成的损害限制在最低度的目的[②]。胡平认为：危机管理具有控制和制约的含义，即采取各种措施，控制和限制冲突行为的发展，改变冲突各方不断相互刺激和冲突逐步升级的趋势，使冲突得到隔离和抑制，减少由危机引发战争或大规模暴力对抗的危险[③]。

三是公共关系视阈下的危机管理。危机的爆发不仅会给人们的生命财产造成损失，也会严重危及政府的形象。危机管理实质上是一种应急性的公共关系，应将危机管理立足于应付组织突发的危机事件上，通过有计划的专业处理系统将危机的损失降到最低。同时，成功的危机管理还能利用危机，使组织在危机过后树立更优秀的形象。从另一角度看，危机是危险与机遇的综合体，每一次危机既包含了导致失败的根源，又孕育着成功的种子。如果及时采取了有效措施应对危机，危机就会转变为机遇，相关利益群体就会对组织有更大的认同。因此，在危机面前，发现、培育，进而收获潜在的机会，这是危机管理的精髓；而应对不当或不及时，将会令事态进一步恶化，相关利益群体会对组织产生不信任感。这种不满情绪的集聚，将导致单一危机事件转化为复合型的危机。

综合上述观点，我们可以将城市公共危机管理界定为政府或其他社会公共组织使用现代科学技术和方法，防止可能发生的危机，预报警戒危机发生的征兆，及时处置已经发生的危机，恢复危机造成的损失和伤害，甚至将危险转化为机会，以保护公民的人身财产安全，维护社会稳定的活动。在理解城市公共危机管理的含义时，一定要注意其与“政府危机管理”、“国家安全管理”的区别。

首先，城市公共危机管理与政府危机管理。

“城市公共危机”是与“一般危机”相对应的专业术语，强调的是其影响范围扩大，或者对一个社会系统的基本价值观和行为准则架构产生严重威胁，需要以政府部门为主体的公共部门在压力不确定极高的情况下作出关键性的决策。而“政府危机”是与“企业危机”相对应的，这是以危机发生的领域做出的简要划分。企业危机管理是指与企业自身矛盾有关的内部危机的管理，如对于企业的信誉危机、产品危机、人力资源危机、财务危机、公关危机、生存危机等危机管理活动。而政府危机管理包括两层含义，一是政府部门作为社会系统的组成部分，处置其所面临财政危机、合法性危机等危机形式的活动；二是政府为

① [澳]罗伯特·希斯.危机管理[M].王成，宋炳辉，金英，译.北京：中信出版社，2001：19.

② 魏加宁.危机与危机管理[J].管理世界.1994(6).

③ 胡平.国际冲突分析与危机管理研究[M].北京：军事谊文出版社.1993：25.

了履行其阶级统治和公共管理职能,对各类突发公共事件进行有效管理的活动。此外,从参与主体的角度来看,城市公共危机管理比政府危机管理这一术语更加准确。在全球化的时代背景下,危机具有领域多元化、震动频度增大、危害性加剧的特点,这使得危机管理单靠政府的力量已显得力不从心,非政府公共组织参与危机管理已成为必然趋势。可见,"城市公共危机管理"的提法更符合当今社会危机管理实践的发展趋向,更切合实践的需要。

其次,城市公共危机管理与国家安全管理。

城市公共危机管理与国家安全管理的差别主要在于范围不同。城市公共危机管理的对象包括自然灾害、事故灾难、公共卫生事件和社会安全事件。国家安全管理主要涉及战争危机,影响特别大,后果特别严重的恐怖危机,如"9·11"恐怖袭击事件。可以说,战争危机属于城市公共危机管理的范畴,但并未对国家安全构成实质性威胁的一般的危机事件并不属于国家安全管理的范畴。

(3) 城市公共危机管理的性质

城市公共危机管理具有公共管理的一般属性,如增进公共利益、追求社会公平等,也有其自身的特点。

首先,城市公共危机管理属于非常态管理。

现代管理活动可以分为常态管理和非常态管理。日常的管理活动由于基于既定的规则和程序而展开,因此属于常态管理的范畴。而城市公共危机管理则属于非常态管理。原因在于,第一,危机的状态是不确定的。危机往往是在人们意识不到,没有准备的情况下突然爆发,其演变速度、传播链条无法准确判断。管理者难以确保所采取的手段、措施行之有效。但随着人类理性的增长和科学技术的广泛应用,城市公共危机的不可控性会逐渐降低,城市公共危机管理有向常态化发展的趋势。第二,城市公共危机管理常常采用一些非常规的手段,以防止危机的危害进一步扩大。这其中以法律手段和行政手段为主,如"非典"时期的隔离措施。尽管这类措施会在一定程度上侵害公民的权利,但为了维护社会公共利益和尽快恢复社会秩序,这是紧急状态下危机管理者迫不得已的选择。

其次,城市公共危机管理是一项系统工程。

危机的发生和发展有其生命周期,危机管理也是一个系统的过程和循环。按照最为简单的三分法,可以将危机管理的过程分为事前、事中和事后三个阶段。三个阶段环环相扣、密不可分。而面对随时可能发生的城市公共危机事件,城市公共危机管理要涉及大范围的物资、人员调配,对危机处理,也必须动员、组织社会力量的共同参与。从城市公共危机管理实施的过程看,它包括建立机构、培训人员、建章立制、危机监测、预警预防、应急处置、控制修复、善后协调、评估改进等众多环节。城市危机管理,就是对不确定的自然和社会灾难现象的系统管理。因此,可以说城市公共危机管理是一个系统性很强的管理过程。

最后,城市公共危机管理是理论和实践的结合。

从 20 世纪 60 年代开始，西方发达国家开始从多学科、多角度对危机和危机管理进行全方位的研究，使危机管理成为一门独立的学科。作为一门学科，危机管理最早产生于国际关系中政治危机的研究。危机管理理论的提出始于 1962 年的古巴导弹危机，它是指某种冲突状态处于转向战争或和平的关口时，为防止其引发战争而力图控制事态的体系。美国等国在总结历史危机事件的基础上，结合全球化理论、社会冲突理论、文明冲突理论等相关理论，对危机管理进行了深入研究①。众多研究成果为城市建立和完善危机管理体制、机制和法制提供了理论指导，危机管理实践也得到了长足的发展，日趋完善。20 世纪以后，随着全球化、信息化、城市化进程的加快，一系列影响较大的城市公共危机如 2003 年美加大面积停电事故、2005 年哈尔滨水污染事件、2008 年三鹿奶粉事件频繁发生，对这些城市公共危机的处置进一步丰富了危机管理的研究成果，使城市公共危机管理进入了发展的快车道，这与风险社会的现实境遇是适应的。

(4) 加强城市公共危机管理的必要性

全球化浪潮下的现代社会已进入危机频发期，危机不仅对各国政府的管理体制提出了严峻的挑战，还关系到社会的稳定和国家的生死存亡。作为公共服务的提供者、公共政策的制定者、公共事务的管理者以及公共权力的行使者，各国政府应加紧树立科学的危机观，建立规范、灵敏、高效的危机管理体系，减少危机造成的人身、财产损失，维护社会的稳定发展。

首先，城市公共危机管理是现代社会政府的基本职能。

现代政府政治统治的合法性越来越依赖于社会管理的有效性，因为政治统治到处需要以执行某种社会职能为基础，而且政治统治只有在它执行了这种社会职能时才能持续下去。政府对城市公共危机进行管理，保护每个公民的人身权和生命权，维护整个社会的公共安全，属于政府的社会管理职能范畴，是政府的基本职能。随着经济的发展和社会的进步，西方发达国家的政府职能在不断的发展变化。政府政治职能中的暴力职能相对减弱，而保持社会稳定和可持续发展的调节职能趋于加强。随着社区主义、民营化、第三部门的迅速发展，形成了一个新型的社会治理结构，政府提供公共服务的职能也在逐步地扩大，对于诸如就业、住宅、交通、人口控制、环境保护、生态平衡等新的社会问题，政府不得不研究并加以解决，以维护社会经济的发展和政治的稳定。而且从现实情况来看，由于人口的增加、全球气候的变暖、环境的恶化、恐怖主义的加剧、城市化的发展、贫穷和社会发展的不公正等原因，使得各种城市公共危机发生的可能性大大增加，所以政府必须研究新情况、解决新问题，建立责任型政府、服务型政府，为公民提供一个安全的公共环境，满足公民公共安全的需要。

其次，城市公共危机管理是维护政府形象的必要条件。

---

① 张成福，唐钧，谢一凡．城市公共危机管理：理论与实务[M]．北京：中国人民大学出版社，2010：20．

城市公共危机不仅给公众和社会带来巨大损失，而且使政府的形象受损。城市公共危机是一把“双刃剑”，一方面它威胁着公共利益的安全；另一方面政府通过正确处理城市公共危机可以赢得民心和威信，甚至可以以城市公共危机的解决为契机获得在其他领域中有利的地位。因此，对危机事件的应对关系到政府的形象，关系到执政党的地位及其前途命运。作为应对城市公共危机的主体，政府有着不可推卸的责任，所以政府应该不断提高执政水平，更好地监测、预防和应对城市公共危机事件，树立亲民爱民的政府形象，从而真正实现代表最广大人民群众的根本利益。

最后，城市公共危机管理能力彰显政府效能。

政府效能是指国家行政机关和行政人员，为执行和完成政府任务和行政目标从事公共行政活动发挥功能的程度，及其产生的效率、效果、效益的综合体现。研究政府效能要求对政府行政行为所花费的时间、人力、物力、财力与其所产生的社会效益进行比较。尽管近年来，我国经济保持良好的发展势头，但每年却约有高达2%的GDP用于处理重大安全事故。如何降低危机管理成本、提高危机管理能力已成为危机研究的必要议题，更成为提高政府效能的重要内容。对于城市公共危机管理来说，政府能力主要包括以下几个方面：第一，政府的紧急状态应急能力。危机管理的成败主要取决于政府的快速反应能力和应对措施的准确性。政府应该提升自身的危机判断力、事态发展驾驭力、紧急事件处理力，以及各级政府和政府部门共同行动的协调程度，使政府有能力预测危机、控制危机和消除危机。第二，政府的社会动员能力。它以政府的公信力为基础，建立在政府与公民的互信互动基础之上，是各国政府努力的目标。第三，政府的财政能力。政府应该在国家预算内设立专门的紧急状态处理基金，建立危机财政调度制度，这样就可以为政府应对紧急状态提供物质保障，而不至于贻误处置危机的最佳时机。城市公共危机管理能力是政府效能的重要体现。如果政府不能够有效地防范和控制危机的发生，或是及时修正危机带来的困境，那么，政府将失去社会发展目标实现的基本条件，甚至将危及政府统治本身。因此，如何在尽可能短的时间内控制事态，降低损失，做好与民众的沟通，维护国家长远利益是各国政府面临的严峻挑战。

8.2.2 城市公共危机管理的理论与技术

关于城市公共危机管理的理论和技术，不少专家已经做了大量的研究。近年来，随着系统科学、计算机技术、3S技术在危机管理中的广泛应用，危机管理理论得到了进一步发展，并推动了城市公共危机管理实践的变革。

(1) 城市公共危机管理的生命周期理论

美国联邦安全管理委员会根据危机的生命运动周期将危机管理分为：减缓(缓和)、预防(准备)、反应(回应)和恢复四个阶段。减缓也就是危机缓和，它“意味着在某一事件发生之前采取多种措施以防止危机的爆发或消减危机爆发时对自然、社会以及公民个人的有害影响。简言之，危机缓和意味着在危机发生之前遏止或遏制危机"。预防是指政府为了应对潜在危机事件所做的各种准备工作，这个阶段工作的着眼点是做好风险评估工作，尽可能事先考虑到会出现哪些风险，并采取有效的预防措施。反应是指政府在危机发生、发展过程中所进行的各种紧急处置工作，主要包括：进行预警提示，启动应急计划，提供紧急救援，实施控制隔离，紧急疏散居民，评估灾难程度，向公众报告危机状况以及政府采取的应对措施，提供基本的公共设施和安全保障等一系列工作。恢复是指政府在危机事件得到有效控制之后为了恢复正常的状态和秩序所进行的各种善后工作，包括灾后重建、总结经验、对灾民进行心理安抚和情感支持等。这种阶段划分的重点是危机减缓和危机预防。根据美国联邦紧急事务管理局的大量实践证明，根据危机的生命运动周期开展危机管理活动是比较成功的。

(2) 全面整合的危机管理模式①

危机管理是当代国际社会关注的主题。面对现实生活中的各种各样的城市危机，以政府为主体的公共组织必须采取有效的措施及时回应。有效的危机管理需要政治的承诺和支持，需要以政府为主导形成全社会的共识和危机管理意识，也更需要中央政府整合各级政府、各种组织乃至于整个社会的力量，动员和调动各种资源，完善各种各样的政策、制度、法律以构成法制支持。同时，由于我们处在一个全球化的时代，因此有效的危机管理还需要地区、区域和国际间的协作等。因此，借鉴西方国家危机管理的成功经验，建立一个以政府为主导的、全面整合的危机管理模式是十分必要的，也是非常适合我国国情的。

所谓全面整合的危机管理模式，是指在高层政府领导的直接领导和协调下，通过法律、制度、政策的作用，在各种资源支持系统的支持下，通过整合的组织和社会的协作，通过全程的危机管理，提升政府危机管理能力，以有效地预防、回应、化解和消弭各种危机，从而保障公共利益以及人民的生命、财产安全，实现社会的正常运转和可持续发展。全面整合的危机管理模式，代表着一种危机管理的哲学和理念；代表着一种危机管理的基本制度安排；代表着一种危机管理的整合流程；代表着一种危机管理的科学方法。具体而言，全面整合的危机管理模式应具备以下六个基本特征和主要构成要素：政治承诺、政治领导和政治支持；全危机的管理；发展途径的危机管理；全过程的危机管理；全面风险的危机管理；整合的危机管理；建立在充分资源支持基础上的危机管理；以绩效为基础的危机管理。

(3) 城市应急联动系统

随着我国步入"经济转轨、社会转型"的关键时期，各类自然灾害、事故灾难、传染性疾病、群体性突发事件在城市中高频次、大规模爆发。为有效提高政府对各类城市危机的应对能力和处理效率，最大限度地减少灾害事故的危害，确保社会稳定和城市安全，以上海、

① 张成福. 城市公共危机管理：全面整合的模式与中国的战略选择[J]. 中国行政管理，2003(7).

北京、南宁为代表的大城市纷纷建立了统一指挥、规范有序、科学高效的突发公共事件应急处理体系，并组建了城市应急联动系统。其中，南宁市应急联动系统于2001年11月11日年率先推出。其他一些城市也相继建立并实施了应急联动系统，如深圳紧急事务管理体系、广州"110"社会联动体系、上海城市综合减灾体系、乌鲁木齐"110"和"120"社会联动、武汉城市应急管理联动等。这种以现代信息技术、通信技术为核心的城市应急联动系统(City Emergency Response System，CERS)是在一个城市中，通过采用统一的号码用于公众报告紧急事件和紧急求助，并整合城市各种应急救援力量及市政服务资源，实现多警种、多部门、多层次、跨地域的统一接警，统一指挥，联合行动，及时、有序、高效地开展紧急救援或抢险救灾行动，从而保障城市公共安全的综合救援体系及集成技术平台①。它集成信息和通信网络系统，将公安、消防、急救、交通、人防等各应急行动部门，统一在一套完整的体系中，实现不同警种及联动单位之间的配合和协调，为城市的公共安全提供强有力保障。

城市应急联动系统利用现代信息技术、通信技术等先进技术将各种应急资源统一在一套完整的智能化信息处理与通信方案之中，提高了公共部门对紧急事件快速反应和抗风险的能力，对保障国民经济持续发展、社会稳定和人民生命财产安全具有重要的意义。其核心作用在于能实现城市公共危机事件处理的全过程跟踪支持。从危机事件的上报、相关数据的采集、紧急程度的判断、实施沟通、联动指挥到应急现场支持、领导辅助决策，采用统一的指挥调度平台，借助网络、可视电话、无线接入、语音系统等各种高科技通信手段，在最短时间内调动公安、消防、环保、急救、交警等不同部门，不同警区的警力协同作战，对突发事件做出有序、快速、高效的反应。

8.2.3 城市公共危机管理研究的缘起与勃兴

人类社会的发展史可以说是一部与各种危机抗衡、斗争的历史。自人类社会产生以来，人类就面临着各种各样的危机和灾难，在与之斗争的过程中，人类逐步发展和壮大，并将应对危机的朴素观点系统化为真正的危机管理思想。

早期西方学术界对危机管理的研究主要集中在自然灾害方面。随着战后两极格局体制下各国政治、经济、民族、宗教矛盾激化引起的社会危机不断，20世纪60～80年代初，西方危机理论在政治学、社会学和国际关系领域出现了第一次研究高潮。代表人物有：格尔、赫尔曼、H.艾斯克斯坦、C.蒂利、E.齐摩门等。"冷战"结束以后，一方面被原来两级争霸格局掩盖的矛盾突然爆发，大规模社会冲突、政权更迭等社会问题频频发生；另一方面伴随着全球化进程的进一步加快，贫富差距、环境恶化等问题日益突出。1997年的亚洲金融风暴、2001年美国的"9·11"恐怖袭击、2002年莫斯科人质事件、2003年我国的

① 北海市经济信息中心．市应急联动系统综述[EB/OL]．北海信息，http：//it.beihai.gov.cn.

“非典”，这一系列事件将危机推进了人们的视野，从而掀起了危机管理研究的第二次高潮。这一时期的代表著作有劳伦斯·巴顿所著的《组织危机管理》、罗伯特·希斯的《危机管理》、罗森塔尔的《危机管理：应对灾害、暴乱与恐怖主义》等。

值得一提的是，“危机管理”的概念是在私人部门中较早使用的，它是指企业防备和应对那些威胁企业生存的突发事件，如重大生产事故、劳资纠纷、信誉危机等等。伴随着企业危机管理研究的科学化，以美国为代表的西方发达国家对公共部门的危机管理研究也开始重视起来，从而使危机管理研究开始从私人领域渗透到公共领域，危机管理的实践应用从私人部门发展到公共部门。特别是在 1979 年美国成立联邦紧急事务管理局(Federal Emergency Management Agency，FEMA)以后，危机管理的研究重点进一步从私人领域转向国家危机管理体系和危机管理政策等公共领域，城市公共危机管理开始成为大学的学科和专业，也成为一种社会职业。

当前，西方城市公共危机管理研究更趋于综合性，研究机构主要集中在政府机构、非营利组织和大学。他们的研究具有如下特征：其一，研究内容从单一的政治危机扩展到公共管理的各个领域；其二，研究目的由原来的政治目标转变为建立整合的城市公共危机管理体系；其三，研究重点由原来重危机现场应对到危机的全生命周期，尤其重视危机前的预警研究；其四，研究导向由本国情况研究走向跨国比较研究；其五，研究方法上立体分层研究体现了当代危机管理研究多元化和全面融合的趋向，从单纯定性研究到定性定量相结合，在个体层面上运用心理学、博弈论，在组织层面上运用组织理论、管理理论，在社会层面上运用社会学、政治学、经济学等。可以说，西方现代危机管理的理论研究已渐趋成熟①。

与国外相比，尽管在中国五千年的灿烂文明中，危机管理的经典思想比比皆是，如“存而不忘亡，安而不忘危，治而不忘乱，思所以危则安矣，思所以乱则治矣，思所以亡则存矣”；“祸兮福之所倚，福兮祸之所伏”；“亡羊补牢，犹未为晚”等等。然而危机管理作为国际领域的一门独立的学科引入中国的时间并不长。国内较早提出创建危机管理学的是王贵秀，他认为危机管理学应以社会危机为独立的研究对象，凭借丰富的内涵、对广阔的外延，定能成为一门博大精深的边缘科学。最早从行政学角度研究危机管理的是许文惠和张成福，他们于 1997 年主编了《危机状态下的政府管理》一书。

2003 年“非典”的暴发暴露出我国城市公共危机管理体系的缺位，同时也催生了城市公共危机管理学科领域的出现。作为一个跨学科的新型研究领域，危机管理几乎涉及所有的科学技术，尤其是与公共管理、经济学、政治学、社会学、传播学、信息技术和管理科学密切相关。由于政府的推动和迫于应对转型期领域多元化、危害性加剧、震动频度增大的各类城市公共危机的需要，危机管理作为一门“显学在我国”呈现迅速发展的态势。综观

① 孙多勇，鲁洋. 危机管理的理论发展与现实问题[J]. 江西社会科学，2004(4).

近几年来的研究成果，我国学者对城市公共危机管理的研究问题与研究领域主要集中在以下几个方面：一是国外有关危机管理理论的引介；二是不同层面、不同角度、不同类型的专项危机管理研究，研究成果主要集中在公共卫生、自然灾害、群体性事件等方面。三是整合社会学、传播学、政治学、信息技术等相关知识的跨学科交叉研究。

当然，我国城市公共危机管理研究的兴起与繁荣是有着深刻的现实动因的。

首先，全球化时代的到来加强了国际社会各行为主体之间的互动，从而使得全球性风险系数增大。全球化的核心内容是人员、物质、资本、信息等跨国界的加速流动以及各个国家、社会、人群相互联系和依赖的增强。这必然导致原来限于一个国家或一个地区的风险扩散到更多的国家或地区。这些风险在扩散的过程中，彼此间还可能产生互动关系，产生新的风险源，增强风险的后果，最典型的事例如传染病的蔓延和外来物种的入侵等。同时，现代通信技术的发展大大增加了危机潜在利益相关者的数量，诱发了危机信息不及时、不完整导致的社会心理恐慌。

其次，转型引发各类社会矛盾的激变。从 20 世纪 70 年代末起在中国大地开始进行的历史性变革到现在已经持续了 30 多年。在这场变革中，中国同时经历多重转变。转型孕育着机遇与繁荣，但同时也造成风险加剧和社会矛盾的激变。根据世界发展进程的规律，一个国家人均 GDP 处于 500 美元至 3 000 美元的发展阶段，是各种社会矛盾和社会问题的高发时期。在这一阶段，经济容易失调、社会容易失序、心理容易失衡、社会伦理需要调整重建。我国恰好处于“经济转轨、社会转型”的关键时期，由于制度变迁引起的利益和权力的重新转移，使得一部分人的利益受到相对损害，从而形成不稳定的因素。转型期出现的各种管理制度上的漏洞和真空，使得各种灾害不断发生，并对各级政府的正常运行造成了很大的冲击。

8.3 中国城市公共危机管理的实践

8.3.1 我国城市公共危机管理体系建设的历程和成就

近年来，我国城市公共危机事件频繁发生。在 20 世纪 90 年代，中国的各类危机损失几乎占到全球损失的 25%，而这些城市公共危机一旦发生，就会产生连锁反应和放大效应，给社会的稳定、人们的人身财产安全造成很大冲击。种种迹象表明，中国已进入一个“危机高发期”。建立和完善现代化的城市公共危机管理体系，已经成为一项不容忽视的任务。

自 2003 年上半年取得抗击“非典”斗争的重大胜利以来，中国以“一案三制”为核心内容的城市公共危机管理体系建设工作取得了重大的历史性进步：全国应急预案体系基本形成；应急管理体制逐步理顺；《中华人民共和国突发事件应对法》于 2007 年 11 月 1 日起施行。在应对 2008 年南方低温雨雪冰冻灾害、四川汶川“5・12”特大地震等重大灾害的过程中，中国的城市公共危机管理体系发挥了显著的积极作用，有效地避免和减少了突发事件的发生，极大地降低了突发事件造成的各种损失。2008 年 3 月，国务院总理温家宝在十一届全国人大一次会议开幕会上所作的政府工作报告中明确指出："全国应急管理体系基本建立。"回顾中国城市公共危机管理的实践，可以分为三个阶段。

起步阶段：2002 年年底至 2003 年上半年在中国广东首先被发现、后来在全球扩散传播的"非典"事件开启了中国城市公共危机管理的篇章。"非典"疫情既是一场公共卫生危机，也是一场影响社会安定的复合型危机，更是中国政府形象和国家安全所面临的一次重大危机。到了 2003 年 4 月中旬，面对不断肆虐的"非典"疫情及其所造成的负面影响，中国政府开始采取果断措施，紧急出台《突发公共卫生事件应急条例》，逐步扭转"非典"疫情防治被动的不利局面。"非典"疫情让中国付出了代价，也给了中国深刻的警示和启迪，让中国切实认识到增强忧患意识、加强应急管理工作的极端重要性。

2003 年 7 月，胡锦涛在全国防治非典工作会议上指出："我国突发事件应急机制不健全，处理和管理危机能力不强；一些地方和部门缺乏应对突发事件的准备和能力。要高度重视存在的问题，采取切实措施加以解决。"他特别强调："要大力增强应对风险和突发事件的能力，经常性地做好应对风险和突发事件的思想准备、预案准备、机制准备和工作准备，坚持防患于未然。"温家宝在会上指出："争取用 3 年左右的时间，建立、健全突发公共卫生事件应急机制"，"提高突发公共卫生事件应急能力"。此后，中国开始了全面加强应急管理工作的积极探索。因此，"非典"危机成为中国全面加强应急管理体系建设的重要起点，2003 年由此也成为中国全面加强应急管理的起步之年。

体系构建阶段：2003 年 10 月，党的十六届三中全会通过《关于完善社会主义市场经济体制若干问题的决定》，深刻分析了影响生产力发展的体制性障碍，提出"为适应经济全球化和科技进步加快的国际环境，适应全面建设小康社会的新形势，必须加快推进改革"，"建立、健全各种预警和应急机制，提高政府应对突发公共事件和风险的能力"。2004 年 9 月，党的十六届四中全会作出《关于加强党的执政能力建设的决定》，从加强党的执政能力和政府执行力的层面，进一步提出"建立、健全社会预警体系，形成统一指挥、功能齐全、反应灵敏、运转高效的应急机制，提高保障公共安全和处置突发公共事件的能力"。2006 年 8 月，党的十六届六中全会通过《关于构建社会主义和谐社会若干重大问题的决定》，正式提出我国按照"一案三制"的总体要求建设应急管理体系。《决定》指出：完善应急管理体制机制，有效应对各种风险。建立、健全分类管理、分级负责、条块结合、属地为主的应急管理体制，形成统一指挥、反应灵敏、协调有序、运转高效的应急管理机制，有效应对自然灾害、事故灾难、公共卫生事件、社会安全事件，提高突发公共事件管理和抗风险能力。按照预防与应急并重、常态与非常态结合的原则，建立统一高效的应急信息平台，建设精干实用的专业应急救援队伍，健全应急预案体系，完善应急管理法律、法规，加强应急管理宣传教育，提高公众参与和自救能力，实现社会预警、社会动员、快速反应、应急处置的整体联动。坚持安全第一、预防为主、综合治理,完善安全生产体制机制、法律、法规和政策措施,加大投入,落实责任,严格管理,强化监督,坚决遏制重特大安全事故。① 至此,这三次党的全会基本完成了我国城市公共危机管理体系框架的设计工作。

发展完善阶段：2007 年 11 月 1 日,《中华人民共和国突发公共事件应对法》颁布实施,中国城市公共危机管理工作踏上新台阶,城市公共危机管理体系建设进入一个新的发展和完善阶段。这期间,中国各种突发性事件的处理,依照既有的应急管理体系的管理程序有条不紊的进行。如成功应对 2008 年南方低温雨雪和四川汶川地震,及时有效地处置了西藏拉萨"3·14"严重暴力犯罪事件和新疆"7·5"事件,成功举办了北京奥运会、上海世博会等。城市公共危机管理体系在实践的应对中不断接受检验,并在实践中逐渐成熟和走向完善。中国初步形成的应急管理体系,有效地实现了应急管理工作从单一性到综合性、从临时性到制度化、从封闭性到开放性以及从应对性到保障性的四大转变,为城市公共危机管理工作向更基础层面纵深推进奠定了扎实的基础。

经过多年的努力,我国应急管理体系建设取得了初步的成就。一是应急预案纵向到底、横向到边；二是形成了"统一领导、综合协调、分类管理、分级负责、属地管理"的应急管理体制；三是构建了"统一指挥、反应灵敏、协调有序、运转高效"的应急管理机制；四是应急管理的法制化程度有所提高。在全国应急管理体系的框架内,我国也逐步形成了城市危机管理模式。

8.3.2 我国城市公共危机管理体系建设的发展趋势

我国城市公共危机管理模式呈现出两大特点：一是分兵把口。对引致危机的各种灾害的测、报、防、抗、救、援都实行分部门、分地区、分灾种管理。每一个灾种或几个相关灾种分别由一个或几个相关的部门根据灾害的发生地点在地域上实行属地管理,并且根据灾害产生、发展和结束的各个环节,参照各职能部门的功能实行分阶段管理。这种模式有利于发挥各职能部门、各专业救灾队伍的作用。分兵把口的危机管理模式在小规模单灾种发生时是十分有效的,但在城市这个复合系统内则显得力不从心,尤其是随着社会和技术环境的不断变化,危机发生的潜在可能性在逐步增加。二是"救火式"的群众运动。一旦某一城市发生了危机,政府、军队、民众就会立即被动员起来,像攻坚战一样在短期内迅速组织强大的资源应对,效果也确实十分显著,但效益则未必最佳。如果来一场危机就手忙脚乱地像打一场战争,城市政府就会非常被动,经济建设也会受到很大影响②。

在未来的城市公共危机管理体系建设的过程中,中国必须逐步通过公共治理结构改

① 中国共产党历次全国代表大会数据库[EB/OL].中国共产党新闻网,http://cpc. people. com. cn.

② 宋超. 城市危机管理模式新探[J]. 城市问题,2007(12).

革，用制度化的措施和方法，科学合理地界定政府、社会、公众等在危机管理过程中的权力、职责及其相互关系，构建全社会共同参与的新型危机管理体系。其总体思路是以“三移”推动“三靠”，即通过危机管理的关口前移、重心下移、主体外移，形成全方位、立体化、多层次、综合性的危机管理网络以及常态和非常态有机衔接的机制，最终树立“小灾靠自己，中灾靠集体，大灾靠政府”的危机管理工作理念，为全面推进城市危机管理奠定坚实的制度基础与社会基础，主要有以下关键点：

首先，关口前移。危机的根源在于各种各样的风险，最高明的危机管理应当是避免事件的发生，有效的危机管理应当“使用少量钱预防，而不是花大量钱治疗”。为此，危机管理必须做到关口的再前移，即从当前侧重对危机的管理到对事件和风险并重的管理，在此基础上实现危机管理工作从事后被动型到事前主导型的积极转变，从而最大限度地避免和减少风险源和危机的发生，形成一个危机管理和风险管理有机结合的公共安全治理框架。

其次，重心下移。城市公共危机管理工作应当强调应对重心的下移和第一现场的处置权。在权力相对集中和管理重心下移之间，要结合自身的实际，科学合理地进行职责分工，明晰上下级之间、部门之间、领导指挥与现场处置之间的责、权、利关系。为解决过度集权和过度分权所产生的地方危机管理行为偏差现象，需通过制度化分权，将危机管理重心适当下移，建立和完善以地方为主的危机管理工作权责机制，明确中央和地方在危机管理过程中的权力、责任和义务，特别是要注重营造一种鼓励地方积极创新和勇于承担风险的制度环境。

最后，主体外移。当今危机事件具有越来越多的开放性和扩散性，因此危机管理也需要采取开放思维和多元治理方法，建立一个由政府、企事业单位、非政府组织、志愿者、公民个体等共同构成的治理网络，形成多元主体责任意识，着力让个体归位，政府到位，社会力量补位，形成多元合力。政府体系外的社会力量不仅是政府的重要信息来源，也是政府应急管理的重要力量。为此，在危机管理过程中，要建立政府、企业、社会组织等多元主体之间平等交流、协商合作的互动机制，让社会个体、各类非政府组织、国际性和区域性组织同政府打破界限，进行跨领域、跨部门、跨地区乃至全球性的良性合作[①]。

风险是人类社会发展的历史境遇。作为风险的实践性后果，城市公共危机是指社会偏离正常轨道的过程与非均衡状态。根据我国转型期政治经济文化实际和危机的发生过程、性质和机理，可以将城市公共危机分为自然灾害、事故灾难、突发公共卫生事件、社会安全事件四类。依据城市公共危机可能造成的危害程度、波及范围、影响力大小、人员及

---

① 钟开斌. 回顾与前瞻：中国应急管理体系建设. 政治学研究，2009(1).

财产损失等情况，可以将城市公共危机由高到低划分为特别重大(Ⅰ级)、重大(Ⅱ级)、较大(Ⅲ级)、一般(Ⅳ级)四个级别。城市公共危机的发生和发展，有一定的规律可循。一般来说，可以将危机的发生和发展划分为潜伏(酝酿)、发作(紧急)、持续(高潮)、解决(消退)四个阶段。

随着现代科学技术在危机管理中的应用，危机管理理论得到了进一步发展。其中，比较有代表性的有危机管理的生命周期理论、全面整合的危机管理模式、城市应急联动系统。这些理论和技术的应用，推动了危机管理实践的变革、提高了城市公共危机管理的绩效。我国城市公共危机管理体系是以"一案三制"为核心的，经过多年的努力，我国形成了"统一领导、综合协调、分类管理、分级负责、属地管理"的应急管理体制，构建了"统一指挥、反应灵敏、协调有序、运转高效"的应急管理机制。在未来的城市危机管理体系建设的过程中，中国必须通过危机管理的关口前移、重心下移、主体外移，形成全方位、立体化、多层次、综合性的危机管理网络。

1. 薛澜，张强，钟开斌. 危机管理——转型期中国面临的挑战[M]. 北京：清华大学出版社，2002：53.
2. 潘光. 当代国际危机研究[M]. 北京：中国社会科学出版社，1989：1.
3. [美]罗伯特·希斯. 王成等译. 危机管理[M]. 北京：中信出版社，2001：18-19.
4. [英]安东尼·吉登斯. 周红云译. 失控的世界[M]. 南昌：江西人民出版社，2001：22.
5. N. Luhmann. Risk：A Sociological Theory. Berlin：de Gruyter. 1993：218.

风险(Risk)　　危机(Crisis)　　城市公共危机(City Public Crisis)

城市公共危机管理(Management of City Public Crisis)

危机生命运动周期管理(Life Cycle Management of Crisis)

全面整合的危机管理模式(Comprehensive Integration of Crisis Management Model)

城市应急联动系统(System of City Integrated Emergency Response)

一案三制(a Case of Three Systems)

1. 城市公共危机的诱因有哪些？
2. 如何理解危机是危险与机遇的综合体？

3. 城市公共危机的发生和发展有何特点?

4. 简述城市危机管理的内涵与特征。

5. 以你所熟悉的城市公共危机事件为例,分析如何进行危及生命运动周期管理。

6. 何谓全面整合的危机管理模式?它对城市公共危机管理实践有何指导意义?

双汇“瘦肉精”风波[①]

2011年3月15日上午9时许,央视新闻频道播出《每周质量报告》3·15特别行动——《“健美猪”真相》,节目曝光了“养猪户添加违禁药‘瘦肉精’,监管部门收钱放行,经纪人联络其中,下游厂家有意收购”的乱象。在河南孟州市、沁阳市、温县和获嘉县等地,用“瘦肉精”喂出来的“健美猪”,钻过当地养殖环节的监管漏洞,进入贩运环节。每头猪花两元钱左右就能买到号称“通行证”的检疫合格等三大证明,再花上100元打点河南省省界的检查站,便可以一路绿灯送到南京一些定点屠宰场,无须检测“瘦肉精”,每头猪交10元钱就能得到一张“动物产品检疫合格证明”。有了这张证明,用“瘦肉精”喂出来的所谓“健美猪”就能堂而皇之地进入南京市场销售。更令人不安的是,这种用瘦肉精喂食的猪,还堂而皇之地流入了肉食行业的龙头老大、以“十八道检验、十八个放心”著称的河南双汇旗下的济源双汇食品有限公司。按照该公司规定,十八道检验并不包括“瘦肉精”检测。

知名企业为逐利置公共安全于不顾,养殖、贩运、屠宰和销售四大环节的监管部门对违禁药品一路绿灯,蚕食着公众对涉事企业的信任以及食品安全领域政府部门几近透支的公信力。节目播出后,上市公司双汇发展午后即跌停,当晚,双汇发展还发布了停牌公告。

“瘦肉精”风波突起,农业部高度重视,在事发当天责成河南、江苏农牧部门严肃查办,严格整改,切实加强监管,并立即派出督察组赶赴河南督导查处工作。国家工商总局紧急通知要求,各地工商部门立即组织开展猪肉市场整治专项行动。国家质检总局也针对“瘦肉精”猪肉事件发出紧急通知,要求全国各地质检机构加强对肉制品生产企业的监督,保障猪肉产品的质量安全。

几天后,国务院食品安全委员会办公室会同公安部、监察部、农业部、商务部、卫生部、工商总局、质检总局组成的联合工作组到达河南省,向河南省政府传达了国务院领导重要批示精神,听取了当地政府关于案件进展、生猪排查抽检和“瘦肉精”整治工作情况的汇报。随后,联合工作组赴实地督促案件查办,查看生猪养殖和屠宰环节,调查地方政府和

① 反腐倡廉网络舆情,2011(12).

监管部门履职情况，指导责任追究工作。

在地方政府层面，应对举措也较多。据《河南日报》报道，16日下午，河南省委副书记、省长郭庚茂主持召开省政府常务会议，听取"瘦肉精"猪肉事件查处情况的汇报。而在《河南商报》的报道《我省严查"瘦肉精"》中，河南各个相关主管部门更是纷纷出动：省食品安全工作领导小组办公室以紧急明电向全省18个省辖市食安办下发《关于加强"瘦肉精监管整治"工作的紧急通知》。省卫生厅选派专人带领疾病预防控制、卫生监督等有关专家赴焦作、济源等地开展调查，协助当地开展工作。省畜牧局派出6个调查组，分赴温县、孟州、沁阳、获嘉等地，会同当地政府迅速开展调查处理工作。省质监局组成7个工作组，分赴7个重点地市进行检查指导。省食品药品监督管理局向各省辖市局下发紧急通知，对全省"瘦肉精"类兴奋剂药品生产、经营企业进行全面监督检查。

同时，拉网排查的数据也开始公开发布。据17日中新网报道，来自漯河市食品药品监督管理局的一份报告称，目前没有发现问题。当晚河南省质监系统的数据也支撑着这一说法。据大河网报道，截至3月17日12：00时，两个质检中心共对河南省以生鲜肉为原料的31家食品生产企业的165批次样品进行了检验，均未检出瘦肉精。

【思考题】

(1) 面对如此严重的突发公共卫生事件，如何评价中央和河南地方政府的应对措施？

(2) 如何避免诸如"瘦肉精"事件的再次发生？

参考文献

[1] Olsen · M. The Process of Social Organization[M]. New York：Holt,Rinehart,and Winston,1978.

[2] Deborah Stevenson. Cities and Urban Cultures[M]. PEKING UNIVERSITY PRESS,2007.

[3] Singelmann J. From Agriculture to Services：The Transforma-tion of Industrial Employment. Beverly Hills,CA：Sage Publi-cation,1978：78-84.

[4] [英]爱德华·泰勒.原始文化[M].桂林：广西师范大学,2005.

[5] [英]马凌诺斯基,著.文化论[M].费孝通,译.北京：华夏出版社,2002.

[6] [英]戈登·柴尔德著.考古学导论[M].安家媛.等,译.上海：上海三联书店,2008.

[7] [英]罗素.自由人的崇拜[M].吉林：时代文艺出版社,1998.

[8] [英]R. Titmuss. 社会政策十讲[M]. 台北：台湾商务印书馆,1991：19.

[9] [美]莱斯利·怀特.文化的科学：人类与文明研究[M].沈原.等,译.山东：山东人民出版社,1988.

[10] [美]刘易斯·芒福德,著.城市发展——起源、演变和前景[M].宋俊岭,倪文彦,译.北京：中国建筑工业出版社,2005.

[11] [美]威廉·费尔丁·奥格本,著.社会变迁：关于文化和先天的本质[M].王晓毅.等,译.浙江：浙江人民出版社,2012.

[12] [美]科塞,著.社会会冲突的功能[M].孙立平,译.北京：华夏出版社,1989.

[13] [美]米歇尔·迪尔.后现代都市状况[M].李小科,等.译.上海：上海教育出版社,2004.

[14] [美]乔尔·M.卡伦,李·加思·维吉伦特,著.社会学的意蕴[M].第8版.张惠强,译.北京.中国人民大学出版社,2011.

[15] [美]夏普,雷吉斯特,格里米斯.社会问题经济学[M].第十三版.北京：中国人民大学出版社,2000.

[16] [法]伊夫·格拉夫梅耶尔,著.城市社会学[M].徐伟民,译.天津：天津人民出版社,2005.

[17] [瑞典]戈兰·坦纳菲尔德,佩尔·卢詹克,著.发展城市,减少贫困——城市发展与管理导论[M].刘超.等,译.科学出版社,2008.

[18] 联合国国际人口学会.人口学词典[M].北京：商务印书馆,1992.

[19] 美国人口咨询局,编.人口手册[M].第四版.汤梦君,译.北京：中国人口出版社,2001.

[20] 白长虹.从城市营销到城市文化发展[J].天津：天津社会科学,2008(2).

[21] 鲍世行.城市规划新概念新方法[M].北京：商务印书馆,1993.

[22] 蔡禾.城市社会学讲义[M].北京：人民出版社,2011.

[23] 蔡孝箴,郭鸿懋.城市经济学[M].天津：南开大学出版社,2003.

[24] 常东亮,董慧.文化冲突与城市文化活力[J].社科纵横,2011(4).

[25] 陈德铭.努力开创援外工作新局面[J].求是,2010(10).

[26] 陈华文.文化学概论[M].上海：上海文艺出版社,2001.

[27] 陈立旭.都市文化与都市精神——中外城市文化比较[M].南京：东南大学出版社,2002.

[28] 陈柳钦.城市文化：城市发展的内驱力[J].学习论坛，2011(1).

[29] 陈宁.共同体的幻象——对近年来社区建设与社区研究的反思[J].长春理工大学学报(社会科学版)，2006(5).

[30] 陈伟东，李雪萍.社区产品属性与供给机制[J].中国民政，2003(2).

[31] 陈伟东，李雪萍.社区治理与公民社会的发育[J].华中师范大学学报(人文社会科学版)，2003(1).

[32] 陈伟东，李雪萍.社区治理主体：利益相关者[J].当代世界与社会主义，2004 (2).

[33] 陈贤寿，等.武汉市流动人口家庭化分析及对策思考[J].中国人口科学，1996(5).

[34] 单霁翔.城市文化建设存在的8个问题[J].瞭望周刊，2007(12).

[35] 单霁翔.关于"城市"、"文化"与"城市文化"的思考[J].文艺研究，2007(5)：35-46.

[36] 董树藩.都市管理概论[M].台北：台湾商务印书馆，1987.

[37] 董小燕.公共领域与城市社区自治[M].北京：社会科学文献出版社，2010.

[38] 段若鹏.中国现代化进程中的阶层结构变动研究[M].北京：人民出版社，2002.

[39] 方可.当代北京旧城更新：调查、研究、探索[M].北京：中国建筑工业出版社，2000.

[40] 冯钢.现代社区何以可能[J].浙江学刊，2002(2).

[41] 冯骥才.思想者独行.河北：花山文艺出版社，2005.

[42] 冯玲，王名.治理理论与中国城市社区建设[J].理论与改革，2003(3).

[43] 顾朝林主编.城市社会学[M].南京：东南大学出版社，2002.

[44] 关信平.公共性、福利性服务与我国城市社区建设[J].东南学术，2002 (6).

[44] 桂勇，黄荣贵.城市社区：共同体还是"互不相关的邻里"[J].华中师范大学学报(人文社会科学版)，2006(11).

[45] 桂勇.城市"社区"是否可能？——关于农村邻里空间与城市邻里空间的比较分析[J].贵州师范大学学报(社会科学版)，2005 (6).

[46] 郭建庆.中国文化概述[M].上海：上海交通大学出版社，2005.

[47] 何彪，吴晓萍.西方城市社区建设历程及其启示[J].城市问题，2001(3).

[48] 胡鸿保，姜振华.从"社区"的语词历程看一个社会学概念内涵的演化[J].学术论坛，2002(5).

[48] 黄继刚.空间文化理论探析[J].新疆社会科学，2008(5).

[49] 江小涓，李辉.服务业与中国经济：相关性和加快增长的潜力[J].经济研究，2004(1).

[50] 姜飞.跨文化传播的后殖民语境[M].北京：中国人民大学出版社，2005.

[51] 姜芃.社区在西方：历史、理论与现状[J].史学理论研究，2000 (1).

[52] 解佳龙，何山.我国残疾人社会福利存在的问题及其对策[J].探索与争鸣，2009(9).

[53] 康少邦，张宁等编译.城市社会学[M].浙江：浙江人民出版社，1986.

[54] 李从军.价值体系的历史选择[M].北京：人民出版社，2004.

[55] 李雪莲.试析和谐阶层关系的构建[J].西安政治学院学报，2010(2).

[56] 李毅著.中国社会分层的结构与演变[M].肖蕾，李毅译.合肥：安徽大学出版社，2008.

[57] 刘国光主编.中外城市知识辞典[M].北京：中国城市出版社，1991.

[58] 刘海燕，林顺利.城市贫困发展趋势与对策[J].课题研究，2010(5).

[59] 刘合林.城市文化空间解读与利用·构建文化城市的新路径[M].南京：东南大学出版社，2010.

[60] 刘军昭.西安市城市文化建设存在的若干问题及反思[J].西安石油大学学报(社会科学报)，2010(1).

[61] 刘玉亭.转型期中国城市贫困的社会空间[M].北京：科学出版社，2005.

[62] 卢爱国.公共管理社区化：模式比较与路径选择[J].中州学刊,2008 (6).
[63] 陆融.上海城市品牌与世博会——城市营销视角下的上海世博会[J].实证分析.
[64] 陆学艺.当代中国社会结构[M].北京：社会科学文献出版社,2010.
[65] 罗建平."社区"探源[J].华东理工大学学报(社会科学版),2009(2).
[66] 马彦琳,刘建平.现代城市管理学[M].第二版.北京：科学出版社,2005.
[67] 潘泽泉.社区建设与发展话语的实践逻辑与新趋势[J].中共天津市委党校学报,2009(5).
[68] 彭勋等.人口迁移与社会发展——人口迁移学[M].济南：山东大学出版社,1992.
[69] 世界银行.里约后五年——环境政策的创新[M].北京：中国环境科学出版社,1997.
[70] 孙柏瑛.当代地方治理——面向 21 世纪的挑战[M].北京：中国人民大学出版社,2004.
[71] 孙福滨.中国人口迁移和人口流动的分类界定[J].西安交通大学学报,2000(1)。
[72] 孙光德,董克用.社会保障概论[M].北京：中国人民大学出版社,2008.
[73] 孙立平.社区、社会资本与社区发育[J].学海,2001 (4).
[74] 滕国宁,李珍连.布迪厄文化资本理念之我见[J].中外企业家,2011(11).
[75] 佟新.人口社会学[M].北京：北京大学出版社,2000.
[76] 童星.社会分层与社会和谐[J].社会,2005(6).
[77] 王保舍,罗正齐.中国城市化的道路及其发展趋势[M].北京：学苑出版社,1993.
[78] 王佳煌.都市社会学[M].台湾：三民书局,2005.
[79] 王兰芳,陈晓忠.略论我国城市化进程中的城市文化建设[J].魅力中国,2010(4).
[80] 王小章,郎有兴.都市的体验.关于城市社会生活的三种理论[J].浙江：浙江社会科学,1995(4).
[81] 王小章.何谓社区与社区何为[J].浙江学刊.2002(2).
[82] 王志锋,蔡方.现代城市管理概论[M].北京：清华大学出版社,2008.
[83] 魏津生.国内人口迁移和流动研究的几个基本问题[J].人口与经济,1984(6).
[84] 魏新文,姚继韵.城市社会学[M].华南理工大学出版社,1995.
[85] 吴力子著.农民的结构性贫困——定县再调查的普遍性结论[M].北京：社会科学文献出版社,2009.
[86] 吴鹏森.中国城市贫困问题及其现代保障体系的建构[J].南京师大学报(社会科学版),2008(3).
[87] 夏兴萍.当前我国城市贫困的现状[J].宏观经济管理,2005(5).
[88] 向德平.城市社会学[M].武汉：武汉大学出版社,2002.
[88] 徐行,梁海艳.我国城市贫困人口的现状与对策[J].理论探讨,2010(11).
[89] 许英.城市社会学[M].济南：齐鲁书社,2002.
[90] 严忠勤.当代中国的职工工资福利和社会保险[M].北京：中国社会科学出版社,1987：197-198.
[91] 阎蓓.新时期中国人口迁移[M].长沙：湖南教育出版社,1999.
[92] 杨东平.城市季风：北京和上海的文化精神(修订本)[M].北京：新星出版社,2006.
[93] 杨风禄.户籍制度改革：成本与收益.经济学家[J],2002(7)：33-37.
[94] 杨国斌.社会阶层论[M].北京：中国社会科学出版社,2009.
[95] 杨宏山.市政管理学[M] .第二版.北京：中国人民大学出版社,2009.
[96] 杨继绳.中国当代社会阶层分析[M].江西：江西高校出版社,2011.
[97] 杨寅.城市社区建设与公民社会培育之互动[J]. 法治论丛,2006(2).
[98] 杨章贤.城市文化与我国城市文化建设的思考[J].人文地理,2002(4).

[99] 姚永玲.城市管理学[M].北京：北京师范大学出版社,2008.
[100] 衣俊卿.全球化的文化逻辑与中国的文化境遇[J].社会科学辑刊,2002(1).
[101] 尤建新,陈强.以公众满意为导向的城市管理模式研究[J].公共管理学报,2004(5).
[102] 俞可平.治理与善治.北京：社会科学文献出版社,2000.
[103] 袁德.社区文化论[M].北京：中国社会出版社,2010.
[104] 臧毅,徐小龙.城市文化与塑造形象[J].作家杂志,2010(1).
[105] 翟振武.北京市流动人口最状况与分析[J].人口研究,2007(2).
[106] 张波,刘江涛.城市管理学[M].北京：北京大学出版社,2007.
[107] 张鸿雁."城市文化资本"与"伟大文化"的建构[J].中国名城.
[108] 张鸿雁.侵入与接替——城市社会结构变迁新论[M].南京：东南大学出版社,2000.
[109] 张鸿雁著.城市形象与城市文化资本论——中外城市形象比较的社会学研究[M].南京：东南大学出版社,2002.
[110] 张觉文.高政管理新论[M].成都：四川人民出版社,2003.
[111] 张丽萍.论城市文化结构与品位提升[J].怀化学院学报,2009(7).
[112] 张丽堂,唐学斌,等.市政学[M].台湾：五南图书出版有限公司,1983.
[113] 张琪.社会保障概论[M].北京：中国劳动和社会保障出版社,2006.
[114] 张永刚,马继明.云南城市文化建设的实践路径与风格理念[J].思想战线,2011(1).
[115] 张钟汝.城市社会学[M].上海：上海大学出版社,2001.
[116] 赵予萌.论城市文化建设存在的问题及对策[J].法制与社会,2011(8).
[117] 郑功成.中国社会保障制度变迁与评估[M].北京：中国人民大学出版社,2002：126-127.
[118] 郑也夫.城市社会学[M].北京：中国城市出版社,2002.
[119] 周佳辰.我国城市贫困问题研究[J].法制与社会,2011(3).
[120] 周伟林,郝前进,等.城市社会问题经济学[M].上海：复旦大学出版社,2009.
[121] 朱铁臻.城市发展学[M].河北：河北教育出版社,2010.
[122] 踪家峰.论城市治理模式[J].上海科学院学术季刊,2002(2).
[123] 左倩,汤琳.城市文化资本与城市软实力提升研究——以开封城市文化为例[J].今日中国,2010(4).

教学支持说明

尊敬的老师：

您好！为方便教学，我们为采用本书作为教材的老师提供教学辅助资源。鉴于部分资源仅提供给授课教师使用，请您填写如下信息，发电子邮件或传真给我们，我们将会及时提供给您教学资源或使用说明。

（本表电子版下载地址：http://www.tup.com.cn/sub_press/3/）

课程信息

书　　名			
作　　者		书号（ISBN）	
课程名称		学生人数	
学生类型	□本科　□研究生　□MBA/EMBA　□在职培训		
本书作为	□主要教材　□参考教材		

您的信息

学　　校			
学　　院		系/专业	
姓　　名		职称/职务	
电　　话		电子邮件	
通信地址		邮　　编	
对本教材建议			
有何出版计划			

________年____月____日

清华大学出版社

E-mail: tupfuwu@163.com　　网址：http://www.tup.com.cn/

电话：8610-62770175-4903　　传真：8610-62775511

地址：北京市海淀区双清路学研大厦B座506室　　邮编：100084